2011年江苏沿海沿江发展研究报告集

主编　周威平　陈长江

苏州大学出版社

图书在版编目(CIP)数据

2011年江苏沿海沿江发展研究报告集 / 周威平,陈长江主编. —苏州：苏州大学出版社,2012.4
ISBN 978-7-5672-0058-6

Ⅰ.①2… Ⅱ.①周… ②陈… Ⅲ.①区域经济发展-研究报告-南通市-文集②社会发展-研究报告-南通市-文集 Ⅳ.①F127.533-53

中国版本图书馆CIP数据核字(2012)第070785号

2011年江苏沿海沿江发展研究报告集
周威平　陈长江　主编
责任编辑　刘一霖

苏州大学出版社出版发行
(地址：苏州市十梓街1号　邮编:215006)
南通印刷总厂有限公司印装
(地址：南通市通州经济开发区朝霞路180号　邮编：226300)

开本700 mm×1 000 mm　1/16　印张15　字数222千
2012年4月第1版　2012年4月第1次印刷
ISBN 978-7-5672-0058-6　定价：39.00元

苏州大学版图书若有印装错误,本社负责调换
苏州大学出版社营销部　电话:0512-65225020
苏州大学出版社网址　http://www.sudapress.com

目录

第一编

发展战略与策略思考

南通市下一个10年发展靠什么？

——南通市经济发展的反思与展望

本文通过比较江苏各地市1999—2009年的发展指标，指出了南通市经济增长中的亮点和不足之处。从过去的10年看，南通市不仅人均产出增长率位列全省首位，而且经济增长质量和经济增长潜力也领先于其他各地级市，但是南通市也面临着城市化水平和质量滞后于经济发展以及人力资本结构不平衡等问题，这些问题可能会制约南通市的进一步发展。另外，国际、国内发展环境已经发生了巨大变化。在这样的背景下，笔者认为，提高南通城镇化质量、提升和改善人力资本结构、促进本土民营企业在全球市场中转型升级是下一个10年发展3个最重要的抓手。

一、 引言与概况

南通市下一个10年怎样发展？这可能是南通市政府官员以及相关学者都在思考的问题。笔者力图从发展经济学的一般性视角，通过江苏地市之间的横向对比，对此问题提出自己的看法。

南通市下辖3个区、2个县，代管3个县级市，还包括一个南通经济技术开发区①，是中国首批对外开放的14个沿海港口城市之一。过去的10年中，南通市在市委、市政府的领导下，经济飞速发展，取得了长足的进步。

① 本文下面所说的南通市包括南通市下面所有的区县。

1999—2009 年期间,南通市的人均 GDP 从 8529.87 元增长到 37668.16 元,投资从 212.24 亿元增长到 1048.71 亿元。基础设施建设更是取得了飞跃的发展,境内的等级公路里程数目从 2002 年的 4552 千米增长到 2009 年的 15004 千米,年均增长率 18.58%。尤其是 2004 年以后,南通市多项经济指标增长率位列江苏省第一。

纵观过去 10 年,南通市在国际和国内风云变幻中抓住了发展机遇,在政府主导经济的情况下实现了经济的成功转型。更令人瞩目的是,南通市的经济增长有着显著的政府推动特征,但是和典型的由外资领衔经济增长的"江苏模式"(又叫"苏州模式")不同,南通市的经济增长很大程度上是由本土民营经济推动的。2009 年南通个体工商户有 33 万家,总量在江苏占第一;私营企业数突破 13 万家,总量在江苏占第二。这使得南通市的经济发展更加全面协调,更多地惠及了民生。

为了更加全面地观察南通市过去 10 年的成绩与不足,我们将南通市 1999—2009 年的发展与江苏其他 12 个地级市作一横向比较。

二、 1999—2009 年江苏各个地市的发展指标比较

本文所使用的原始数据来自于历年《江苏统计年鉴》。所比较的指标结果见表 1。

表 1 中,真实 GDP 年均增长率和人均产值增长率均以 1999 年为基年。全要素生产率(TFP)指标是经济效益和技术进步率的综合指标。计算 TFP 增长率时要用到各个地市的历年固定资本存量,历年的资本存量用永续盘存法得出,公式为 $K_t=(1-\delta_t)K_{t-1}+I_t/P_t$,其中使用的折旧率 δ_t 为 8%,I_t 为历年投资,P_t 为资产价格指数。基期的资本存量 K_0 计算如下:我们根据张军等(2004)文章中对江苏省 1990 年的固定资本存量的估算结果,按照 1990—1999 年江苏各个市投资总量比例进行分配,得到各个市 1990 年的固

定资本存量数据，然后用永续盘存法递推到1999年①。另外，城市化率指标是城镇人口占总人口比重。专业技术人员占就业人口比重指标由于2009年的相关统计资料缺乏，只是给出了2008年末的数据。

第2列是真实GDP增长率指标。可以看出，1999年以来，南通市的真实生产总值增长率指标位于各地市的中等偏上位置。但是，如果我们看2004—2009年的5年平均增长率的话，则南通市以平均14.91%的速度位列江苏第一。这是由于南通市从2005年起经济突飞猛进，尤其是民营经济出现爆发式增长，从而带动整体经济进入快车道。另外，从表中第4列来看，如果以人均生产总值增长率来衡量，则南通市10年增长率也高居首位。这主要是因为苏州、无锡、南京等市在这期间都经历了较大幅度的人口增长，而南通人口呈现负增长态势。

表1 1999—2009江苏各个地市经济指标比较

	真实GDP年均增长率(%)	5年真实GDP增长率(%)	人均产值增长率(%)	TFP增长率(%)	城市化率(%)(2009年)	第三产业所占比重(%)(2009年)	专业技术人员占比(%)(2008年)
南京	13.78	13.89	11.99	2.03	77.2	51.31	18.73
无锡	13.78	13.93	12.97	3.00	67.8	41.30	13.49
徐州	13.09	14.42	12.10	1.11	49.1	37.29	5.11
常州	13.54	14.01	12.89	0.48	61.2	39.62	9.47
苏州	14.56	14.15	13.48	3.80	66.3	39.41	13.17
南通	13.55	14.91	13.89	4.35	52.7	35.81	6.93
连云港	11.92	14.24	10.91	-1.69	43.5	37.30	6.71
淮阴	13.26	14.42	12.57	-1.08	43.1	36.49	2.18
盐城	12.95	14.18	12.68	2.07	46.3	34.58	6.09

① 由于1990年以后江苏各个地市的投资迅速增长，而且每年折旧，1990年的固定资本存量数据的可能误差对我们从2000年开始计算的结果影响很小。

续表

	真实GDP年均增长率(%)	5年真实GDP增长率(%)	人均产值增长率(%)	TFP增长率(%)	城市化率(%)(2009年)	第三产业所占比重(%)(2009年)	专业技术人员占比(%)(2008年)
扬州	13.07	14.62	12.78	1.91	52.9	36.06	6.94
镇江	13.44	14.44	13.28	4.11	60.0	37.32	9.09
泰州	13.49	14.66	13.43	4.10	51.0	35.17	8.39
宿迁	13.10	14.34	12.21	-3.62	37.7	34.39	4.10

TFP指标是经济学家们衡量一个地区经济增长的质量和可持续性的主要指标。TFP增长率有三个来源:一是效率的改善,二是技术进步,三是规模效应。计算TFP指标有各种方法,考虑到江苏省非均衡增长的现实,本文中的TFP指标通过无约束索罗剩余法得到。从第5列可以看出,南通市的TFP增长率以4.35%位列江苏各地市首位。相对于其他各个地市,南通市在过去10年间大幅度地提高了生产效率和技术水平,这表明南通市的经济增长不仅具有较高的速度,而且也是可持续的、更高质量的经济增长。①

尽管南通市过去的10年成绩斐然,并且"南通现象"也正在成为学者们讨论的热点,但是这并不表明南通的发展就完美无缺了,存在的一些问题表明了未来发展的隐忧。

第一是城市化的问题②。南通市城市化问题表现为两个方面:一是城市化水平远低于经济发展水平;二是城市化的质量不高,或者说城市化的质量不能和经济发展水平匹配。我们从表1第6列可以看到,南通市的城市化率远远低于苏南各地市水平,在苏中各市比较中也位于末位,仅仅相当于

① 另外,从表中我们可以看到,宿迁市的TFP增长率指标为-3.62%,这一点笔者也很困惑,经反复检查数据未发现异常。唯一的解释是宿迁市尚处于工业化的初期阶段,近年的投资大幅度递增使得粗放型增长的特征进一步加强。

② 本文中所指的城市化是一个总称,既包括中心城市的城市化,也包括发展中小城镇的城镇群落化。作者认为具体以哪一种城市化手段为主,主要取决于具体的发展阶段和发展水平,不可一概而论。

江苏省的平均水平(52.6%),这和南通市的经济地位以及经济发展水平是不相称的。从西方国家的城市化经验来看,当人均GDP在5500~6000美元时(相当于现在南通的水平),城市化水平为55%~65%(中国经济增长与宏观稳定课题组,2009),而南通市显著落后于这一水平。

除了城市化水平不高之外,南通市还存在城市化质量不高的问题。事实上,近几年南通市的城市规模增长不可谓不快,但是南通市的新城市化板块主要表现为楼房以及道路的扩展,而在公共交通、公共服务、商业贸易、文化娱乐、职业培训、金融设施等城市配套方面远远没有跟上①。而且南通市的各种消费服务、生产者服务等集中于城市中一两个狭小的功能区之内,城市整体表现出较显著的粗放型城市化特征。粗放型城市化导致了服务业尤其是生产者服务业的发展成本较高,新来人口融入城市的成本较高,这给产业结构升级以及经济结构改善带来了阻力。

经济学家们证明,当一个城市人口规模在100万~400万时(也有人认为是290~380万),城市净规模收益达到最大值。另外,根据发达国家经验:① 工业化发展早期的经济表现是工业化推动城市化,到了工业化后期则表现为城市化推动后工业化(或者相互推动),并且越到工业化后期,城市化对现代工业和经济增长的推动作用越明显。② 城市化对经济增长的推动主要是通过提高服务业水平、提高产业效率、推动产业转型升级来实现的。城市化通过集聚效应和规模效应推动了咨询、金融、财会、通信、法律服务、卫生保障等服务业的扩张和发展,进而推动了产业和经济结构的转型升级。③ 城市化会引发更多的消费需求从而改善经济结构。相对而言,城市居民的消费能力要比农村居民的消费能力强得多,城市人口比重的提升就会带来消费总量的扩张。

经济学者们证明,城市化在工业化后期是经济结构转型、产业结构提升

① 权威研究表明(王小鲁,2009),只有达到了一定的人口密度水平,各种公共设施和银行、医院、学校等才可能具有最大的经济效益,产业的扩展才会有人口红利基础。南通市一方面人口密度大,另一方面又见不到聚集效应带来的相关好处。国际经验是,通常人口密度越大,城市集中度也越高,而这一个规律在南通市完全不适用。

以及提高消费率的主要推动力。国际经验表明,城市化率在 30% ~70% 是城市化的加速期,加速期又分为 30% ~50% 的阶段和 50% 以上的阶段,第一阶段的城市化主要以农业人口转移为特征,第二阶段的城市化以提升城市品质和城市竞争力为主要特征。南通市无疑处于第二个阶段。在第二个阶段,政府公共支出的关注重点应该是行政管理、城市公共交通与运营、公共支出、社会保障、教育、卫生,即关注重点在于城市的档次和水平。这一阶段的政府特征为服务型政府,经济特点为消费型经济,城市特征为城市化集群(即以中心城市为主,群落式的城市发展模式)。

第二是产业结构调整滞后于经济发展问题。从表 1 第 7 列可以看出,南通市第三产业比重仅为 35.81%,这一指标几乎位于所有地级市的末位。造成南通市第三产业占比较低的原因一般认为有两点:① 工业的超高速发展造成了服务业尤其是生产者服务业的相对滞后;② 靠近上海,上海发达的第三产业挤占了南通市第三产业发展的空间。但是不管怎样,城市化发展的低水平和低质量都构成了南通市第三产业发展滞后的重要原因。

第三是人力资本结构的问题。表 1 第 8 列是 2008 年的专业技术人员占总就业人口比重指标。可以看出,南通市这一指标显著落后于苏州、无锡、常州 3 市,在苏中的 5 个地级市的比较中也位于末位,这使得南通在向创新型经济转型中可能面临人力资本的瓶颈(事实上很多南通的民营企业现在就感受到了人才瓶颈)。南通市是基础教育大市,这使得南通市能够一开始就进入了熟练劳动力密集型产业时期,并建立了南通市的产业竞争优势。但是由于高层次人才的缺乏,造成了南通市的"人才金字塔"在熟练工人这一级非常庞大,向上则迅速缩小。南通市未来的发展对高端人力资本需求表现为两个方面:第一,在政府层面,需要那些高知识层次、了解国际通行规则的人才。这需要南通市政府相关人员在发展过程中不断学习,从而不断提升管理知识水平与战略眼光。第二,在企业层面,缺乏同时具备企业家才能和科技才能的产业领军人物,缺乏大量的高技术人才。南通市目前采取的"飞雁式"的高端人才利用方式(即从外地甚至国外聘请各种高级专业人才为咨询顾问,这些高端人才每年来 1 ~2 次,但并不在南通定居)。经验证明这种方式的人才溢出效应很小，难以在更大范围内形成南通市经济转型升级的智力支撑。南通市的未来发展需要一大批各个方面的高层次人才，尤其是那些通晓国际规则的国际化人才，以及那些具备创新和创业精神的工程技术人才。

第四是存量资产的技术水平和创新能力都比较缺乏的问题。存量资产中大多数由南通市本土民营经济构成。南通市花费了比较大的成本进行招商引资，而新增投资确实很多具有较高的技术水平和附加值，促进了南通市经济的创新升级。但是对存量资产转型升级的引导和支持力度显得不足，即南通市一方面拼命地吸纳新增资源，另一方面又大量地沉淀已经投入的资源。这造成了南通市的产业结构的转型升级滞后于经济发展。随着南通市进入后工业化时期，存量资本面临着一个“再工业化”的问题，即如何向创新型、技术密集型、高附加值型的工业转变的问题。

三、 国际、国内经济发展环境的变化和趋势

(一) 国际环境的转变

学界认为，金融危机至少给我国外部市场造成了三个基本变化。

(1) 世界的储蓄消费结构发生重大变化，外部市场尤其是欧美市场会有一定的萎缩，并且这个趋势将会持续下去。以美国为首的西方发达国家的消费率下降，储蓄率提高，特别是居民的储蓄率在提高。美国居民的储蓄率原来为负数，现在大多数美国居民开始节俭消费，并注重储蓄。2010 年 6 月美国居民的储蓄率达到了 6% 的水平，这是危机之前的 3 倍多。欧美国家消费规模下降的影响可能会在未来一个时期内显现出来。

(2) 金融泡沫的破坏使得发达国家开始认识到实业的重要性，并开始回归实业。这对我国企业将会带来三个方面的挑战：第一，发达国家对我国的产业和技术转移速度会放缓；第二，中国企业在世界市场上要面对更多的来自发达国家的企业的竞争；第三，发达国家为了保护本国产业利益会实行更多的贸易保护主义，贸易摩擦与冲突会大幅度增加。

(3) 低碳经济成为新的增长点，也成为企业发展的巨大挑战。不管低

碳经济是否有最终价值,只要有市场就有价值,就应该学会开发它的价值。而在决定世界市场规则的这些国家中,正在把低碳经济当做一件有价值的事情在推动,发达国家的巨大市场正在或者说已经形成。在日本新的经济振兴计划里面,60%是跟低碳相关联的;在美国的振兴计划里面,40%跟低碳相联系。而中国政府的中期和长期目标中,低碳经济也被分解为各个阶段的指标,进而形成地方经济和企业发展的压力。如果不能看到并利用这个趋势,就不能获得未来经济的话语权。

(二)国内环境的转变

(1)内部市场的作用将会越来越重要。拉动内需尤其是拉动农村市场的内需,将成为中央政府在很长一段时间的主要任务。同样,中央政府在拉动内需方面的巨额投资也将会持续较长一段时期。另外,促进消费的各种财政税收政策,相信在目前的基础上还将不断出台。客观地讲,如果不能建立一个有效消费社会,中国很难和西方竞争,也不能保证经济结构的均衡性和可持续性。因此,从危机前的投资与出口主导型的经济增长模式转型为以内需为主导的经济增长方式,将是中国经济继续保持快速增长的必然选择。后金融危机时代,随着消费结构的升级和消费的不断增长,未来5年左右国内居民消费率有可能提高5~10个百分点。

内需方面尤其要注意我国的中西部地区市场。中西部地区的工业化还处于初级阶段,中央在中西部地区的巨额投资最终都将转化为各种订单,今后几年中西部地区将成为各种机械设备、公共基础设施的巨大市场。

(2)我国已经步入老龄化社会。人口老龄化的结构变化将会对我国的公共福利政策、工资水平、收入分配政策造成巨大的影响,这一影响必将在今后几年内体现出来。另外,我国的人口红利也即将结束,这导致了我国的很多产业必须从劳动密集型向资本密集型转变,劳动替代型的机械设备将会被越来越多地使用。因此,国内的装备制造业将会迎来较好的市场前景。

(3)一部分经济学者认为,我国存在资产泡沫破灭的风险,并且这个风险将会在未来几年继续扩大而不是化解。为了应付金融危机,我国政府采取了财政与货币政策双管齐下的方式,在财政政策方面推出了2年4万亿的经济刺激方案，在货币政策方面2009年新增信贷约9.5万亿元，超过前2年新增信贷的总和。这些政策在化解金融危机影响方面取得了积极的成效。但是在我国低利率以及资本流动性长期过剩的背景下，资产泡沫破灭的风险也大大增加了。政府和企业必须对此有所考虑，预防可能出现的资产泡沫破灭风险。

四、 政策建议和小结

今后10年将是南通市实现基本现代化最重要的10年，建立更为强大的工业体系仍然是南通市这个阶段的主要任务。尤其是2010—2015年期间，是南通实现产业升级、经济转型、社会协调发展的重要时期。基于前面的分析，笔者认为，在下一个10年中，低水平、低质量的城市化、人力资本结构不合理以及民营经济的转型升级问题可能成为南通市经济结构调整和转型升级的主要瓶颈，也是制约南通市经济社会向更高层级发展的“木桶短板”。

首先，从城市化方面看，根据上面的分析，南通市的城市化表现出了诸多粗放型的特征。城市化不仅意味着农村人口向城市人口的转变，还意味着农村生活方式向城市生活方式的转变，意味着生活质量和水平的提高与改善。粗放型的城市化提高了经济运行的交易成本和人力资本成本，从而可能构成经济和产业转型升级的阻力。难以想象一个城市化层级很低的地区能够实现基本现代化目标。提高城市化的质量和水平将是南通市下一阶段的迫切任务和难题之一。

事实上，在提升城市化的水平方面南通市已经有前期的诸多经验(南通市是过去10年中江苏省城市化速度最快的城市之一，只是由于城市化的起点低造成了现在的水平不高)。这里只是想从提高南通城市化的质量方面提出一些不甚成熟的想法和建议以供商榷。总的来看，一个城市的质量体现为城市在提供公共服务、商贸服务、生产者服务方面的效率和水平。从这三个方面出发，笔者提出以下建议：① 推进以政府转型为主线的行政管理体制改革，努力实现公共服务型政府建设的重大突破。对企业方面，减少审批项目、审批环节和涉企行政性收费，严格约束政府部门人员的涉企行为

(即使是在制度框架内)。对居民方面,努力提高义务教育、公共医疗、社会福利和社会保障、劳动力失业和培训、环境保护、公共基础设施、社会安全和秩序等方面的社会福利水平。② 在城镇化向外围推进的同时,从财政、制度、政策方面推进城市功能尤其是商贸和服务功能的同步扩散,实现公共服务、商贸服务、消费服务的合理配置,主要是将各种服务根据地理结构和人口结构进行配置。③ 为外来务工人员提供便利的、较高水平的医疗、教育、住房、生活、失业培训等方面的支持(可参考昆山市的"新市民工程")。包容和多元化是城市品质的重要特征。

其次,从人力资本结构来看,高知识、高技术水平人才的缺乏构成了南通市下一个10年发展的重要限制条件。南通市已经实施了著名的"江海英才计划",笔者这里对人才引进的制度化提出进一步的建议和意见:① 设立人才资源开发专项基金,依托重点产业和重点领域,面向国内外,采取特殊政策和措施,不拘一格地、更多地引进高层次人才来南通创业以及发展;② 实施人才分类培养计划,由政府或者相关行业协会牵头,开展"领军人物"培训(创新、创业型企业家培训),实施"金蓝领"培训(金蓝领指高级技术工人),大规模、高层次地培养造就专业人才;③ 完善人才激励机制,每年进行一次南通市优秀人才评选活动,对杰出人才每人给予10~50万元不等的奖励;④ 激励民营企业引进人才,一方面将人才落户等行政垄断权力下放给企业,另外一方面对企业引进人才、改善人力资本结构的行为进行一定的税收减免奖励,鼓励民营企业进行人力资本结构的升级。这里注意,企业是引进人才的主体,如果由政府越俎代庖,会遗留很多问题。

第三,关于本地民营企业的转型升级问题。南通市民营企业普遍面临产品同质化严重、战略模糊、核心竞争力缺乏、人才素质偏低、缺乏合理的财务管理战略、家族式作风严重、企业间竞争有余而协作不足以及过度依赖资源等问题。建议:① 实施企业家培训工程。对民营企业中的企业家以及高层管理人员每年进行高端培训,改变落后、保守的思想,促使企业家形成开放、前瞻、创新的思想理念,提高现代化管理水平。培训可以放在本地,也可以送到国内甚至国外的著名高校进行(宁波市的民营企业家培训已经开展多年，产生了巨大的经济效应）。② 实施民营企业品牌工程。对本土的民营企业建立国内品牌予以专项指导、资金奖励以及税收减免，每年力争树立一定数量的全国名牌产品。③ 建立健全针对民营企业的中介服务体系，如各类科技服务机构、金融担保机构、信息咨询机构、法律服务机构、各类行业协会、商会和互助组织。通过紧密的企业产业联系，共享资源要素，丰富社会资本，促进竞合机制，推动优胜劣汰，培育和促进集群的形成与发展，形成产业有机进化机制。④ 积极促进本土金融机构加快金融服务创新。开展股权、专利权、商标权等质押贷款，积极探索建立民营企业联合公开发债融资机制，帮助符合条件的企业发行短期融资券，积极推进企业联合发债，扩大民营企业的融资能力和融资水平。

南通大学　陈长江　周威平

（本文为2010年江苏沿海沿江发展研究院委托课题《南通市下一个10年发展战略研究》研究成果）

迎接上海辐射　放大桥港效应
——崇启大桥贯通对启东经济溢出效应的思考

崇启大桥的贯通使启东进入桥港经济新时代，为启东带来千载难逢的发展机遇，但机遇要转变为现实，地理位置上的接轨上海变成产业经济上的对接，还有许多工作要做，并非大桥一通，经济社会发展中的落差自然熨平消失。我们要积极做好准备，挖掘自身的价值，提升发展的平台，迎接上海的辐射，在接轨中实现效益最大化。

连接崇明岛和启东市的崇启大桥于2011年底建成通车。崇启大桥的建成通车，不但使被长江阻隔的启东与上海得到连接，使启东融入上海都市圈，而且也使启东市进入桥港经济新时代，尤其是得到上海的辐射，为启东带来千载难逢的发展机遇。但是，对待机遇不能等，要积极主动地去把握。为此，本文就启东如何充分做好准备、把握机遇、提升发展平台、迎接上海辐射、主动接轨上海进行一些思考。

一、 梯度转移规律决定了启东接受上海辐射的可能性

(1) 经济梯度转移规律决定了上海辐射、启东接轨的可能性。

经济梯度转移的一个重要方面是产业梯度转移。它是指每个国家或地区都处在一定的产业发展梯度上，每出现一种新行业、新产品、新技术，都会随时间由高梯度区向低梯度区推移和传递，这是市场经济条件下实现资源合理配置的内在要求。

区域梯度的核心是产业梯度，即由于生产要素禀赋、产业基础与产业分

工的不同，地区间在经济发展与产业结构水平上形成了一定的阶梯状差距。由于各地区产业结构不断升级的需要，一个相对高梯度地区将其相对落后或不再具有比较优势的产业转移到其他产业梯度较低的地区，成为其他地区相对先进或具有相对比较优势的产业，从而提高吸收方的产业结构的层次与水平。这种地区间的产业转移使先进地区加快了产业升级，摆脱了产业包袱，从而可以轻装上阵，集中人、财、物发展高附加值、高技术含量的产业；后进地区则可以以较低的成本引进相对先进的产业与技术，以"后发优势"尽快提高产业层次与水平，从而实现产业转移方与被转移方的"双赢"。

经济和产业梯度转移，这是一个客观经济规律。翻开世界近代经济史，起初经济最发达的国家和地区是荷兰，而后是西班牙，再往后依次是英国、美国等。经济和产业按照梯度转移规律不断地向外转移辐射。我国也是这样。改革开放以来，我国区域对外开放与外商投资经历了从"珠三角"地区向"长三角"地区、环渤海地区依次由南向北推进的过程。20 世纪 80 年代，我国"珠三角"地区凭借其沿海的优越区位、特殊的对外开放政策、相对完整的轻工业基础、灵活的商品意识以及与海外华人千丝万缕的联系，在吸引外商投资方面走在了全国的前面，大量外资的流入不但促进了该地区的快速发展，而且有力地推动了其产业结构的合理化。20 世纪 90 年代，外资的大量流入使"珠三角"地区资金与产业的集聚效益逐步下降，用电、用水、用地、用工等生产成本开始上升，在上海出台的优惠政策及其良好的发展前景的吸引下，外商投资开始向以上海为龙头的"长三角"地区转移，并同样有力地推动了该地区经济的快速发展及其产业结构的调整。根据区域经济发展的集聚与扩散规律，当资金及其他生产要素在"长三角"等地达到"规模不经济"时，也同样会出现向其他地区扩散的情况。

上海是国际大都市，其对外开放、技术水平、产业结构水平、经济发展都高于周边地区，正面临着城市功能的转换和产业结构的进一步升级，需要向外转移一些不再具有比较优势的产业。而作为紧靠上海的南通市尤其是启东等城市，在上述几方面都存在梯度差距，进而形成了产业的梯度差距，形成了产业转移的"天时"条件；其次，崇启大桥的建成通车，使启东与上海地域相连，两地间的交易成本和生产要素结合成本低廉，可以大大提高生产要素的利用效率，降低产业结构的转移和调整成本，这就具备了产业转移的“地利”条件；再次，启东与上海之间的人脉、文化联系一直很密切，相融性好，这就具备了相互合作的“人和”条件。因此，实现上海产业的合理、顺利转移，不但是优化上海城市空间布局、实现生产要素优化配置的需要，更是促进上海经济圈产业转移和产业结构优化的需要。启东市应充分利用产业梯度转移这一客观规律，根据自己在生产要素禀赋、市场前景、产业基础、比较优势等方面的特点和差距，积极做好接受上海产业结构转移和调整的准备，加快实现产业结构的优化组合和产业水平的整体提高。

(2) 交通条件的改善为经济辐射和接轨创造了更为便利的条件。

从理论上看，新经济地理学家们认为，交通条件的改善、运输成本和时间成本的下降有利于产业集聚和技术溢出的发生，进而促进经济增长。例如，在经济学者 Henderson(1974)以及藤田昌久等(1999)的城市体系模型中，交通距离的拉近将导致城市群的规模效应以及集聚经济，集聚经济又进一步通过城市之间的专业化分工形成城市网络，从而使得产业在不同能级城市之间实现更加有效的布局。从现实来看，大桥贯通后的经济社会效益是非常明显的、巨大的。例如，在1990年之前相当长的时期内，浦东(原称川沙县)虽然与繁华的上海外滩、南京路等隔江相望，但当时浦东基本上还沉湎于田园牧歌式的乡村宁静之中，不到60亿的产值相对于浦西近700亿的产值，很难看出浦西大上海的溢出效应。此后由于改革开放的政策效应，黄浦江上相继架起了几座大桥，浦江隧道通车，交通极为便捷，浦东便迅速崛起。同样，苏通大桥的贯通，对南通市区位优势提升、经济结构调整、要素流动加快、城市功能定位演进、社会思想观念转变等方面产生了深远的影响。这方面不乏其例。相信崇启大桥的建成也将给启东带来相似的积极效应。

(3) 区域经济发展的机遇只垂青于那些有准备、有条件的人。

交通条件的改善仅为经济辐射和接轨创造了一定的条件，而要真正把握机遇，让优势变为现实，还需做好充分的准备。李开复说：“当知道机遇来临时，要积极把握；当尚未看到机遇的时候，要时刻准备。”这就是说，你没有准备，当机遇来时则肯定把握不住，或者说某种机遇来了时，由于你没有条件、没有能力，只好放弃，错失机遇。这在现实中也是常有的事。先进产业想转移到某地区，可是该地区基础设施太差，配套资金缺乏，又没有实施操作人才，怎么接上轨呢？所以，先前事事尽力、处处尽心、做好充分准备，才能把握机遇、接受辐射、滋润自己，否则即使机遇来了，也会绕道而行。

启东市“十二五”期间的发展机遇，从大的方面来说是《长江三角洲地区区域规划》和《江苏沿海地区发展规划》两大国家战略的重叠和交叉，从小的方面来说是以崇启大桥为重点的一批交通、港口、机场等基础设施的建成和贯通。尤其是崇启大桥的贯通，大大缩短了与上海这个国际化市场以及国际金融中心的交通距离，启东的发展将与上海更加紧密地联系在一起。启东面临着重大的历史性发展机遇，但机遇必须准备好才能得到，何况机遇中也存在一定的挑战。所以，对于机遇，需要我们去抓住，努力挖掘其价值以实现最大化的现实收益；对于挑战，需要我们进行策略性的应对。

二、崇启大桥贯通后对启东经济溢出效应的分析

(1) 上海的发展对周边地区有明显的辐射与带动作用。

上海具有国际经济中心、金融中心、贸易中心的综合经济功能。若以国际经济活动转移与变化的层次作标准，上海在总体经济实力、现代城市功能和经济国际化程度与水平上，与其他国家一些国际化大都市比较并不逊色。上海的发展对于中国的南北两翼及以长江为纽带的中西部地区，尤其是“长三角”地区都有明显的辐射与带动作用。为了充分发挥上海的龙头作用，上海根据“优势互补，互惠互利，联动发展，共同繁荣”的精神，提出“上海商品流通，要在注重自身万商云集的同时，积极促进长江沿岸城市的商贸共同发展；上海的工业产业结构要在注重内部战略性调整的同时，积极支持和推动长江沿岸城市的经济结构调整；上海的城市基础设施要在注意内部建设和改造的同时，加强具有枢纽功能的重大项目的建设”。这就是说，上海在自身发展的同时，还要向外辐射，带动周边地区的发展。这对启东是一个千载

难逢的机遇。

（2）崇启大桥使启东进入接受上海辐射或者溢出效应的全新阶段。

启东的地理位置独特，与上海的崇明岛仅一江之隔。崇启大桥的贯通实际上使启东真正地融入了上海。上海作为一个国际性的大都市，相对于启东具有强势的经济地位，所以大桥贯通后，资金、人才、技术、企业等会以类似于布朗运动的方式扩散，从而使启东的发展搭乘上海的"顺风车"，进入一个接受上海的资金、人力资本、科技信息、思想等辐射或者溢出的全新阶段。但是，这种辐射效应需要启东主动地去接轨。常言道，攀亲要讲"门当户对"，其实经济协作之类的事也相类似，倘若落差太远，没有特色优势，也就难以协作，难以接轨。这是因为：

第一，大桥贯通以及交通改善只是辐射效应发生的一方面条件，其他的条件，如思想开放、产业承接能力、政策措施、人力资本情况、基础设施、公共服务等，也很重要，仅有"距离近"的边缘优势是发挥不了综合效应的。在现实生活中存在着一种"灯下黑"的现象，即离光源最近的灯下，光线很微弱，离灯较远一点的地方光线反而强。经济辐射也存在类似情况。例如，新加坡曾以"四小龙"著称，位于经济梯度的高处。但其对外投资的工业科技园，不在其周边近处落地，而是在离其很远的地方——中国苏州落地，这就是一个例证。所以，如果一地承接辐射的条件不具备，则即使该地靠近经济强势的一方，也难以得到较好的辐射，高梯度经济之势有可能出现"跳跃式辐射"，去照亮远处。

第二，大桥贯通也可能导致周边一些优质生产性资源向经济强势方"回流"。众所周知，同样的生产资源要素，在不同的地区，由于生产条件、技术水平、人的素质等不同，其加工后的价值相差很大。过去，同样的产品，人们先问产地，喜欢购买上海产品或进口产品。很多优质的生产要素不在本地加工，而流向上海生产，这能发挥更大的效应，得到更多的回报。所以，交通的改善、距离的拉近并不意味着这些优势的溢出效应必然增大，相反有可能使自己的优势成为他人的"嫁衣裳"。这就是说，辐射效应或者溢出效应需要一定条件才能发生，如果基础设施不发达、服务业落后、思想陈旧、人力资本存量少、政策支持力度不够，那么就会减弱甚至抵消辐射效应，形成优质资源“倒流”。所以，要想将巨大的机遇转变成发展的成果，首先要创造条件，壮大自己，缩小落差，即使谈不上“门当户对”，也有自己的强项，才能承接辐射、得到阳光。

(3) 崇启大桥对启东溢出效应的大小取决于该市本身的竞争力以及应对措施。

崇启大桥贯通后，启东在努力提升自身竞争力并加强各方面的应对措施的同时，还是要密切注意在某些方面可能出现的反向溢出现象。例如，在消费、旅游、科技服务、信息咨询、高新技术产业等方面，若不加应对，则启东经济的有些亮点很可能出现向上海回流的现象。

第一，从消费和旅游方面来看，启东市的消费无论是在多样性还是在层次性上都与上海有一定的差距。启东市的旅游方式、旅游消费、旅游经济等，还不能与上海同日而语，即使相对于苏州、无锡等苏南城市，也还有一定距离。崇启大桥贯通后，可能导致原有的消费和旅游潜力因交通方便而流向上海或苏南其他城市。或者说，由于交通的便利，游客滞留的时间大大缩短。据资料显示，苏通大桥贯通之后的一段时期，南通市外出到上海、苏南其他城市旅游的人数要大于从这些城市来南通旅游的人数，这种“出大于进”的情况就是一个例子。

第二，从港口方面来看，过去，虽然本地港口船只班次少，货物出港慢，等待时间长，运输成本高，但由于交通不便，还是通过本地运输比较合算，可现在交通方便后，特别是上海港船只班次多，出港快，且货物报关、仓储和搬运以及其他相关费用低，崇启大桥贯通使得客户转移成本下降，一部分本地客户的集装箱货源宁愿“舍近求远”，转移到更为快捷方便的上海港运输。

第三，从生产者服务业来看，生产者服务业包括金融保险、研发机构、品牌营销、会计审计、贸易、咨询、培训等部门，这些部门的特点是对商务成本敏感，对土地、劳动力等要素成本不敏感，上海相对于启东具有低商务成本、高要素成本的特点，崇启大桥贯通以后，一方面使得启东市的企业到上海购买生产服务更加便捷，另一方面，启东市的生产者服务业也会向获利较多的上海市转移，这就会影响启东本地服务业的发展。

第四，从产业内部的价值链方面来看，崇启大桥贯通可能使得启东市在承接上海市产业转移方面处于极其有利的位置，因而使得启东市的制造业规模迅速扩大，经济快速增长。但是我们也要看到：首先，目前启东市的大多数企业还处于价值链较低端的环节，本身不具有掌控区域价值链的实力。其次，由上海以及苏南其他地区转移到启东的大多数制造业并不具备核心竞争力，很多只是龙头企业的一个制造业分支。在这种状况下，尽管承接后的产业规模会快速扩大，但有可能会是低附加值、微利化、低技术含量的，很难积累起支持经济可持续发展所需要的高级要素，如创新、品牌、销售渠道与高级人才等。这样的产业扩张和经济增长，甚至可能出现“贫困化增长”，即速度上去了，效益不大；规模上去了，质量不高。

第五，从人才方面看，由于交通便利，一些高端人才、技术人才往往向大城市集聚，以求在更大的舞台上施展才华，因而会出现留不住本土人才的尴尬局面。

三、 做好应对的充分准备、迎接上海辐射的对策建议

为把握两大国家战略下崇启大桥所带来的机遇，应对可能的挑战，启东市应加强发展的紧迫感，早作准备，与时俱进地调整发展策略和方式，以获取机遇的最大化收益。

(1) 更新发展理念，拓宽发展视野。

随着崇启大桥的贯通，启东在理念、视野、角度、活动范围上都应突破固有的传统思维，站到更高的平台上、更新的角度上观察和思考问题。在不影响正常工作的情况下，启东应有计划地将政府有关部门的工作人员分批送到浦东干部管理学院、复旦大学经济管理学院等著名学院进行培训“换脑”，也可有计划地将有关部门的干部分批放到上海各区机关挂职一段时间，学习他们的思维方法、工作作风、发展经验，熟悉掌握相关的经济政策、产业信息、人脉文化等情况，以建立融洽的合作关系，更好地为承接经济转移服务。同时还要进一步提高转变发展方式的认识，增强承接的紧迫感。承接大城

市资本、技术和产业转移，是推进新型工业化的有效途径，是快速融入国际市场、参与国际经济竞争、实施开放型战略不可逾越的发展阶段。要基于对承接经济转移对促进经济发展具有特殊重要意义的认识，紧紧抓住上海加工贸易产业转移的机遇，将承接产业转移上升到事关经济发展全局的战略高度；要充分利用各种舆论宣传工具，突出宣传启东的产业特色、环境特色，增强经济辐射的吸纳力。

(2) 明确承接重点，加强规划引导。

面对上海经济辐射所带来的历史机遇，启东应在不放弃原有传统优势产业的前提下，有新定位、大提升、快发展的战略眼光和胆识勇气，结合启东产业发展布局及基础条件实际，明确产业梯度转移的方向和重点。一是明确重点承接区。由启东市发改委牵头，出台高起点的承接产业转移规划和产业转移区域布局意见，有针对性地明确一些专业承接园区，结合资源、交通和区域优势，从发展目标、产业定位、产业基础、市场前景、资源禀赋、区位条件等方面引导承接产业转移工作。作为已经开发的滨海工业园，更要成为接受上海经济辐射的重点区域，坚持招大引强。二是明确重点承接行业。要尽快编制项目名录，合理规划产业布局；要发挥综合成本优势，围绕特色优势资源，承接劳动力密集型产业；要发挥资源优势，重点引进以农副产品为原材料的加工业，承接精深加工产业；要发挥区位优势，承接加工贸易产业，延长产业链，提高产品附加值，促进传统产业转型升级。三是着眼于优化产业结构。要逐步扩大引进以机电产品、高新技术产品加工为重点的技术和资本密集型产业，做大做强外向型产业，扩大对外贸易。

(3) 加强载体建设，改善投资环境。

一要确保转移引进项目的用地。要接受经济辐射，承接产业转移，首先要确保项目用地。因此，必须把承接基地建设作为接受经济辐射、承接产业转移的关键环节和基础工程来抓，把承接产业转移的项目用地作为全市建设供地的保障重点。要加强用地指标统筹，每年在启东全市年度用地指标中预留一部分，专项用于承接产业转移重点项目建设。二要加强园区的基础设施建设。工业园区是承接产业转移、培育产业集群的主要载体。滨海工业园要依托园区已形成的产业特色,引导相关企业到园区集聚发展。要加大各园区的配套能力建设,完善园区水、电、路、讯、标准厂房、环保设施建设,完善生产、生活配套设施,提高基础设施建设水平,可采取提供厂房租赁招商,减少转移企业的投资成本,对实际利用外资的重大产业转移项目实行优先审批、优先供地。三是增强基地的承载能力。要通过各种渠道筹措资金,在加强园区基础设施建设中增强基地的承载能力。除了要积极向省里争取承接产业转移的各种优惠政策外,还要争取省里建立承接产业园区的基础设施建设专项资金。大力吸引民间资金参与园区基础建设,可采取BOT等模式引进投资者。四是积极争取设立出口加工区。产业转移是"候鸟经济",靠的是政策"洼地效应"。要积极争取国家政策支持,争取获得加工贸易梯度转移重点承接地的资格,启动出口加工区建设,积极申报叠加保税物流功能。

(4) 增强配套能力,发展配套产业。

要围绕增强本地配套能力,大力发展加工贸易配套产业,培育产业集群,延伸产业链条,发挥集聚效应。要培育壮大优势产业和特色产业专业市场、生产资料市场,降低企业采购成本。要积极依托一些骨干企业,精心筛选包装一批产业配套型项目,形成梯度分布、各具特色、优势互补、相互配套的完整产业链。

(5) 强化组织协调,优化公共服务。

要进一步强化政府的组织协调职能,优化部门的公共服务环境,建立政府牵头、部门联动的协调配合机制,形成接受上海经济辐射、承接产业转移的工作合力,切实解决企业在投资建设、经营过程中遇到的困难和问题,营造服务优先、执法规范的和谐氛围,形成安商富商、共赢发展的良好局面。要通过提高公务员素质、简化行政审批程序、建立行政服务中心、发展电子政务、推进公共服务社会化等方式,努力提高服务质量和效率,努力改善发展的制度软环境。要从政策、财政税收方面支持本地的商务服务发展,也要努力承接上海和苏南地区的现代服务业,实现信息技术服务、人力资源管理、金融、保险、会计服务、后勤保障、客户服务等多个服务产业的集聚和大发展。要通过创造更加公平良好的市场环境,加快形成集市场机遇、管理环境、产业配套及资本、技术、金融、服务为一体的综合引资优势,稳定和扩大吸收外来资金的总体规模和单体规模。要加强口岸"大通关"平台建设,积极推进与上海地区的海关合作,搭建"属地报关、口岸验放"的区域快速通关平台,积极疏通转关运输渠道,扩大适用范围,开辟联运线路,改革快速通关系统,实现无障碍通关。要积极推动本土企业上市融资。资本市场是解决启东市目前发展资金瓶颈的重要渠道,要积极推动一些较大的本地企业从生产运作和产业运作转向资本运作。要推动一些有雄心、有创新能力、有国际视野的企业家进行兼并、收购、股权置换、分立、资产剥离、出售、转让等盘活和壮大资本的活动。

(6) 扩大竞争优势,走差异化特色之路。

顺畅的交通体系使得"长三角"经济一体化不断完善,经济一体化的发展将导致各个地区的专业化程度提高,产业分工按照地区展开,各个地区原有的优势和特色会由于市场的扩大进一步加强。此时,发展战略选择应该顺应本地区区位优势,扩大竞争优势,走差异化特色发展之路。例如,对于旅游业、港口等存在潜在竞争的方面,差异化发展是主要的原则。

从旅游休闲方面来看,启东市的旅游和上海的旅游本身就有很大的差异,启东市的旅游更多的是户外风光,如果能将"看""吃""玩""休闲""购物"等旅游方式综合起来加以规划考虑,则启东市的旅游大有发展空间。因此,可结合本地特色,重点在唯一性、垄断性的资源、产品和服务上做文章,如深度挖掘"日出东方第一市""吕仙驾鹤传美名""江风海韵园陀角""东胜瀛洲宜居地"等有独特价值的旅游项目。要持续地、大力度地引进旅游业投资,并从政策、服务、税收、土地方面形成对民营企业投资旅游休闲业的支持;要重点扶持一些市场开拓力强的旅游企业或商贸集团,整合旅游资源,甚至整合周边优势旅游资源为我所用,整合各部门、各行业、各产业力量共同推动旅游产业发展。

从港口运输方面来看,相关学者认为,港口与电脑软件具有某些相似的特征,即初期投入资金异常巨大,而一旦建成,每增加一个客户导致的新增成本则可以相对忽略不计（即具有非竞争性）。对于具有这种性质的产品或者服务，规模效应是降低成本的最有效措施。基于规模效应的考虑，笔者认为，吕四港口建成初期不能急于通过高收费来收回成本，反而应该通过类似于开发区的“三免两减半”等优惠措施，以更少的港口使用费用来吸引顾客，并通过签订长期合同等方式来固定客户群，以产生集聚效应和锁定效应；采用先进的管理办法，提高效率，缩短货物的在港时间，降低货物出口的海关、质监、仓储等费用；大力发展与港口配套的服务部门，如租赁、金融、咨询、代理等相关业务，降低企业的商务费用，“锁定”客户。

南通市委政策研究室　黄鹤群

南通大学　陈长江　周威平

关于推进南通区域协调发展的若干思考

“十二五”时期是南通着力调整结构、化解制约区域协调发展诸多矛盾、在促进全市区域协调发展方面可以大有作为的关键时期。当前，认真审视“十一五”以来全市区域协调发展取得的进展，明确“十二五”时期这方面工作的基本思路与战略重点，对于正确认识形势、牢牢把握机遇、在奋力推进基本实现现代化新征程中更加自觉地规划与实现区域协调发展，具有十分现实的意义。

一、“十一五”以来南通区域协调发展取得的重要进展

（一）区域内南北差距扩大势头基本扭转

20世纪90年代起，南通市区域内“北三县”（海安县、如皋市、如东县）与“南三县”（通州区、海门市、启东市）的发展差距呈现出不断扩大的趋势（见表1）。“七五”期末（1990年），“北三县”地区生产总值为“南三县”的86.3%。“八五”期末（1995年）下降至70.5%，“九五”期末（2000年）进一步下降至67.9%。

表1 “南三县”与“北三县”经济总量对比 （单位：亿元，%）

	“南三县”		“北三县”		“北三县”/“南三县”
	绝对值	占全市比重	绝对值	占全市比重	
1990	55.13	41.1	47.60	35.5	86.3
1995	220.07	47.5	155.16	33.5	70.5

续表

	"南三县"		"北三县"		"北三县"/"南三县"
	绝对值	占全市比重	绝对值	占全市比重	
2000	326.00	45.2	221.23	30.7	67.9
2005	634.72	43.1	445.91	30.3	70.3
2006	770.35	43.8	532.61	30.3	69.1
2007	917.12	43.4	642.74	30.4	70.1
2008	1094.10	43.6	808.00	32.2	73.9
2009	1206.82	42.0	953.40	33.2	79.0
2010	1438.14	42.1	1139.14	33.3	79.2

"十五"中后期特别是"十一五"以来，得益于交通区位条件的根本性改善以及江苏沿江沿海开发战略的实施，南通市各县(市)、区按照规划先行、分类指导、竞相发展的原则，紧紧围绕全面腾飞的发展主线，充分发挥资源禀赋优势，走区别化、特色化发展道路，合理引导要素流向，着力提升产业发展水平，努力争先晋位，南北差距扩大趋势得以遏制和扭转。就一些主要经济指标的增幅看(见表2)，自2003年起，以往南快北慢的格局发生了根本性变化，特别是海安、如皋的快速增长态势更为引人注目。

从经济增长速度看，"十一五"以来地处南通市北部的如皋和海安经济增长速度始终居于六县(市)、区前两位，如东的增长速度虽然在六县(市、区)中仍较低，但必须看到，作为今后如东发展最大潜力所在的洋口港及沿海地区的开发正在加速推进，只是开发周期较长，目前对经济增长的强大助推效应尚未充分显现而已，其后续的突破性发展指日可待。

表2　近年来南通市各县(市)、区地区生产总值及增幅一览表

(单位:亿元,%)

	2005		2006		2007		2008		2009		2010	
	绝对值	增幅	绝对值	增幅	绝对值	增幅	绝对值	增幅	绝对值	增幅	绝对值	增幅
全市	1472.08	15.4	1758.34	15.7	2111.88	16.2	2510.13	13.3	2872.80	14.0	3417.88	13.0
崇川区	175.29	14.6	200.91	15.2	240.16	15.1	283.64	14.5	300.34	12.5	350.03	13.0

续表

	2005		2006		2007		2008		2009		2010	
	绝对值	增幅	绝对值	增幅	绝对值	增幅	绝对值	增幅	绝对值	增幅	绝对值	增幅
港闸区	84.55	14.6	100.08	15.0	118.70	15.1	146.22	14.5	155.43	12.0	178.10	13.0
开发区	62.89	21.0	81.15	21.0	108.00	20.0	146.00	16.2	200.16	17.0	256.21	20.0
通州区	222.08	15.5	270.68	16.0	323.33	16.3	391.00	14.6	432.32	14.0	508.00	13.5
海安	148.89	15.8	177.42	16.1	213.56	16.3	264.60	14.9	300.75	14.2	355.57	14.1
如东	146.38	14.6	175.02	15.3	212.26	15.8	263.40	13.4	297.50	13.7	352.36	14.0
启东	200.03	15.4	238.59	16.0	283.05	16.0	327.00	14.0	359.50	13.8	430.04	14.1
如皋	150.64	15.7	180.17	16.3	216.92	16.5	280.00	14.8	355.15	14.2	431.00	14.3
海门	212.61	15.5	261.08	16.1	310.74	16.1	376.10	14.0	415.00	14.0	500.10	14.3

从经济总量等指标看，目前虽然仍呈现南强北弱态势，多数总量指标的前三位均为“南三县”占据，但南北差距在不断缩小。2010 年，“北三县”地区生产总值已经回升至“南三县”的 79.2%；“北三县”经济总量占全市的比重也从 2005 年的 30.3% 提高到了 2010 年的 33.3%。早在 2007 年，六县(市、区)已全部进入全国县域经济基本竞争力百强县市行列，南北互补共进的发展格局已初步形成。

(二) 沿江沿海开发扎实推进

2003 年以来，根据省委、省政府实施的新一轮沿江开发和沿海开发的重大决策，南通依托“黄金水道”“黄金海岸”，深入实施江海联动开发战略，着力发展港口型经济，通过大项目带动，加快建设沿江沿海产业带，在港口建设、产业集聚方面取得了显著成效。

沿江地区已建成南通港区、狼山港区、江海港区、通海港区、如皋港区、天生港区、任港港区、富民港区和启海港区九大港区，港口吞吐能力大幅提升，支撑了南通港货物吞吐量连年快速攀升。截至 2009 年底，全市沿江共建成万吨级以上生产性泊位 58 座，5 万吨级以上泊位 30 座；2010 年港口吞吐量达到 1.51 亿吨，为 2005 年的 1.78 倍。沿江地区重大产业项目加速集聚，主要有王子制纸、中远川崎、中远船务、上海振华重型机械、熔盛造船、吉宝造船、韩华 PVC、统一嘉吉饲料等项目，有力地带动了船舶修造、石油化工和精细化工(含生物医药)、现代纺织、电力能源、新材料、粮油加工、电子、造纸等八大产业快速发展。目前,南通沿江地区正逐步发展成为全省乃至全国重要的造船基地、化工产业基地、造纸产业基地和粮油加工基地。如2010年全市规模以上造船完工量808万载重吨,已占全国的1/8强。

沿海地区深水大港的开发建设取得了重大进展。洋口港实现初步通航,港区临时开放获得核准,黄海大桥竣工通车,太阳岛围堰成功,万吨级重件码头完工,10万吨级LNG码头和管线桥初具规模;吕四港区总体规划获部省批复,吕四港临时开放获得核准,两个5万吨级综合海运码头、3.5万吨级进港航道一期工程竣工投运;东灶港作业区码头建设实质性启动;腰沙—冷家沙海域建设用海总体规划获国家海洋局批准;临港产业项目加速集聚,吸引了江苏LNG接收站及电厂、吕四大唐电厂、中远船务海洋工程基地、金鹰差别化纤维、大型海上风电场等一批百亿元级产业项目落户南通沿海;产业集聚载体布局框架全面展开,布局有启东经济开发区、吕四海洋经济开发区、启东滨海工业园、海门滨海新区、通州滨海新区、洋口港经济开发区、如东沿海经济开发区、如东经济开发区东安科技园区、海安临港新区等多个产业集聚区,由南通市本级参与投资的洋口港南通国际产业园正式成立。

总体来看,南通沿江地区开发时间早,开发成熟度较高,近年来已经由大规模全面开发向整合提升开发转变。与沿江地区的高密度开发相比,沿海的开发尚处于起步阶段,因而拥有更为广阔的发展空间和潜力。

(三)市区发展步伐加快

近几年来,南通市委、市政府高度重视市区发展,紧紧抓住难得的发展机遇,乘势而上,不断壮大市区经济。市区①经济总量不断扩大,2010年,市区实现工业增加值451.91亿元、财政收入389.02亿元,分别占全市的28.8%和54.5%,比“十五”期末分别提高1.6和7.2个百分点;市区人均生产总值达到90258元,比“十五”期末提高53505元,高出全市平均水平

① 因为通州撤市建区(2009年)时间不长,所以这里仅对崇川、港闸、开发区三个区的发展水平进行历史比较。

45450 元;每平方千米创造的生产总值达到 2.21 亿元,比“十五”期末增加 1.30 亿元,超出全市平均水平 1.78 亿元。产业结构加速优化,第二、三产业占比提高到 99% 以上(99.3%),比“十五”期末提高 0.8 个百分点,比全市平均水平高出 7.0 个百分点。实现了通州撤市设区,城市框架进一步扩张,“一主四副”的城市格局初步确立,综合服务功能显著增强,公共设施建设、公共服务水平、服务业发展等均取得了长足进展。

(四) 新农村建设成效显著

“十一五”以来,南通市围绕“民富、村美、风气好”的新农村建设目标扎实推进新农村建设,使城乡差距逐步缩小,城乡发展趋于协调。城乡规划统筹力度加大,制定了有利于城乡协调发展的城乡建设和发展规划,基础设施及公共服务专项规划向农村延伸。高效农业规模化成效明显,截至 2009 年底,全市高效农业面积达 304.25 万亩,占耕地面积的 43.5%,在江苏省处于领先地位;设施农业面积达 73.23 万亩,占耕地面积的 10.5%。基础设施加速向农村延伸,实现“村村通等级公路”的目标,乡镇班车通达率达到 100%,行政村班车通达率达到 96.8%;实施区域供水工程,基本解决农村饮水安全问题;农村生态环境正在逐步修复,60% 以上的村实行垃圾集中收集和处理,拥有农村污水处理厂 18 家,日处理能力达 46.5 万吨。城乡公共服务水平差距有所缩小,农村基础教育水平显著提高,农村文化设施建设稳步推进,村级社区卫生服务站覆盖率达到 96% 以上,市财政每年安排 700 万元专门用于对农村科技和农业生产技术推广的扶持,村级公共服务中心建设实现全覆盖。农村社会保障体系初步建立,新型农村社会养老保险参保覆盖率达 95.8%,新型农村合作医疗实现了县(市、区)全覆盖,失业保险机制逐步实现城乡统一,农村最低生活保障制度初步建立,逐步实现城乡社会保障制度接轨。城乡一体的就业制度逐步建立,全市农村劳动力转移总量连续多年突破 200 万人,68% 的农村劳动力转向非农产业,居江苏省首位。全面落实农村税费改革政策和强农惠农政策,农民负担明显减轻。

（五）跨区域合作取得进展

近年来，南通抓住苏通大桥建成通车的机遇，大力实施接轨上海、融入苏南战略，注重与上海、苏州等城市加强在产业、人才、产学研等方面的合作，积极探索区域合作开发新模式，并取得明显成效。大力推进与上海、苏南等地开发园区的跨江联动开发，进一步培育发展特色产业园，全市已有在建、在谈合作项目 20 个，覆盖所有县（市）。其中，苏通科技产业园正式奠基，一期 9.5 平方千米基础设施项目开工建设，标志着跨江开发、跨国合作迈出重要一步；设立上海外高桥（启东）产业园、海安（杨浦）工业园、复旦大学（海门）远达科技创业园、如皋港工业园区和江苏沙钢集团共建的钢贸物流园区、锡通高新技术产业园等一批跨江合作园区，还有一批跨江合作项目正在洽谈之中；通州经济技术开发区和上海漕河泾新兴技术开发区、苏州相城经济开发区正式缔结为友好开发区；等等。跨区域合作取得了长足进展，为全市区域内的协调发展拓展了空间、提升了层次。

二、“十二五”时期推进南通区域协调发展的思路与重点

（一）正确认识与处理好区域协调发展中的若干关系

根据国内外的经验，区域协调发展是一个由低水平浅层次的平衡向高水平深层次的协调逐步演进的过程。这一过程大致上包括两个不同的发展阶段：第一阶段，由各地区存在明显发展落差，到通过后进地区追赶先进地区而形成差距减小、水平逐渐接近的发展格局；第二阶段，由各地区发展水平逐步趋近，到通过结构调整优化、有机整合而形成各地区在结构、功能上深度融合、互补共赢的良性互动共同体。随着这一历史演进过程的推进，区域协调发展也就不断地向更高水平、更深层次拓展。显然，从这一角度看，“十一五”以来南通的区域协调发展基本上还处在第一阶段的演进过程中，“十二五”时期有可能从第一阶段向第二阶段前期过渡。为科学地推进现阶段南通的区域协调发展，在全面认识区域协调发展所处阶段的基础上，当前应正确理解和处理好三个重要的关系。

1. 长期有序发展与短期梯次推进的关系

在一个较长的时间跨度内，比如5年、10年以至更长时期内，保持各地区经济社会总体上协调有序发展，是区域协调发展应努力实现的目标。达成这一目标，意味着整个区域实现了长期性、战略性、全局性的持续快速健康发展。而在现实发展中，这一长期目标往往是通过短期内各地区的梯次性发展来实现的。由于各地区发展的初始水平不同，有时甚至存在相当大的差异，因而为了实现长期的协调发展，必然会有一个后进地区追赶先进地区的过程，所以短期内各地区的发展呈现出有快有慢、非平衡梯次推进的态势是不可避免的。这就要求我们在战略谋划上从长期着眼、从全局出发，自觉地以短期的非平衡发展去争取长期的协调有序发展，鼓励各地区特别是后进地区从本地实际出发，通过抢抓机遇，充分发挥自身优势，努力在经济社会发展上争相跨越，以最终实现全区域整体的长期协调发展。

2. 发展规模速度趋近与结构功能协调的关系

从区域协调发展的历史演进过程看，各地区发展规模与速度方面的差距缩小、逐步趋近，是实现区域长期协调发展的必经阶段，没有这一阶段，不可能有效扩大经济社会发展的规模、打下区域长期协调发展的基础。但这一阶段又是区域协调发展的初级阶段，这一阶段实现的协调还是低水平、浅层次意义上的协调，仅仅停留在这一阶段，不可能从根本上提升经济社会发展的质态与能级并最终实现长期的可持续的区域协调发展。因此，在各地区发展规模、速度渐趋接近、经济社会发展达到一定水平后，应审时度势抓住机遇，努力推动各地区切实转变经济发展方式，尽快从数量增长向质量提升、从规模扩张向结构优化转变，通过各地区间资源的优化配置、结构的有机整合，实现各地区经济社会发展多领域、多层次的结构功能的深度融合与有序匹配，推动区域协调发展提升至全新的境界，尽快进入区域协调发展的高级阶段，即各地区间结构、功能深度融合、有机匹配、互补共赢的协调发展阶段。

3. 政府主导与市场驱动的关系

我国当前体制、机制条件下的区域协调发展，首先应由政府主导，完全听任市场机制运作，不可能顺利达成区域经济社会的协调发展，因此，政府应通过科学的规划和强有力的政策推动，确保区域内各地区协调有序发展，以实现区域发展的总体目标。但在社会主义市场经济条件下，政府主导下的协调发展不应当也不可能脱离市场机制的作用，而是应当在充分考虑并借助市场作用的基础上，通过市场对经济资源的基础性配置功能以及对市场主体行为的协调、优化功能，合理配置资源，提升经济运行效率，最终达成区域协调发展的目标。在这里，政府主导是市场机制充分发挥作用基础上的方向性、政策性的引导与推动；市场驱动则是政府引导、推动下的市场机制对各经济主体行为的诱导、激励与校正。政府与市场二者均不可或缺又不可互相替代，“看得见的手”与“看不见的手”互相配合、各司其职，才有望使区域协调发展的目标顺利实现。因此，把握好政府主导行为的“度”，明确其合理边界，是科学地推进区域协调发展的关键所在。

（二）推进区域协调发展的指导思想与基本原则

“十二五”时期南通实施区域协调发展的指导思想：以邓小平理论和“三个代表”重要思想为指导，深入贯彻落实科学发展观，紧紧抓住“长三角”一体化发展、江苏沿海开发的战略机遇，以沿海开发为主战场，以创新转型为动力，以扩大有效投入为抓手，加强外引内联，着力提升中心城市能级，加速县域经济发展，推动江海联动、市县联动，加快城乡一体化进程，形成分工合理、结构优化、比较优势充分发挥、区域差距进一步缩小、县（市）区良性互动、互补共进的区域经济发展格局，有效提升全市经济社会的整体实力。

“十二五”时期南通实施区域协调发展应遵循以下几条基本原则。

1. 统筹兼顾各有侧重原则

全面统筹兼顾市区与县（市）、县（市）与县（市）、沿海与沿江、市内与市外的发展基础、发展环境、发展要求，从全局高度统一谋划、一体化整合，力求发展方向各有侧重，发展模式各有特色，地区功能协同互补。

2. 政府市场双轮驱动原则

遵循经济发展规律，坚持以企业为主体，以利益为纽带，充分发挥市场机制的基础性作用，同时进一步加强政府引导、协调和服务，逐步消除地方保护主义，规范市场秩序，为技术、人才、资金、信息等要素自由流动创造良好的体制环境和政策环境。

3. 观念更新机制创新原则

注重观念更新，重点树立区域协调发展的理念、开放开发的理念、改革创新的理念；充分利用国家和省的各项政策，突破固有经验、现有条条框框的束缚，在发展机制、发展模式上大胆创新、大胆实践。

4. 突出民生生态优先原则

在推动经济协调发展的同时，高度关注医疗、教育、科技、卫生、社会保障等民生工程领域的投入，实现共建共享；在推进新型工业化、推动沿江沿海开发的进程中，重视生态建设和环境保护的同步规划、同步发展，促进生态系统的良性循环与健康发展。

（三）推进区域协调发展的战略重点

1. 统筹推进“四区”（崇川区、港闸区、开发区、通州区）发展，着力提升中心城市实力

围绕建成300万人口特大城市目标，大力实施“东西轴向延伸，南北相向聚合”的城市发展战略，加快推进组团式都市区建设，优化四区产业、功能布局，大力发展都市型经济，增强辐射带动能力，提高在市域经济中的首位度，努力缩小与苏州、宁波等城市市区之间的差距。

2. 统筹县域经济发展，着力形成协调共赢的发展格局

围绕建设城市人口规模突破30万人中等城市的目标，加快推进县城工业化和城市化进程，坚持因地制宜，壮大五县（市）特色经济。如东、海安、如皋应依托沿江、沿海、沿路优势，大力推进洋口港区、如皋港区开发和海安交通枢纽建设，加快工业化、城市化、国际化步伐，加快扩量升质，着力缩小与南二市的差距。海门、启东应发挥沿江沿海、临近上海、经济基础较好的优势，开发建设现代化港口，积极承接高端产业转移，着力增强产业集群的竞争力和科研能力，提高技术创新水平，加快产业结构转型升级步伐，建设现代化城市。同时，加强县（市）际合作，在港口功能定位、产业项目布局、交通体系连接等各方面开展全方位、多角度的衔接，创新发展理念、发展机制和合作模式，形成互补和合力，力争实现共赢。

3. 统筹沿江沿海开发，着力做大做强两大经济带

充分发挥好沿江沿海两大优势，统筹利用好沿江沿海两种资源，打造经济起飞的两大战略平台，实现江海共兴。沿江发挥产业、园区开发成熟度较高的优势，向沿海转移依赖深水港口、用地量较大、排放相对较多的部分产业，为传统制造业转型升级、发展新兴产业、参与高水平竞争开辟新空间，并发挥人才、研发、销售优势，带动沿海地区发展。沿海发挥海港、滩涂等优势，在开发重特大项目过程中科学规划、有序承接上海、苏南及沿江地区的要素和产业转移，加快工业化和城镇化进程，与沿江形成互补型经济结构，从而促进沿江沿海协调发展。

4. 统筹城乡一体化发展，着力建设好社会主义新农村

坚持工业反哺农业、城市支持农村和多予、少取、放活方针，以增加农民收入为核心，以发展现代农业、繁荣农村经济为首要任务，着力推进城乡发展规划、基础设施、公共服务、就业社保、领导体制五个方面的一体化。一方面，按照产业园区化、生产规模化、组织合作化、居住社区化、保障社会化、环境生态化的基本现代化新农村建设要求，全面推动全市农村由全面小康向基本现代化发展的历史跨越，大力发展现代高效农业、设施农业、生态农业，进一步推进农村基础设施建设，优化公共服务设施布点，提升公共服务水平；切实增加农民收入，积极拓宽促进农民增收的思路、渠道；进一步加大农民合作组织建设力度。另一方面，着力破解城乡二元结构，促进城乡要素有序双向流动，实现社保衔接、就业畅通、社区完善，并在土地、住房制度创新上积极寻求突破，缓解城乡资源市场化配置的瓶颈束缚；以市区或县(市)为单位建立城乡统筹建设机制，并向农村适当倾斜，强化城乡基础设施和生态设施对接，促进城乡交通、产业、生活一体化；大力发展农村公共事业，提升公共服务功能，逐步缩小城乡公共服务差别。

5. 进一步深化区域合作，着力承接优质产业转移

以沿江沿海为主战场，主动承接上海的产业转移、技术外溢，加强与苏南等城市的跨江合作，加快实现与以上海为龙头的“长三角”城市间的资源融通、交通联通、市场互通、信息共享、产业互补、环境共保、机制互动。一方

面，接轨上海向纵深推进。策应上海“四中心”建设，抢抓上海产业结构转型升级的契机，积极承接上海制造业及现代服务业项目转移，积极推进开发区、工业园区、服务业集聚区的合作共建，提高园区的建设、管理水平，在更高层次上构建承接国际、国内优质产业项目转移的平台。另一方面，跨江联动向纵深推进。继续推进跨江合作共建产业（科技）园区建设，加快推进以苏通科技产业园为重点的在建、在谈跨江联动合作开发园区项目，大力开展外引内联，寻求跨江联动合作新机遇，吸引上海及苏州、无锡、常州等地的政府及企业来南通投资合作。不断拓宽跨江联动合作领域，积极推动由共建产业基地向共建科技开发基地提升，由以工业为主向第一、二、三产业拓展，由项目、资金引入向以项目为龙头的资金、技术、人才等各类要素全面引入转变，由以经济领域的合作、联动为主向基础设施、社会事业、环境保护等全方位合作转变，从而通过深化区域间的合作有力地促进与带动南通区域内的协调发展。

南通大学　管怀鎏

民营企业拓展海外市场、参与国际竞争的思考

“请进来”是重要的战略，“走出去”同样也是重要的战略。加快实施民营企业“走出去”的战略，无论是对民营企业自身的转型升级，还是对推动经济的快速发展都有着重大的现实意义。现在，民营企业走出国门，既有崭新的发展机遇和广阔的市场空间，又有严峻的挑战。本文结合南通的实际，对民营企业如何走出国门、参与国际化竞争进行了研究，并提出了具有可操作性的对策思考。

当前世界经济发展的一个重要特征是经济全球化。这对于民营企业而言，意味着既要拓展本国市场，又要进军海外市场。因此，未来民营企业的一个新的重要使命就是要实施国际化战略，跨出国门、拓展海外市场、参与国际竞争，促进企业转型升级，真正做大做强，提升发展水平。

一、民营企业实施“走出去”的战略是经济发展到一定阶段的必然选择

“走出去”战略是指企业为实现生产要素和资源的优化配置及利润最大化目标，采取集中与分散相结合的全球战略，跨出国门，在境外进行生产、销售、服务等国际性经济行为，包括在境外进行资本运作等市场行为。在信息技术迅猛发展的今天，民营企业跨出国门经营未必一定要有庞大的规模，只要在价值链条上某些环节拥有相对优势，就有可能成为其参与国际竞争的基础。

南通民营经济经过30多年的市场锤炼，不少企业羽毛渐丰，已不满足于参与国内的竞争，或借船出海，或敢冒风险，单身闯天下，赚得了第一桶金。

民营企业为什么不仅要在国内发展，还要走出国门到境外去参与竞争呢？究其原因：一是经济全球化进程加速，逐步形成了一个世界性的社会化大生产网络，传统的以自然资源、产品为基础的分工格局已被打破，跨国公司在世界经济活动中的突出作用日益明显。这一趋势迫使民营企业走出国门，真正成为国际化的企业。二是我国对外开放不断向纵深方向发展，特别是加入WTO后，国内市场国际化进程加速，不少国际跨国公司携资金、技术、品牌优势纷纷抢滩中国市场，“国内市场国际化、国际竞争国内化”的格局已基本形成。民营企业要想继续发展，就必须主动投入到与跨国公司的竞争之中。三是经过创业、再创业的历练，许多民营企业已初步具备了国际化经营的实力和条件，需要在更大范围、更高平台上配置资源，去海外寻找获利空间，以实现企业的转型升级。四是不同地区的差异使生产要素的价格产生高低，加上国际经济结构加速调整的大环境，商品、劳务、资本和技术等各类生产要素日益跨越国界并得以在全球范围内自由、全面、大量地流动，多边经济合作蓬勃发展，区域合作和一体化步伐加快，为民营企业在配置资源方面拓展了市场空间。五是获取相对较低的劳动力、土地成本和更优越的服务。由于土地资源稀缺，人力资源成本居高不下，不少民营企业把目光开始投向相对欠发达国家，营造资源优势。六是一些民营企业为规避出口配额和关税等政策壁垒而投资境外。可见，民营企业走出国门是经济全球化的必然要求，是民营企业发展到一定阶段的必然选择。

当然，走出国门并不是民营企业发展的唯一目标，而是实现目标的途径，是为了更好地发展自己、壮大自己。走出国门也不是企业唯一的发展捷径，而是循序渐进的突破。没有名牌、品牌战略阶段的艰苦创业，没有科技兴企阶段的固本强基，没有一定的资本实力、开拓勇气和对国内外市场的了解，即使跨出国门也是寸步难行的。

二、 南通民营企业走出国门已日趋成为本地经济国际化的重要力量

自20世纪90年代开始,南通民营企业逐步尝试向境外发展,从贸易代表处、专业市场等传统“走出去”的形式发展到如今在境外建立生产基地、设立研发中心、海外并购、海外上市等形式,民营企业走向国际化已从“量”的增长向“质”的提高转变,日趋成为南通经济国际化的重要力量。

南通民营企业走出国门,历经了劳务出口、国际市场开拓、直接对外投资等发展阶段,呈现出加速发展的良好态势。

一是对外承包工程的能力不断增强。进入21世纪以来,南通民营企业走出国门,对外承包工程越做越大,一直名列江苏省的首位。1999年,南通市对外承包工程新签合同额为18549万美元,当年完成营业额17083万美元,分别占全省的37.13%、43.19%。2010年,南通市新签对外承包工程的劳务合同金额为8.73亿美元,当年完成营业额达12.53亿美元。至2010年,全市累计新签对外承包工程和劳务合同金额为73.47亿美元,累计完成营业额83.90亿美元。

表1 南通市对外承包工程有关数据

时间	指标	南通市	江苏省	占比
1999年	新签合同额(万元)	18549	49957	37.13%
	完成营业额(万元)	17083	39553	43.19%
2009年	新签合同额(万元)	77239	475707	16.24%
	完成营业额(万元)	115562	486698	23.74%
2010年	新签合同额(万元)	87252	620766	14.06%
	完成营业额(万元)	125316	596702	21.00%

二是新派劳务人员的数量不断增加。1999年,全市新派劳务人数为5477人,期末在外人数为9720人,分别占全省的38.68%、30.06%;2010年,全市新派劳务人数为8854人,期末在外人数为29389人,分别占全省的

41.24%和30.69%以上。这些对外承包工程和劳务合作遍布70多个国家和地区。

表2 南通市对外劳务合作有关数据

时间	指标	南通市	江苏省	占比
1999年	新派劳务人数	5477	14160	38.68%
	期末在外人数	9720	32335	30.06%
2009年	新派劳务人数	8660	33996	41.24%
	期末在外人数	32022	99196	32.28%
2010年	新派劳务人数	8854	21469	25.78%
	期末在外人数	29389	95765	30.69%

三是境外直接投资呈现强劲态势。1999年,南通民营企业境外投资项目为2个,中方协议投资额为96万美元,分别占全省的7.69%、5.63%;2009年,民营企业境外投资项目为12个,中方协议投资额为4321万美元,分别是2001年的6倍和45倍;2010年,新批境外投资项目猛增为35个,中方协议额为3.18亿美元,分别比上年增长192%、636%。“十一五”期间,全市累计新批境外投资项目107个,总投资达4.8亿美元,分别比“十五”期间增加了5倍和平35倍。

表3 南通市境外投资数据

时间	指标	南通市	江苏省	占比
1999年	新批项目数(个)	2	26	7.69%
	中方协议投资额(万元)	96	1706	5.63%
2009年	新批项目数(个)	12	332	3.61%
	中方协议投资额(万元)	4321	106347	4.06%
2010年	新批项目数(个)	35	408	8.58%
	中方协议投资额(万元)	31825	2176137	14.62%

四是走出国门的进入方式多样化。南通民营企业境外投资项目进入方式已呈多元化态势,可谓全面开花。主要有独资、合资设立各种公司和企

业，以独资为主；进行跨国并购，收购或控股现存的境外公司；进行海外研发投资；与境外企业建立战略联盟；等等。南通一些民营企业由于其规模和实力有限，在“走出去”的过程中处于劣势，对此，民营企业选择与国外大企业进行合作，形成战略联盟，从而弥补自身的不足，提高自身的竞争力。

五是内生增长动力逐步提升。南通民营企业已由开始时的资源初加工型产业向深加工型产业转变，商品结构正逐步摆脱以“轻”为主的局面，技术含量不断提高，品牌效应逐步显现。开拓海外市场也呈多元化趋势，从发展中国家到发达国家，从占领低端市场到涉足中高档产品，呈现出新的跨越式发展。

六是带动作用日益显现。南通民营企业境外上市、家纺企业通过“走出去”，不仅提升了自身的发展水平，带动了一批有比较优势的产业“走出去”，而且也带动了一批逐渐丧失优势的传统产业“走出去”，使之“久旱逢甘霖”，促进了民营企业产业的转型升级。此外，“走出去”也带动了就业，培养了大批人才。

经过20多年的发展，南通民营企业通过对外承包工程、劳务合作、境外直接投资等，学习和积累跨国经营经验，逐步形成了自己的独特优势。一是经营理念上的优势。他们吃苦耐劳、求知欲强，有坚韧不拔的创业精神和敢为天下先的勇气，敢冒风险，勇于开拓，善抓机遇，决策果断，有着很大的主动性和创新性。二是经营成本上的优势。一方面，民营企业同国有企业相比，在管理效能、生产资料的使用和历史包袱等方面明显占优势，成本更具竞争力。另一方面，南通民营企业主要是劳动密集型产业，成本较低，而发达国家由于本国劳动力价格昂贵而不愿生产这些商品，这种成本优势使南通民营企业在国际市场上具有相当的竞争力。三是适用技术上的优势。南通民营企业同外地大企业相比，在许多领域缺乏现代尖端技术，但拥有不少适用技术，在发展中国家具有广泛的适应性、实用性，并且随着南通产业结构的调整，许多劳动密集型的传统工业技术在其他发展中国家找到了广阔的市场，大有用武之地。四是经营机制上的优势。南通民营企业纷纷进行公司制、股份制改造，产权清晰，经营自主，所有者到位，经营机制灵活，激励机制不断完善，经营成果与投资者利益直接相关，对市场反应敏感，适应国际市场能力强，因而既有积极性、主动性，操作起来又简便易行，对境外有很强的应变能力。六是人文关系上的优势，南通民营企业通过遍布世界各地的华侨，靠血缘、亲缘、文缘、商缘等纽带，可充分利用华侨资本和业已形成的市场销售网络，减少跨国经营中的障碍，降低风险，同当地企业进行更为密切的合作。

基于以上认识，笔者认为南通民营企业可以在更大范围、更广领域和更高层次上参与国际经济技术的合作和竞争，在较短的时间以较快的速度掌握参与国际竞争的手段和方法，发挥自身优势，成为我国实施“走出去”战略的佼佼者。

三、 民营企业“走出去”面临的严峻挑战

走出国门是民营经济发展阶段的必经之路，既给南通民营经济带来了崭新的发展机遇和广阔的市场空间，也带来了严峻的挑战。在参与国际化竞争中，南通民营企业既有不可替代的优势，也存在一定的不足和差距，亟待加以解决。

一是应对国际化挑战先天不足。民营经济与跨国公司相比，发展时间短，不熟悉国际市场的经济环境、政治环境、法律环境和文化环境，使得在跨国经营活动中面对越来越多的不确定因素和日益复杂的国际市场环境，找不准自己生产、销售和服务的目标市场，难以准确选择投资方向，创业者往往不能适应这些变化，严重阻碍了跨国经营的进程。

二是抵抗国际经营风险心长力短。大多数民营企业组织结构低、小、散、乱，企业规模小、资金少、实力弱、技术有限，产品档次不高；企业家自身素质不高，知识结构不合理，聚合资源能力弱，经营管理层缺乏相应的战略意识和资本运作能力，管理不完善，难以符合企业国际化的运作要求；受到自身能力的诸多制约，没有形成能影响国际市场的世界级品牌优势，还未真正形成国际市场网络。民营企业不仅数量少，许多还处于政策不明、信息不灵、实力不足、无依无靠、单打独斗的困境之中，多数企业存在着不敢“走出

去"或"走出去"难打响的现象。

三是民营企业运行资金短缺难以为继。由于民营企业境外融资渠道少,境内融资担保、抵押机制不健全,境外投资用汇和人员出国用汇限制较严,筹资难以成为制约民营企业境外投资的一大瓶颈。这当然也有民营企业自身的问题:普遍信用等级不高、管理不够规范、财务制度不健全、会计管理模式落后,严重影响其融资手段的实现。

四是支撑跨国经营的人才求之难得。一方面,民营经济从业人员的素质总体偏低,缺乏一流的技术人才和管理人才;另一方面,由于民营企业长期立足国内市场,忽略对外向型人才的储备和培养,既熟悉世贸组织规则、了解国际惯例,又精通国际商务、通晓两国文化、能走出去打品牌的跨领域、跨行业的复合型人才匮乏,求之难得。加之多数民营企业用人制度不健全,缺乏相应的人才管理和激励机制,致使许多有才华的人才流失,严重影响了民营企业国际化经营的步伐。

五是走出国门的商务环境并不宽松。具体表现在:政府重视和引导不够到位,存在重"引进来"、轻"走出去",重出口贸易、轻对外投资跨国经营的倾向,不少地方至今尚未建立境外投资规划导向体系,对企业境外投资缺乏有效的产业导向和国别市场导向,导致境外投资或心中无数、或盲目行动;政府服务不够到位,对企业境外投资项目、人员出入境、国家有关扶持资金以及境外经营用汇的审批程序仍较繁琐,办事效率和服务质量有待提高;政策扶持不够到位,对"走出去"企业的税收、融资等方面的优惠政策少且零散,真正能落实的更少,有的政策配套不健全;为境外投资企业服务的中介组织少,社会服务体系不健全,行业协会的协调功能尚不完善。

六是国际经济合作的外部摩擦日趋严峻。民营企业在对外工程承包、劳务合作、境外投资过程中,由于东道国贸易保护主义盛行,摩擦日趋严峻;民营企业与境外文化融合较难,特别是单个企业在海外经营发展,往往会遇到文化观念、经营理念、消费观念等方面的冲突;一些落后国家政府机关人员诚信度不高、办事效率低、官员腐败严重;一些国家政局动荡、政策多变,甚至经常碰到当地一些不良势力欺行霸市、骚扰偷盗、打压绑架,不得安宁。

总体上看，南通民营企业跨国经营尚处于初级阶段。一方面，整体经济实力不强，民营企业国际竞争力较弱；另一方面，综合环境尚待改善。

四、 南通民营企业走出国门的对策思考

南通民营企业如何大胆走出国门，倒逼企业转型升级、发挥自身优势、提高竞争力、开展跨国经营、抢滩国际市场呢？

1. 加大宣传力度，充分认识民营企业走出去战略的重大意义

胡锦涛总书记说，“请进来”是重要的战略，“走出去”同样也是重要的战略。加快实施民营企业“走出去”的战略，无论是对民营企业自身的转型升级，还是对推动南通开放型经济的快速发展都有着重大的现实意义。

(1) 民营企业“走出去”开展跨国经营是贯彻科学发展观的要求。

全球化的时代，我们不能只让世界走进来，要进入一个真正的可持续发展的时代，就要建立全球化的新市场、新资源、新能源，开辟新的供销渠道。

(2) 民营企业“走出去”开展跨国经营是适应经济全球化形势的要求。

国际化不是一个暂时的“止痛药”，也不是权宜之计，它是企业未来必然的归宿。因此，南通民营企业必须强化国际化理念，多种形式地开展国际合作，参与国际竞争。

(3) 民营企业“走出去”开展跨国经营是促进民营企业转型升级的要求。

现在民营企业的发展面临很多的问题，许多优势在慢慢失去。今后要有更大的转型升级，必须靠大量的企业“走出去”来完成，必须在世界市场上站稳脚跟。

2. 大胆走出国门，开展国际经济合作的战略构想

南通民营企业在未来5年、10年中，应科学规划，确定发展战略，跨上更高的平台。

(1) 发展的战略思路。

首先是“集聚”，在全市范围内整合民营资本，延伸产业链，组成产业集群，凝聚集体力量抢占境外市场的份额。其次是“提升”，就是积极实施科技兴企，实行转型升级，创造相对优势，增强参与国际竞争的实力。再次是“拓

展”，在巩固国内市场份额的同时，积极推进海外市场的拓展，在世界范围内配置生产要素。

（2）进入的战略方式。

一方面要积极推动民营企业到境外发展代理商或销售子公司，建立国际营销网络；另一方面，要引导部分民营企业先“走出去”，与当地企业合资办厂，利用两种资源，熟悉两种文化，而后独立发展。“走出去”到海外兴办实业可选择“企业联盟”“跨国并购”“群商连锁”“研销外移”“海外上市”“对外承包”等模式。

（3）发展的战略步骤。

由于民营企业跨国经营面临很大风险和不确定性，所以在发展步骤上，宜选择“国内经营—产品出口—设海外代理—设海外销售子公司—建海外生产子公司”的渐进式发展模式，逐步积累海外市场知识，提高跨国经营的成功率。具体而言就是，先贸易交流，后投资开发；先搞合资，后行独资；先劳动密集型，后技术密集型；先技术追随型，后技术开发型——这样循序渐进，稳扎稳打。

（4）区位的战略选择。民营企业在进入的海外区位选择上，要凭借优势，把重点放在进入门槛低、交易成本较低、成功机遇相对高的国家或地区。即先近后远地区的市场、“两头在外”的台湾地区市场、市场潜力较大的新兴市场、导引消费主流的欧美市场。

（5）产业战略的选择。

根据南通市民营企业的特点，对外直接投资应集中在规模化程度低的产业、有相对技术优势的产业、某些传统产业。有些产业虽然这在发达国家属于“夕阳产业”，但在在发展中国家仍是具有较强竞争力的“朝阳产业”。因此，要立足南通产业实际，积极创造条件，促进传统产业对外投资，为南通产业升级腾出空间。

3. 为民营企业走出国门，到境外投资创业营造良好的环境

民营企业跨国经营是一项复杂的系统工程，不仅需要尚处于积蓄力量阶段的南通民营企业发奋图强，不懈努力，还需要为其创造一个能和国际接

轨的经营发展环境,包括营造民营企业“走出去”的政务环境、融资环境、行业环境、内部环境等。

(1) 营造民营企业“走出去”的政务环境。

政府科学、合理的支持是民营企业跨国际经营的重要保障。为此建议:一是各级政府应加大对民营企业跨国经营的支持力度。政府要建立民营企业“走出去”管理服务系统,有关部门对境外投资与合作项目及相关数据进行动态分析,及时调整国家宏观管理政策。要充分发挥我驻外使领馆对当地政治、经济、社会环境比较熟悉的优势,多方面收集驻在国法律法规及具体业务信息,帮助民营企业了解与对外投资相关的政策和法规,为广大民营企业提供当地投资环境、行业动态、优惠政策等方面真实可靠的信息,引导企业正确选择主要产业投资目标地区,为民营企业“走出去”提供强大支持与保护。二是设立境外合作的工业园区。民营企业非常愿意到中国政府或企业和国外政府合作的境外工业园区,这样企业入园后可安心生产和经营,减少不少麻烦。因此,南通市政府应依托我国与有关国家和地区签署的投资保护协定,为南通民营企业境外投资营造良好的发展环境,也为企业排除各种壁垒和障碍,争取公平的市场准入,帮助民营企业提高投资成功率。三是应完善社会化服务体系建设。政府可通过建立多层次、全方位的管理咨询服务体系如信息咨询中心等,为民营企业提供科技、市场等方面的信息及咨询,积极帮助企业把握市场动向,找准对外投资项目。四是构筑国际信息化服务平台。要积极引导民营企业建立行之有效的信息网络系统,提供快速规范的网上多功能服务和“一站式”服务,推动国际化进程。大力开展电子商务,拓展国内外业务,推行网上并联审批,积极构建民营企业“办证快速通道”。要健全预警和快速反应机制,定期收集、整理、发布国外技术壁垒的最新动态,为企业应对和规避国际市场风险提供实时信息参考。五是建立海外投资的政府保险机制。为免除民营企业开展境外投资的后顾之忧,需要建立海外投资保险制度。现阶段可由市政府来出面组织成立一个政府和国有保险公司相结合的特殊机构,为民营企业“走出去”规避投资风险,提高项目成功率。

（2）营造民营企业走出去的融资环境。

“融资难”仍是制约南通民营企业发展的“瓶颈”。民营企业“走出去”，不仅需要各金融机构提供有效的服务，也需要一个良好的融资环境。一是扶持企业改制上市。重点推动一批产业带动性强、品牌优势大、市场前景好的民营企业进行股份制改革，着力培育上市后备资源。二是推动银企合作。推动国有商业银行开发创新本地民营企业信贷特点的金融产品，积极引进全国性股份制商业银行、外资银行、证券机构、保险机构落户南通。继续认真办好银企供需洽谈会，有效缓解民营企业“贷款难”的问题。加快完善企业信用担保体系，加强民间融资引导，规范民间借贷行为，创新支持民营企业流动资金贷款模式。三是创新金融服务措施。要建立适用于民营企业的金融服务机构，完善融资担保制度、无形资产抵押贷款制度，保证企业融资渠道的畅通，多形式、多渠道地服务民营企业，为其化解融资瓶颈。四是应加大财税支持力度。财政方面，除了给优势民营企业提供现行的鼓励政策外，财政也应每年安排一定额度的专项经费，加大对境外投资的贴息总额。政府可设立民营企业投资基金，用于鼓励和支持企业开拓国际市场。在税收方面，政府应积极宣传和落实我国与近百个国家和地区签订的避免双重税收协议，通过降低税率和提供税收优惠政策，鼓励民营企业“走出去”。五是尽快完成境外资本上市工作。要帮助民营企业尽快建立“资本运作”策略，利用境外资本市场筹集资金。目前，国内A股市场完全以私营企业和私营控股身份审批上市或通过借壳上市的企业数量有限，而香港交易所、新加坡交易所、美国纳斯达克等市场主管人士频频亮相中国，吸引中国企业上市，尤其看好产权明晰、成长性好的中国民营企业。如果能帮助民营企业争取通过在海外创业板市场上市，实现与国外风险投资基金的结合，则民营企业就能解决融资难题。

（3）营造民营企业“走出去”的行业环境。

随着我国加入WTO和加快建立社会主义市场经济体制，大力推进行业协会的改革和发展已刻不容缓。一是加快行业协会发展。培育一批集基地、研发、展示、信息、交流为一体的行业协会；鼓励在重点产业集群的行业协会中建立行业性检测、研发、评估、培训中心；大力扶持会计、税务、律师等经济鉴证类社会中介机构的发展，以更好地服务民营企业“走出去”。二是推进行业协会改革。加大政府部分行政职能逐步向成熟的行业协会转移的力度，使协会切实承担起为“走出去”的民营企业提供有效的融资、维权、信息、科技、培训五大服务职能。三是充分发挥社会组织协调、服务功能。各级贸促会、商会、工商联、协会等社会组织要加强同国外商会的联系和沟通，帮助南通民营企业较快地融入当地的商业圈；积极推行在南通市境外投资企业聚集地组建境外“南通商会”，注重发挥境外企业所在地同乡会等社团的桥梁和依托作用，帮助民营企业尽快适应东道国的环境。四是加强行业协会应诉职能。帮助民营企业积极应对国际风险，维护行业的利益。

(4) 营造民营企业“走出去”的内部环境。

大多数民营企业为家族式管理，产权结构单一，所有者承担过大，不能驾驭海外经营的复杂性。因此，具备进入海外市场条件的民营企业应建立股权多元化现代企业制度。一是实行股权多元化。在明晰产权的基础上进行股份制改造，实行股权多元化。二是完善企业治理结构。要建立现代化企业组织结构，以适应跨国经营的需要。三是按国际惯例管理海外企业。民营企业管理者必须更新观念，按照现代管理理念，精通国际规则，充分利用现代科学技术创造的交通和通讯条件，提高远距离管理和控制的技能，规范加强海外分支机构的管理。四是加强对民营企业跨国投资行为的内部控制。要塑造良好的企业文化，树立正确的企业经营价值观、诚信意识、法制理念和社会责任感，科学决策，保证企业延年益寿。

4. 促进人才可持续发展，满足企业的人才需求

当今世界管理科学权威杜拉克认为：“企业唯一的真正资源是人，管理就是充分开发人力资源。”人才竞争是一切竞争的基础。民营企业要开展海外投资活动，必须坚持走人才可持续发展道路。

(1) 在企业家层面，积极探索适应现代企业制度和跨国经营要求的选人、用人机制，建设企业家人才市场，推行职业经理人制度和代理制。采取“送出去”“请进来”等多种形式，对具有管理经验和较高外语水平的经营

者，有针对性地进行跨国运营方面的系统培训，有条件的还可派往国外大的跨国公司进行学习，不断提高他们的国际经营水平，建设一支懂经营、善管理、具有国际视野的企业家队伍。

（2）在劳动力层面，认真实施南通市“技术工人素质建设工程”，鼓励中等、高等院校增设符合产业特点需要的专业，建立一批综合型职业教育培训基地，引导企业大幅度增加对员工教育培训投入，建设一支高素质的熟练技术工人队伍。

（3）在科技人才方面，大力引进适用的国内外科技人才，培育学科带头人，推广开放式、委托式研发，鼓励民营企业通过项目合作制等多种形式吸引国际、国内优秀科研技术人才，同时支持科技人才以自己的专利和自主知识入股民营企业，建设一支新型工业化的科技人才队伍。

（4）开发保护知识产权。知识产权是国际竞争中的有力武器，既可以靠它保护自己，也可靠它打败对手。要着手建立健全知识产权战略体系，使企业在应对跨国公司的挑战时可以得到更多的保护和支持。政府要尽快制定相关配套政策，鼓励民营企业开发具有自主知识产权的产品，成为研发和技术转移的主力；积极宣传普及知识产权知识，指导和帮助民营企业开展专利战略研究和实施，有效预防和处理知识产权纠纷。民营企业在行业内应相互优惠使用彼此的专利技术，取长补短，共享资源，有效防范和瓦解技术壁垒；要转变原有以跟踪和模仿为主的发展思路，努力开发具有自主知识产权的核心技术和拳头产品，要全面提升民营企业员工的知识产权保护意识，严格保守商业秘密。

南通市委政策研究室　黄鹤群

（本文为 2010 年江苏沿海沿江发展研究院委托课题《南通市民营企业走出国门参与国际竞争研究》研究成果）

第二编

体制改革与机制创新

推进南通沿海开发 加强资源环境管控

江苏沿海地区资源丰富，但生态环境脆弱，因此在沿海开发中要高度重视资源环境保护。本文分析了南通沿海地区资源环境现状，对在沿海开发中的资源环境保护问题进行了分析，并就如何构建沿海开发资源环境保护的长效机制提出了对策建议。

一、南通沿海开发中的环境保护问题

南通市的环境保护工作取得巨大成就，实现了 GDP 与环保投入同步增长，走出了一条经济发展与环境保护协调发展之路。但是随着工业化、城镇化的加快推进，环境问题已很严峻。沿海大开发，环境保护工作的压力会更大。我们不仅要看到南通环境容量比较大、质量比较好，环境保护工作取得的成绩，更要看到南通环境保护工作面临的困难与挑战，尤其对沿海大开发带来的环境压力更要有清醒的估计。

1. 南通环境保护存在的问题

(1) 一些居民环保意识淡漠。长期以来，受传统观念、习惯以及错误认识影响，不少中国人的环境意识比较淡漠，南通也不例外。有的人认为环保与己无关，责任与义务脱节；有的人对影响与自己关系密切的环境问题关注度高，而对长远的、广泛意义的环境保护问题关注度低；还有人认为，南通沿海地区环境容量大，有一些污染没什么了不起。所有这些，都会影响沿海开发中的环境保护。

(2) 资源消耗强度加大。从全国的状况看,我国的资源是总量上的大国,人均上的贫国。南通市的资源状况更为紧张,除水资源以外,南通市人均耕地占有量较低,几乎无石油、煤炭资源,无铁矿石、铜和铝土等矿产资源。资源禀赋与人口不断增长之间的矛盾将长期存在。目前南通市正处于工业化和城镇化跨越发展阶段,沿海大开发又会带来经济的大发展。南通进入了资源消耗强度大的阶段,更加剧了资源短缺的矛盾。

(3) 污染加剧未能根本扭转。主要表现在:一是水污染问题仍较为突出。内河水质相对较差,城镇地表水污染较重。通启运河虽经整治,但污染仍较为严重,影响沿河及下游生产生活用水。观音山、先锋、小海、竹行等地由于受传统的纺织、印染、钢丝绳行业的影响,结构性污染仍未彻底解决。二是城市(镇)污水处理率仍然偏低。尽管南通市这几年在城市环境基础设施建设方面取得了较大进展,污水处理厂建设进程不断加快,排污管网不断完善,工业污染比重下降,但生活污水比重上升,农村污染较为突出,各种农用化学品的使用量居高不下,农村生活垃圾无害化处理率较低,城乡结合部的环境保护工作较为薄弱。这些问题如不及时解决将会影响到南通经济环境的协调发展。

(4) 生产方式尚未根本转变。从单位产品实物量能耗、物耗的绝对水平看,与国内先进地区相比,南通市经济增长方式的粗放型特征依然十分突出,经济增长方式远未实现全局性、根本性的转变,因而严重影响南通沿海集约型开发。

(5) 法律监管缺位缺失。不少层面的环保政策不配套,缺乏连续性和协调性,没有形成长效运行机制,环境保护执法不严、监管不力、有法不依、违法不究的现象还较为普遍,环境整治仍然滞后于经济发展。沿海开发中的环境保护又是一个全新课题。如何对沿海开发实施严格的法律监督,这个问题尚未成为重要议题,因而有的方面还是一个空白。

二、 南通沿海开发中的资源开发和环境保护原则

1. 资源开发与保护的原则

江苏沿海大开发是对江苏沿海的各种资源(港口、岸线、滩涂等)以现代化、工业化、城市化、信息化、市场化的理念与思路进行综合型、立体式开发,使江苏沿海由中国东部的经济"洼地"成长为中国经济的新增长极。这是一个国家战略视野的大开发,是一个以世界眼光、站在时代高峰平台上的大开发,实行的是资源开发与保护并举的方针。为此《江苏省沿海发展规划》(以下简称《规划》)对此作了明确的规定。《规划》指出:南通沿海地区开发,要严格按照"将全省进一步划分为优化开发区域、重点开发区域、限制开发区域和禁止开发区域"的总体要求,明确沿海地区禁止开发区域和限制开发区域。《规划》还指出:本区内各级自然保护区、风景名胜区、矿产资源(开山采石)禁采区、森林公园、地质公园、矿山公园、地质遗迹保护区等均属禁止开发区域,这类区域要按照规定实行强制性保护,严禁不符合区域功能定位的开发建设活动。本区内基本农田和生态环境脆弱、灾害频发且威胁大、水资源供给严重不足、环境容量较小的区域,以及入海河流口区域和重要生态功能保护区为限制开发区域,这类区域要加强生态环境整治,实行保护优先,适度开发。

根据《规划》要求,结合南通实际,《南通市沿海开发规划》对沿海重要资源保护作了严格规定,明确指出:

(1) 保护滨海湿地资源。重点加强启东长江口湿地省级自然保护区建设;科学实施滩涂围垦,避免海滨湿地环境退化,积极恢复被破坏的湿地生态系统;禁止在保护区域内兴建排污口,禁止从事与湿地保护无关特别是对湿地保护产生不利影响的各类项目,禁止在保护区域内进行违章采伐等活动。

(2) 保护渔业资源。继续大力实施海洋捕捞渔民转产转业工程和海洋伏季休渔,压缩海洋捕捞力量,打击滥捕等不法行为;在继续开展海洋渔业

资源增殖放流的同时,建设人工鱼礁,修复被破坏的渔场环境;建立和推广生态养殖模式,减少海水养殖的自身污染;保护珍稀生物资源,建立健全生物多样性保护和生态监管网络,有效保护珍稀生物物种资源和典型生态系统类型,严格监管外来物种引入和转基因物种扩散;加强长江口北汇聚流自然保护区建设,重点保护鳍豚、江豚、白鲟、长江鲟等珍稀濒危水生动物资源;加强野生动物繁育基地和珍稀植物基地建设。

(3) 保护海洋自然和历史遗迹。重点加强启东龙王庙古海岸保护工程,加强对东灶港外蛎蚜山牡蛎礁、通州南宋民族英雄南归时渡海亭和如东海中沙洲并陆遗迹蛤蜊舍等自然和历史遗迹的保护,科学合理地开发,禁止破坏性开发行为和人为活动。

南通沿海地区开发是严格执行《环境保护法》的高起点开发,执行的是保护中开发,开发中保护,将有关区域、资源、物种及历史遗迹列入禁止开发和限制开发范围,首先从规划上体现了资源保护与环境保护的理念。

2. 南通沿海开发的环保原则

南通经济与环保多年来协调发展,但是,随着经济总量的增加和资源能源消耗量的加大,环保形势日益严峻。南通沿海大开发必然推动南通经济跨越式发展,消耗的资源总量会随之增加,环境问题也会日益严峻。因此,在沿海开发中,要实施绿色发展战略,严防走“先污染,后治理”的老路,必须实行最严格的环保原则。这些原则主要有:

(1) 严格环保准入门槛。南通沿海开发必然迎来大批国际、国内的产业转移项目和诸多的新投资项目,在项目评审时,要将防治污染作为首要原则,严格执行国家的相关环保准入门槛,坚决拒绝重污染项目落户。严格实行开发区和产业集中区的区域环境评估、建设项目环境评估,对已落户存在污染的项目要实行污染排放总量控制、限期治理等各项环保管理制度。各级政府要强化环境成本意识,及时制定和颁布项目准入条件,提出限制与禁止建设的项目,督促沿海各地在招商引资、工业园区建设中严格执行。

(2) 建设环境补偿制度。南通沿海地区承担着发展经济和保护环境的双重任务、双重压力,为了实现经济发展和环境保护的双赢,必须建立起行之有效的环境补偿制度。对于环境保护付出者给予补偿，对于环境破坏者给予处罚，除采取简单、直接、快速的经济补偿外，还应研究长效造血型的补偿机制，加强对政策补偿及保障性补偿体系的研究，尤其对涉及市与县（市）、区之间，县（市）区之间，乡镇之间的跨界污染补偿和工业区与周边受影响者之间的补偿机制与补偿办法，通过生态与环境补偿制度，促进环保意识与环保责任的增强。

（3）加强环境监督。南通沿海地区的大开发不可能保证不发生任何破坏生态与环境的事件，但沿海地区环境如果被破坏了，修复的成本极其高昂。因此，必须从一开始就要强化环境监督，要充实强化环境保护部门的环境监管能力，提高环保的技术水平，建设环境污染应急系统。在此基础上，要充分调动广大群众参与环保的积极性，加强舆论和社会监督，严格执行对地方各级领导的环境考核制度，实行“一票否决制”。

三、南通沿海开发中的资源环境管控举措

1. 科学进行滩涂围垦

南通沿海滩涂面积约300万亩，新中国成立以来至2007年底，已围垦近73万亩，至2020年，预计有250多万亩滩涂围垦。滩涂围垦要按照依法、科学、适度、有序的原则进行合理开发利用。要站在全国乃至全球经济发展格局的高点围垦滩涂，滩涂围垦新形成的土地主要用于港口、交通基础设施、临港产业、农业、城镇发展和生态保护。原则上，沿海滩涂围垦土地优先用于发展现代农业和耕地占补平衡，优先用于生态保护，优先用于临港产业。滩涂开发要实行全市统一管理协调机制，杜绝掠夺式开发和无序开发，按照“一次规划，分步实施”的原则，制定滩涂开发的中长期规划，确保科学有序开发。要运用新技术、新方法、新工艺进行科学围垦、集约围垦、高效开发，对滩涂围垦中可能发生的湿地面积减退、海域纳污能力下降、海洋生物多样性减少以及外来物种入侵等问题要进行前瞻性研究，提供解决方案。

2. 加快生态功能区建设

南通沿海开发，要做到环保规划，将生态功能区建设列在产业规划、城

镇规划、交通基础设施规划之首并与它们有机融合。在沿海要进行沿海防护林体系建设，在海堤及滩涂地区建设生态林、观赏林和经济林带，形成沿海自然生态防护屏障。在一道海堤内侧，要营造100米宽的防护林带，在二道海堤两侧要营造50～100米宽的防护林带，在通启运河等主要河流两侧和水资源保护区要建设生态林带，要以启东圆陀角长江入海口和如东二道海堤为中心，建设省级森林公园。在如东滨海平原水库建设滨海森林公园，在各县（市）区沿江、沿海和城郊地区建设市级森林公园，逐步提高沿海地区森林覆盖率，显著改善生态环境。

3. 建设生态隔离带

在沿海开发中，伴随着大规模基础设施、临港产业、工业园区和城镇建设，要科学布局建设生态隔离带。在城镇和产业密集地区周围要留有开敞式的绿色生态空间，建设生态隔离带或生态走廊。在沿海铁路、宁启铁路、新长铁路、沪通铁路等铁路干道两侧，在204国道、沿海高速公路等交通主干道两侧，建设防护隔离带，在临港工业园区周边建设生态隔离区。

4. 加强海洋灾害防治

南通沿海地区海洋灾害较多，要加强对海洋气象、风暴潮、地震、海啸、海洋地质灾害等的监测和防御工作，制定应急机制。加强对重大气象灾害的防治工作，逐步提高防灾减灾的现代化、信息化装备水平。加快海堤护岸工程建设，尤其对东灶港冲刷型岸段，要采取工程措施与生物措施相结合的办法进行护坡护堤，严禁开采海滩砂，着力改善滩涂环境，防止海岸线后退。要提高江堤海堤的防护标准，加强维护管理，完善防汛抢险措施，建立健全保险和救助制度。

5. 加大开发中的污染防治管控力度

南通沿海地区已存在污染，随着沿海开发的推进，污染加剧的严峻性必须引起人们高度关注。因此，在沿海开发中必须高度重视污染防治，加大管控力度。当前必须高度重视“海”“陆”“空”三个方面的问题。

（1）加强海上污染源控制。

随着沿海港口开发和临港产业的发展，海洋作业和海洋运输船舶大量增加，各类船舶的含油污水、生活污水的排放量大为增加，大量的石油、天然气、煤炭、矿产及原材料的进港，使得各种污染乃至灾害性污染的几率大为增加。而现在南通环境保护监测部门主要是"陆军"，如何监控各类船舶污染、保护近海水质、加强对海上倾倒污染物的监督管理和执法监察几乎是空白，船舶溢油、有毒化学品泄漏等重大事故的应急处置能力明显不够。因此，加强海上污染防治就成为南通沿海开发环境保护的突出问题，必须高度重视。

（2）加强大气环境治理。

南通沿海临港产业布局了诸多发电、化工、建材等企业，工业发展、交通基础设施和城市建设、人民生活水平提高，对电、油、气的需求量大增；苏通大桥等多条过江大通道的建设，使南通的过境车辆激增，使空气中的二氧化硫和颗粒排放总量大为增加：南通的大气环境质量面临严峻挑战。要保护好南通的大气质量，必须从源头抓起。对现有的严重污染大气环境的工艺和设备要限期淘汰，禁止新建、改建项目中使用淘汰的工艺和设备，燃煤电厂的脱硫减排项目必须限期完成；禁止布局和发展高污染产业，对已有重污染企业实行强制性清洁生产审核，推动企业通过改造技术、工艺和管理持续削减排污总量，对污染严重且治理无望的企业必须限期关停。

（3）加强陆域污染治理。

南通沿海虽然有较大的环境容量，但是，随着南通沿海开发，由陆入海的污染物的排放总量必然增加。如果不控制陆源入海污染物的排放，近海海域环境就会迅速被污染。加强陆源污染物入海控制：一是要统筹布局沿江、沿海达标水排放区及设施建设，实现环境治理的江海联动，整体提升南通水环境质量。二是要加强城镇污染治理，所有的县域及临海城镇均要建污水处理厂，提高污水处理能力。三是要督促所有临海工业园必须集中配套建设或污水处理设施，实现污水100%集中处理，达标排放。四是要对影响海洋环境的企业进行限期整治，实行达标排放，而对限期内不能整治的企业，必须关停并转。五是要加大入海河流及近海污染源的调查处理，重点加强重金属和有机毒物的排放监控和治理。六是要改变沿海滩涂粗放经营模式，减少滩涂农业污染；加强对滩涂水产养殖业的统一管理，减少养殖废水对近海的污染。

四、沿海开发中环境保护新机制

沿海开发是南通的长期发展战略，环境保护是南通沿海开发战略能否实现的最基本条件。面对南通沿海开发环境保护存在的诸多困难和严峻挑战，要把环境保护工作持之以恒地搞好，关键是要构建一套行之有效的模式、体制和机制。

1. 构建环保规划引导沿海开发的模式

大量事实证明，要把环境保护搞好，首先必须把环境规划好，坚持用环保规划引导开发和建设，使沿海开发的宏伟大业一开局就建立在保护环境的科学规划基础上，为经济的长远建设奠定良好的发展基础。所以，搞好环境规划是沿海开发不可或缺的重要工程。

就目前南通城市沿海开发战略的制定和实施状况来看，很有必要专门制定沿海开发环保规划，以指导全市的沿海开发建设。应以可持续发展为指导，以人与自然和谐为价值取向，在政府主导下实行专家与群众相结合，搞好环保规划工作，并注意遵循以下原则：在沿海开发的规模上，要一切从实际出发，与南通市自然环境所允许的"容量"相适应，与南通市各方面的承载力相匹配；在沿海开发的风格上，应尊重自然、尊重历史传统文化、尊重居民的生产生活方式，充分彰显江海自然风貌，体现江海城市的地方特色。在城市关系处理上，坚持城乡一体，统一考虑南通城乡生态产业安排、环保设施建设、环境整治等，力求做到同步行动、同步建设。在沿海开发的主体上，要突出绿色主题，创新绿色技术，开发绿色产品，营造绿色环境，创造绿色企业、绿色园区，推行绿色采购，引导绿色消费，以绿色为主题引领生产、消费、建设等多方面的工作。在沿海开发的步骤上，要因地制宜，分类指导、分步实施，把沿海开发纳入南通市国民经济发展和现代化大局中统筹谋划，科学制定城市建设的总体规划、土地利用规划和功能区规划。与此同时，配套编制具体规划，如产业布局规划、循环经济发展规划、节能减排规划、环境整治保护规划等。要加强对规划编制的指导和管理,保证环境保护规划与沿海开发的总体规划、专项规划、具体工作规划之间相互衔接,协调统一。统筹安排环境保护的各项工程和具体工作,统筹安排长远目标和近期工作,区分轻重缓急,突出工作重点,从现在做起,从能做的做起,从最急需的做起,有计划、有步骤地推进沿海开发。

2. 构建科技创新促进沿海环境保护的模式

传统产业主要靠资金、资源和劳动力等生产要素的高投入、高消耗,在创造巨额财富的同时,付出了过大的资源环境代价。环境保护主要靠科技进步,靠科技来推动和催化,科技是环境保护的强大动力。生态产业的兴起、清洁能源的开发、节能减排工作的推进、生态环境的有效治理、绿色产品的生产,都离不开科技创新和科技支撑。可以说,科技进步在环境保护中起决定性作用。这就要求我们必须把科技创新推上环境保护的帅位,构建一套有利于促进环境保护的科技创新体制。

根据南通沿海开发中环境保护工作的要求,建立和完善这套体制应注意:一是增强发展生态科技投入意识。形成多元化、多渠道的资金筹措机制,加大对科技创新的资金投入。二是明确生态科技创新的着力点。应以无害化环境为前提或主导方向,与社会生态化进程紧密配合去推进沿海开发。如在新产品开发时必须按照环境保护指标,选择合理的原材料、结构和工艺,在制造和使用过程中降低能耗且注意不产生毒副作用,并将废弃物数量尽可能降到最小,同时有利于拆迁、回收和利用。三是要着力开发有利于环境保护的重要技术。如要着重开发有利于节约、替代、循环作用的先进实用技术,如循环经济发展中的产业链接技术,还要着重开发清洁能源和可再生能源技术。鉴于南通市地处沿海,具有大规模开发利用可再生资源的优势和条件,特别是风能资源开发潜力很大,我们应进一步加大投入,推进风能资源技术开发,扩大风能利用规模。四是要全面构建生态技术的推广机制,从根本上解决科研与应用两张皮的问题,使先进科技能迅速转化到环境保护工程建议上来。

3. 构建多元资金投入沿海环保的模式

南通沿海开发中的环保工作,如生态科技的开发、环保设施的改善、生态文明的修复、环境污染的治理、监管能力的提高等，都需要有大量的资金投入。引导、组织多种资金多形式、多渠道的投入，这是推进沿海开发环境保护工作的关键所在。南通沿海开发的环保工作的速度有多快、效果有多好，在一定程度上就取决于资金投入，这是南通沿海开发的环保工作的一大难点。

当前，资金投入可从以下渠道筹集：一是政府投入。近年来，南通市财政收入每年平均有20%以上增长幅度，财力基础比较充裕。要加大政府沿海开发中的公共领域、准公共领域的投资力度，把生态技术开发、自然生态保护、农业面源污染防治、环保基础设施技术、环境管理能力建设纳入财政预算，不断提高财政支持额度。二是银行信贷投资。银行等多种金融机构应更新观念，强化金融对南通沿海开发环保的服务意识，发展绿色信贷，逐步增强有利于生态城市建设的信贷资金。对符合国家产业政策要求，有利于保护生态环境、节约能源消耗的产业、产品，应积极给予信贷支持，财政予以贴息。三是工商企业投入。要通过多种手段和途径，引导企业把更多资金用于自身结构调整、勇于发展循环经济、勇于实行清洁生产，努力成为生态型企业。四是外资投入。应认真总结前几年南通市招商引资中的经验教训，努力引导外商投资生态产业，投资改造传统产业，发展服务产业、高新技术产业。通过上述多渠道、多层次的投入，逐步形成以政府投入为导向、企业投入为主体，其他投资相结合的投资结构，充分发挥投入体制对南通环境保护的支持作用、保障作用。

4. 构建多元主体激励沿海开发环保的机制

政府、企业、公众是环境保护的三大行为主体。这三大行为主体在沿海开发环境保护中虽处于不同地位、扮演着不同的角色、承担着不同的责任，但在沿海开发中它们都负有保护环境的共同责任，这就要求这三大行为主体建立和完善赏罚分明的奖励机制。有了激励机制和约束机制，才能从动力和压力两个层面确保行为主体的行为不偏离环境保护的方向。

南通要在沿海开发的实践中不断探索和完善三大行为主体进行激励和约束的机制。总的要求是，应对南通沿海开发环境保护作出贡献的行为主体在精神和物质上加大奖励力度，全面增强环境保护的内在动力。激励的重点是企业，企业是环境保护的微观基础。凡是在发展循环经济，实行清洁生产、开发环保产品等方面做得好的企业，可通过税收、信贷政策予以支持，努力使更多的企业成为资源节约型、环境友好性企业。从约束机制来说，南通要重点建立和完善有利于环境保护的公开、透明制度，如重大环境问题的官员问责制度、破坏环境的惩罚制度、浪费资源的赔偿制度、超标准污染排放的停产治理制度、生态环境影响评价和生态环保问题公众听会制度等，一旦形成了这些制度，就必须在实践中加以严格贯彻，做到监管到位、执行到位，以充分发挥制度的威慑力。只有这样，让各类行为主体在沿海开发环境保护中，有贡献者得到奖励，破坏者受到惩罚，占有者付出代价，消耗者分担成本，方能形成人人关心环境保护的良好氛围，真正实现人与自然、人与社会的和谐。需要注意的是，激励和约束应科学合理，实事求是，不能不切实际地下指标、赶进度，不能把考核奖惩变成盲目攀比，更不能搞成增加负担的层层验收和达标升级。

5. *构建严格完善沿海开发环境保护的责任考核机制*

在沿海开发中搞好环境保护，政府是第一责任主体。要确保第一责任主体的各项工作到位，必须让政府承担环境保护的责任，通过一系列指标进行严格的责任考核。考核结果应与政府官员利益挂钩，与升迁提拔相联系，这必将对政府行为起导向、约束作用，从而有效地推进环境保护。以往的教训告诉我们，南通市部分地区行业生态环境恶化，既有企业因素，也有社会因素，还有政府因素。政府未能很好地肩负起有效保护城市生态的责任，则与政府政绩考核的导向直接相关。过去实行以 GDP 为经济社会发展的主要考核标准和办法，对经济快速增长起到了重要作用，但这种不顾及资源、环境成本的政绩考核，势必助长了政府种种非理性的发展理念和发展行为，结果是环境难有根本改观，甚至趋向恶化。因此在沿海开发中要让我市各级政府真正肩负起保护环境的责任，建立、完善政府环境保护责任考核机制是当前加强环保工作的当务之急。

沿海大开发使南通面临着千载难逢的历史机遇，但也使南通的资源与环境保护面临着严峻的挑战与考验。从某种意义上讲,资源与环境保护是南通沿海开发成功与否的准入标准和最高标准。上了再多的项目,GDP总量增加再多,如果资源与环境没有保护好,人们饮水与食品不安全,民众体质下降,恶性病激增,人们预期寿命下降,这样的开发成果违背了以人为本,也是没有任何意义的。因此,搞好资源与环境保护,是南通成为江苏沿海开发主力军对策中不可缺少、不可忽略的重要工作,我们要将之贯穿在南通沿海开发的全过程中。

南通市委党校　季建林

南通大学　周威平

(本文为2010年江苏沿海沿江发展研究院委托课题《以市县一体化新体制推进南通沿海开发》研究成果)

加速推进沿海港口战略联盟　极力打造江苏沿海新优势

港口建设与发展及其在此基础上的战略联盟是江苏在新一轮沿海开发中极力打造沿海新优势的关键着力点。本文阐述了港口战略联盟产生的背景及意义，分析了江苏港口战略联盟的主要问题及其实践可行性，并参照《江苏沿海地区发展规划》总结出江苏沿海港口战略联盟的基本思路、原则及功能定位，并在此基础上提出了沿海港口战略联盟的主要模式与具体对策措施。

港口作为陆域、海域两个扇面的枢纽，是联结国内和国际市场的实际空间，具有极强的经济启动和辐射功能。总体来看，江苏沿海港口的建设与发展较慢，起点和利用率都较低。近年来，虽然沿海港口货物吞吐量、码头泊位数有所上升，但占全省的比重一直保持在10%左右的低水平（见表1），而且与山东、浙江相比，沿海港口物流水平也有较大差距（江苏沿海港口的货物吞吐量仅占华东四省沿海地区的6.4%）。江苏沿海港口发展落后，不仅制约了苏北和整个江苏经济的发展，也成为全国经济发展中的短板。江苏身处“长三角”一体化与江苏沿海开发两大国家战略的叠加区，江苏沿海港口建设的意义已超越了港口本身，是以港口建设带动区域经济的发展。随着《江苏沿海地区发展规划》（以下简称《规划》）的逐步实施，江苏沿海将迎来新一轮临海产业发展和重化工业布局的调整，各地区港口建设的步伐必将加快，此外，邻近港口的加速发展也形成了巨大压力，这些因素的累加使得江苏沿海港口之间的竞争不可避免。

港口战略联盟是战略联盟理论在港口(建设、运营)中的实践运用,是指由两个或两个以上港口之间或供应链上下游企业或港口企业的特定事业和职能部门之间,为达到拥有市场、共同使用资源等战略目标,通过各种协议、契约而结成的优势互补或优势相长、风险共担、生产要素水平式双向或多向流动,更好地实现集约化经营和市场竞争战略目标的一种合作模式。建立港口战略联盟是近年来国内外港口群整合物流资源、防止恶性竞争的成功做法。因此,基于动态和战略的视角,江苏沿海港口的战略联盟也是迫在眉睫。

表1 江苏港口货物吞吐及码头建设整体情况

年份	2002	2003	2004	2005	2006	2007	2008	2009
全省港口货物吞吐量(万吨)	43609	49666	63420	75517	86359	105590	116305	132787
沿海港口货物吞吐量(万吨)	3604	4031	4637	6355	7683	9135	10769	12244
全省港口码头泊位数(个)	9484	9204	9306	9793	9115	7750	7377	7454
沿海港口码头泊位数(个)	105	87	105	570	110	114	110	122

一、江苏沿海港口战略联盟的现有基础及主要问题

(一)江苏沿海港口合作的基础

(1)优越的区位优势为港口合作提供了良好的基础。

江苏沿海港口位于我国沿海经济带与沿江经济带、陇海兰新经济带所形成的"π"型生产力布局的交汇区,是我国连接南北、沟通东西的战略要冲。江苏沿海三港彼此相距不远,同属"长三角"北翼港口群。优越的区位条件和相近的地缘优势使得沿海港口系统间具有很高的联系频度、强度与便捷度。连云港港、盐城港、南通港经济腹地、近洋航线、内支线和客户群部分重叠,从而使江苏沿海港口战略联盟成为可能。

(2) 临港产业的发展拓展了港口合作的空间。

随着江苏沿海开发的深入实施，大型临港工业将迅速崛起，一系列围绕港口功能而拓展的水陆运输、修造船、能源、石化、钢铁等临港工业将得到发展，在港口周围将会形成制造、加工、贸易、物流、金融等制造业和服务业产业基地。为推动区域内的产业转移和工业基地的建设，需要实现港口发展与临港工业之间的互动，围绕物流功能的需求服务，为企业提供高效率、低成本的服务。未来沿海三港(群)联系将会越来越紧密，为了共同的利益就会相互协调，达到共赢。

(3) 完善的集疏运体系为港口合作创造了条件。

经过多年来的建设，江苏沿海地区的铁路、公路、内河航运综合运输体系日益完善，以宁通、宁连、宁盐等高等级公路和众多国道为主的干线公路网已经形成，畅通的转水、物流通道网络将大大提高港口作业效率与效益，使港口间的交通更加便捷，多年来制约沿海区域经济合作和港口合作的瓶颈将得到有效缓解。

(二) 江苏沿海港口战略联盟的现状与问题

1. 江苏沿海港口合作现状

到目前为止，江苏沿海港口之间的合作还比较零星或者说是低层次的[①](在业务上都是一些港口配套服务方面的简单合作)，这和沿海兄弟省份浙江相比有一定的差距(目前宁波港与舟山港、温州港、台州港、嘉兴港已展开了一定的股权协议和实质性的业务合作)；与江苏省内的沿江港口群相比也有一定的差距，江苏“沿江港口联盟”已于2005年宣告成立，有力促进了沿江港口向规模化、专业化、集约化和功能多样化方向发展。在实地调研

① 相对来说，盐城和连云港之间已经有一定的合作：目前，盐城、连云港两市政府已签订合作框架协议，明确盐城港、连云港港双方共同构建信息联网平台，联手开辟国内外货源市场；在集装箱码头、物流、仓储等建设方面进行有效整合，增开航线、加密航班；鼓励两地物流企业合作，引进国内外著名货代公司，提高国际运输代理水平；两地国检联手创建检验检疫绿色快捷通道，形成连盐区域“大通关”的多赢合作格局。南通港口群在货物吞吐上主要集中在沿江港口，沿海港口建设刚刚起步，货物吞吐还未成规模，目前主要是以大项目带动港口发展，专业性投资较多，集装箱运输和货物中转功能还未凸显，南通洋口、吕四沿海两港与苏北沿海各港口联盟的内生性动力明显不足。

过程中发现，由于沿海三市的协调发展机制至今尚未真正建立，导致了港口间出现了一些重复建设、争夺资源、过度开发的苗头（较为明显的是三市临港产业的高度雷同），究其原因主要有：

(1) 江苏沿海开发刚刚上升为国家战略，各地港口都处于新一轮的建设、扩充阶段，合作（联盟）还未提上议事日程，而且政府的政策导向也不明确。

(2) 目前港口正已成为江苏沿海各市招商引资的重要资源，在港口投资市场化、多元化的情况下，对大产业、大项目的争夺不可避免。而且目前沿海港口的开发模式主要是由大项目（产业）带动港口建设，各港口主要在专业性码头（泊位）上进行投入，而公共码头建设力度较小。

(3) 目前在业界普遍的观点是，江苏沿江港口联盟比沿海港口联盟更有实际意义，沿江港口各节点协同性较强，物流和价格联盟更具操作性。而沿海各港口由于腹地范围、航道情况及功能定位差异较大，再加上江苏沿海各港口间集装箱多式联运以及港航信息共享方面的滞后，使得沿海各港口的联盟能力均不强，因此合作或联盟的操作性和收益性也不明显。

2. 江苏沿海港口联盟面临的主要问题

虽然江苏沿海港口之间已经有一定层次的合作，但进一步发展战略联盟还面临诸多问题。

(1) 部分港口进行战略联盟的思想认识不清，犹豫疑虑，在联盟伙伴的选择上举棋不定，令港口合作时间拖延，进展缓慢，难以深入下去。各港口间主动进行联盟的积极性不强，而且一些港口企业担心在联盟过程中失去控制权，导致利益分配不当而受损。

(2) 合作成本过高。三大港口群之间由于在港口建设方面趋同，导致在业务上合作的沉没成本较高。再者，有些港口在合作过程中，由于对方提出的合作条件过高，对合资企业发展造成困难。此外，由于沿海各港口建设中投资主体越来越多元化，因此，多方协调、沟通的成本也在上升。

(3) 合作的层次、能力均有待提高。如停留在目前业务合作和局部码头的合资、合作不够紧密（主要都是以松散型联盟为主），无法真正应对竞争挑战。此外,各方合作的外部环境也不够理想,使得各港口的合作能力不强。

(4) 合作中面临口岸体制和开放的问题。江苏省的口岸管理体制是两关两检,由于尚未实现全省通关一体化("大通关"),在港口战略联盟内部难以实现货物大畅其流("大物流"),限制了港口联盟的建设、发展。

二、 建设江苏沿海港口战略联盟的必要性与紧迫性

国内外区域经济发展实践表明,港口战略联盟对我国沿海城市群一体化的支撑和引领作用是其他交通运输方式所无法比拟的。在之前较长一段时间里,南通港群、盐城港群和连云港港群由于自然地貌条件、腹地经济条件等的不同,再加上各港群之间的距离都接近300海里,使得各自都想把自己打造成为区域综合性港口,过分追求大而全,这使得各大港口群之间港口功能趋于重叠,各港口城市都趋于向集装箱运输方向强化。重复建设现象严重,这也导致各港口间在业务层面的合作甚少。目前,沿海港口间的竞争主要体现在集装箱运输方面,各港纷纷加快大型集装箱专业化码头的建设,寻求与外资及航运公司的合作,提高港口接卸集装箱的能力并吸引更多的货源经本港进出。当然,各港口在参与竞争过程中也采取了合作的发展战略,但这种合作关系更多的是与区域港口群内大港和中小型港口的合作,大港之间主动积极的战略合作尚未提上议事日程。各大港口之间由于缺乏沟通和合作,容易出现货源与港口发展不成比例的问题(特别是区域内中心干线港口与支线港口未能很好对接)。

随着江苏沿海开发上升为国家战略,沿海三市港口的发展已不再仅是各自的"家务事"。它们将肩负着共同打造一个南融"长三角"、北联渤海湾、沟通中西部的江苏"黄金海岸"的重任。按照国务院关于建设以上海为主体,浙江、江苏为两翼的上海国际航运中心的基本构想,江苏境内的港口

群将承担着担当国际航运中心“北翼”的重要使命①。江苏港口作为上海国际航运中心的重要组成部分，目前尚未形成与上海国际航运中心北翼定位相适应的集装箱干线港。这其中，连云港港主要为苏北和陇海兰新铁路沿线地区服务，而该区域适箱货源相对较少，缺乏强有力的集装箱箱源支撑，影响了连云港集装箱干线港的加快发展。

加快江苏沿海港口战略联盟建设是降低港口发展成本、应对国内外港口竞争环境的必然选择。建立港口战略联盟有利于降低港口发展成本、实现区域各港口良性发展。根据美国麻省理工学院 Emst. G. Frankel 教授对我国长江下游地区港口联盟形成后作用的评估报告，假定服务质量和能力维持不变的话，港口联盟的发展会产生如下作用：在未来 5 年内将节省5.8亿美元以上的港口投资，港口的经营成本将减少 10% ~30%，港口使用成本平均降低 18%，地区内陆场站和运输环节投资降低 1 亿美元以上，地区内陆运输成本平均降低 10%，运输环节拥挤现象有所缓和，港口盈利性提高，总使用成本降低。

尽管江苏沿海港口资源丰富，近年来南通洋口港、大丰港、连云港港等都有不俗的表现，但要维持港口大省的地位，成为亚太地区国际航运中心的主要港口群，还有不小差距，存在不少发展瓶颈。一是发展不平衡。在江苏沿海港口中，连云港港域集装箱运输已经位居江苏第 1、沿海第 9、世界第 23 位，而盐城港域的集装箱运输还处于起步阶段，南通港域的集装箱运输主要还集中在沿江港口内。二是码头资源整合有待提高。陈家港港、射阳港、灌河口诸港水深有限、码头分散，港口资源尚未得到有效的整合；这些港口码头简易、规模偏小、设备较差、功能单一、技术条件较落后，集疏运网络和口岸服务有待改善，港口管理人才和管理经验不足。因此，江苏沿海港口之间加强合作，建立港口战略联盟，形成强港带弱港、弱港促强港互动格局是十分必要和紧迫的，对充分发挥江苏的港口资源优势、提高江苏港口的国

① 上海国际航运中心也应该属于一种局部合作模式的港口战略联盟。因此，在“长三角”港口一体化进程如火如荼、港口战略联盟呼之欲出的背景下，建设江苏沿海港口战略联盟也是“长三角”港口战略联盟的重要组成部分。

内外竞争力、实现区域港口协调发展具有战略意义。

三、江苏沿海港口战略联盟的基本思路、原则及功能定位

（一）基本思路与原则

港口战略联盟的基本思路：以科学发展观统领全局，以《全国沿海港口布局规划》《长三角地区现代化公路水路交通规划纲要》《江苏省沿海港口布局规划》等为依据，以市场为导向，按照建设"等级更高、功能更强、结构更优、环境更美的现代化港口强省"的江苏港口战略部署，紧紧抓住江苏沿海开发上升为国家战略和建设上海国际航运中心的发展机遇，加强宏观指导，统筹港口规划，合理确定港口功能定位，提高港口组织化程度，促进港口资源的优化整合和科学合理开发利用，全面提升港口的集群优势、联动优势和国际竞争优势，建成与江苏省经济又好又快持续发展相适应的港口组织体系。

根据江苏沿海港口发展实践，推动港口战略联盟应遵循以下几项原则：

一是政府引导与市场配置相结合的原则。政府要发挥引导作用，运用行政手段调控港口资源要素按市场规则组合，协调管辖内港口所在地政府按国家战略利益和江苏省战略利益建立港口联盟。同时，要发挥市场规律作用，联盟各方按照市场规则来配置资源，以实现企业效益的最大化。港口联盟的核心和实质是经济联合，政府是助推手。

二是发挥港口龙头带动作用，提升联盟竞争能力的原则。要充分发挥连云港港的龙头带动作用，建立大港与小港、强港与弱港互动机制，实现优势互补，弥补各港发展短板，增强港口联盟的发展能力。

三是联盟成员独立平等自愿、利益公平公开的原则。联盟成员均为独立法人实体，相互之间的往来是自愿、平等、互利的，各成员企业始终拥有自己独立的决策权，而不受其他成员企业的决策所左右。港口战略联盟应该考虑合作伙伴的利益，通过协商，将所有的利益冲突明朗化，确保有关各方的利益平衡。

四是分步实施、先易后难、灵活多样、有序推进的原则。港口战略联盟

涉及有关各方利益,合作内容比较广泛,要针对市场竞争环境,在自愿互惠的基础上,采取成熟的港口先联、成熟的项目先联的方式,逐步推进,讲求实效。

(二)各港在联盟中的分工与功能定位

国内外港口发展实践表明,港口竞争的主要内容是争夺货源(腹地、中转货源)的竞争。同时,由于港口内船舶到达密度和服务水平是吸引货源的重要条件,因此,港口间竞争还意味着对船舶的吸引。在港口竞争的层次中,竞争程度最高的是同一港口群内部的不同港口之间的竞争(距离较近、腹地重叠)。港口市场竞争的主体还是不同港口之间的竞争,这种竞争不仅与港口企业的经营行为有关,还因涉及港口所在地区的经济发展而掺杂了地方政府的行为。

在港口联盟过程中,一个重要问题是各港口的定位和分工问题,合理的定位与分工是港口间合作的基本前提以及港口战略联盟获得成功的必要保障。各港口为了自身利益,必然要在联盟中尽可能地争取各自的最大利益,这就存在着各港口在联盟中地位的合理性问题。根据对国内外港口发展趋势分析,我们认为江苏沿海港口应按集装箱远洋干线港、集装箱近洋支线港和地区性喂给港三个层次进行分工。

从某种意义上说,支线港、喂给港和枢纽港(干线港)是相辅相成的,而不是一味的相互矛盾、相互竞争的,关键是一个港口群内的各港口要根据自己港口的区位条件及深水港资源条件等来决定自己港口应该发展成为枢纽港(干线港),还是支线港、喂给港。没有较好的区位条件、集疏运条件和足够的深水港口资源条件,一个港口是不可能发展成为枢纽港的。在新一轮港口竞争中,小港面临的风险不小。随着此轮航运景气周期过去,最先面临冲击的将是中小港。对此,大小港口应该联动,形成组合港,实现自己的功能定位。实际上,依托大港组成卫星港正是国外的领先做法,许多专业船队和小型船队可以避开高峰直接进入卫星港。这样将大大优化资源配置,港口竞争力大大加强。

江苏省交通厅制定的沿海港口建设的近期目标是:到2012年,沿海港口通过能力达到 3 亿吨,其中集装箱吞吐能力达 700 万标箱,分别比 2009 年提高 85% 和 86%。要实现港口从"量变"到"质变"的飞跃,就现阶段而言,要重点建设和完善沿海三大港口群体系,使洋口港南部港口群利用沿海、沿江结合的优势,积极呼应上海和苏南的经济发展;中部大丰港口群以沿海经济带内河、公路、铁路为支撑,带动中部地区经济发展;北部连云港港口群依托不断发展的集疏运网络,建成新欧亚大陆桥东桥头堡港口群。

(1) 可通过资源整合,把连云港港建设成区域性国际枢纽港和集装箱干线大港(打造成亿吨国际大港,使其从集装箱运输支线港向干线港转变),使之成为陇海兰新沿线最便捷的远洋出海通道和对外开放窗口,打造成为亚欧之间重要的国际交通枢纽和区域性国际物流中心。具体来说,争取到 2015 年,总体吞吐能力达 2 亿吨左右,集装箱达 600 万 TEU 左右。优化港口布局,主体港区要以集装箱和大宗物流物质中转为重点,大力发展综合物流,形成以物质转运、商贸流通为主的核心港区。

(2) 盐城港群的功能定位是建设成为连云港港的组合港和上海国际航运中心的喂给港。其中,要大力推进大丰港的建设,大丰港要在两个万吨码头的基础上,抓紧开展 3.5 ~5 万吨级石化、煤炭专用码头建设的前期工作,加强与货主企业、枢纽港的合作,争取建设集装箱运输码头;滨海港要建设成为服务本地经济发展的专业性公用港口,打造沿海中部地区出海通道,同时作为重要的喂给港支持沿海集装箱干线港口的发展;射阳港应力争成为建材、石油、粮食、化肥、盐、集装箱的转运中心和煤炭、农副产品、工业原料与产品的运输基地港以及大丰港重要的辅助港口。

(3) 围绕打造上海航运中心的"长三角"北翼组合港和建设江海交汇的国际化港口城市的愿景,南通应进一步整合沿江和沿海港口资源、优化港口结构、拓展港口功能。现阶段要以集装箱近洋航线运输和大宗散货中转、油气专用运输为主。到 2015 年,总体吞吐能力要达到 1.6 亿吨左右,其中集装箱要达到 140 万 TEU。其中必须要以洋口港为主体,把其建设成为国际性、多功能、综合性的近洋枢纽港。该港的功能定位主要是完善"长三角"港口体系:作为"长三角"地区集装箱运输支线港,实行江海联运,并成为我国发展综合运输的沿海主枢纽港，同时必须建设专用 LNG 能源码头；此外，吕四港应以电力及石油工业发展为主导，主要为腹地能源工业发展服务，具有能源接卸、中转的功能；为腹地水上运输实现海河中转需要服务，应具有海河联运的功能、仓储及商贸信息服务功能。

四、 江苏沿海港口战略联盟的主要模式

（1）组建以区域性行业协会为纽带的松散联合体。

江苏沿海三大港口企业通过共同组建或参与区域性协会组织实现彼此间的非正式合作，对区域内港口及港口企业发展的共性问题进行探讨和研究，协调企业间的关系，维护港口企业公平有序的市场竞争和市场价格秩序，为企业之间的业务信息沟通和技术交流及管理经验的相互学习提供一个平台。该协会既可以是中国港口协会的区域分会，也可以是以连云港港、南通港为核心，包括区域内其他相关企业如货代、船代等单位的独立的协会组织。协会的主要成员构成应该是各个港口企业集团核心企业的内部人员，并且应具有一定的职权，以便对发现的问题能够充分地重视，不至于使协会的存在流于形式。同时，协会成员企业应该受到制约性的协会规章的共同约束，以体现协会的协调、自律职能。

（2）协作联营型战略联盟。

三大港口企业以资本运营公司或有实力的生产经营企业为核心，以资本纽带维系与各个下属单位和专业化子公司的关系，后者按照不同业务性质从事具体生产经营和管理活动。由于三大港口在地理位置、自然条件、腹地开发及航线开辟等方面的差异，各港口企业的业务经营情况也存在一定的区别。这些差别为港口企业实现基于业务经营关系的合作竞争提供了前提条件，比如三大港口分别服务于交叉性不大的腹地，而出于航班及货主的特殊要求，可能存在相互的喂给。因此，三大港口企业可以通过其下属单位及子公司之间在经营业务方面的相互合作来实现彼此间的合作竞争。这种基于业务经营的合作可以基于某货种、某航线、某客户、某货源市场、某技术开发项目等展开。合作的内容包括共享货物信息、实现干支线的合理分工、

提供一致性服务、共同开发货源和新技术、数据通信网络建设和管理信息系统的互联等，通过相互协作，为客户提供更快、更高效率的优质服务，提高企业的竞争力和企业形象，使企业获得共同的发展。

(3) 股权参与形式的战略联盟。

三大港口(企业)之间也可以通过跨地区的资本运作，以合资、参股等形式实现彼此的战略结盟。比如，通过共同参股第三方企业，建立对彼此都有利的合作关系。可以借鉴的是PSA和铁行集团共同参股一家科技企业的协作行为。这两个全球性的大型港口集团在主营涉及海洋和陆路运输跟踪查询技术的公司——P-Serv科技都拥有股份，从而使得这两家公司可以进行信息共享，为海洋和陆路货物运输提供及时的门到门的透明服务。此外，2007年7月宁波港集团与温州港务集团签订了合资协议，根据协议，两港在温州港的龙湾港区和灵昆港区进行深入合作。宁波港还与舟山港合资建设舟山金塘岛大浦口集装箱码头以及凉潭的矿石码头、衢山鼠浪湖散货码头。

综上所述，三大港口之间的合作竞争可以采用如上几种形式的战略联盟予以实现。港口企业在进行合作时要坚持自愿原则，而且要以各方的共同意愿为基础，并要对成立联盟的内外部基本条件(资金、资源和基础设施、技术和人才、市场信息、宏观环境、政策法规等)加以深入的研究和论证，对合作的前景作深入详细的可行性分析，确保合作的良好效果。从目前各自的发展战略来看，三大港口(企业)短期内将走港航联合、各得其所之路。因此，在企业各自的发展过程中，与经营业务密切相关的协作联营型战略联盟有可能得到较多的青睐，而彼此间进行资本纽带的联合发展还不是很合适的时机，但不能排除其存在。我们必须清楚地认识到，江苏沿海港口战略联盟的建设是一个渐进的、复杂的、系统性的过程，在联盟进程中出现的诸多问题各方必须以积极、开放、包容、合作的态度和战略眼光来解决。

五、江苏沿海港口战略联盟的具体对策措施

(1) 打破行政壁垒，完善港口协调发展的政策基础。

港口对地方经济特别是港口城市经济发展具有重要作用。江苏沿海港口协调发展必须打破行政区域的分割和各种体制与机制阻碍，在经济区域内的港口整合过程中，以作为市场主体的港口企业为主导，满足市场需求，兼顾地方经济发展。因此，江苏沿海港口的协调发展应进一步发挥政府及有关部门的推动作用，明确政策导向，帮助有关地市提高认识、统一思想。抓紧制定具有可操作性、前瞻性的沿海港口（战略）联盟规划，明确目标、步骤，制定港口联盟促进政策，指导港口联盟有序推进，搭建港口战略联盟合作平台，协调解决港口企业联盟过程的困难和问题。省、市有关部门与相关港口所在地的政府应加强协调和沟通，在政府层面营造环境、创造条件①，促进江苏沿海港口（群）合理分工、协调发展，进一步拓展沿海港口战略联盟的空间。

（2）完善沿海港口体系，大力发挥枢纽港和干线港的龙头和主导作用。

沿海港口群联盟的根本宗旨就是要通过结构调整，整合现有港口资源，突出各个港口的专业功能，实现共同持续健康快速发展。按照《规划》定位和要求，连云港港是江苏沿海港口群的核心，是我国综合运输体系的重要枢纽。要加快深水航道建设，开辟新港区，大力发展集装箱干线运输，增强港口功能，拓展服务领域，提升为中西部服务的能力。发挥南通港沟通江海的特殊区位优势，大力推进江海联运，增强对长江中上游地区的服务功能。盐城港建成连云港港的组合港和上海国际航运中心的喂给港。进一步明确各港口的功能定位，加强分工合作，科学推进港区建设，增强对腹地经济的服务带动。

（3）建立信息共享平台，完善集疏运体系。

建立适应港口运作特点的信息共享平台进行信息传输和信息交换。运用数字化信息系统将提高码头管理水平，促进港口群货源共享。逐步发展和完善航运信息系统和航运交易系统，形成公共管理平台，拓展信息网络，加速EDI平台和物流信息技术平台的联网运作，使其成为江苏沿海港口的

---

① 具体来讲，政府及有关职能部门应在沿海港口联盟发展规划的基础上，抓紧制定相应的口岸和码头开放规划，保障港口联盟顺利运作。建设港口战略联盟，提升口岸服务是关键，应深化建设江苏“大通关”体系，创新体制、机制，建立江苏高效便捷的一体化、全天候通关通检服务体系。此外，对各地市政府而言，也可在用地指标安排、地界确定及税费减免等方面给予港口战略联盟一定的支持。

调控中心，为国内外货物运输提供优质的中介服务和信息服务①。要按照《规划》要求，围绕连接“长三角”和环渤海、加强与中西部地区交流联系的目标，强化区域对外通道建设，优化路网结构，提高路网质量。加快推进“两纵三横”铁路建设、“一纵四横”内河干线航道建设、“三纵六横”公路建设和综合交通运输信息系统建设。

(4) 以市场为纽带，全方位开展合作。

第一，技术开发合作：港口的建设、运营等方面都存在许多共性，港口之间全方位的战略合作正是有效促进相互间知识、技术特别是隐性知识转移的最好形式。第二，生产合作：在港口之间进行劳动力、装备、调度、技术等要素的调配，为港口之间的要素流通创造畅通的渠道，促进港口间人流、车流、信息流、资金流的互动；强化信息公开、透明，实现信息资源互通共享；建立长期的、专门的、时效性很强的信息交流平台；促进各要素的深度融合。第三，市场营销与服务合作：通过港口之间的市场信息与服务整合而形成联盟。各港口要从江苏沿海港口群未来发展趋势出发，建立以“共赢”和“协同”发展为核心的经营腹地思想和创造市场的理念，把江苏沿海港口作为一个整体，认真规划、经营与管理，加大对外宣传力度，联合打造江苏沿海港口联盟的服务品牌。

(5) 发展沿海临港产业，形成一批一流的航运产业区。

江苏沿海港口开发的一个重要目的就是依托港口大力发展临港产业，加快推进沿海地区工业发展。因此，要建立沿海临港综合产业体系，加快发展与航运相关的先进制造业、出口加工业和现代服务业，形成若干个航运产业区、物流园区，同时大力发展现代航运服务业体系，拓展船舶管理、船舶经纪、船舶保险及国际海事诉讼与仲裁等方面的服务功能，为沿海港口战略联盟打下坚实的产业基础和服务支撑体系。

---

① 目前，江苏沿海港航信息共享方面与区域港口战略联盟的目标尚有很大差距。“长三角港航合作网”与“长三角港口信息网”分别于2008、2009年开通，江苏沿海港口可尝试建设“沿海港口合作信息网”，及时了解和跟踪沿海各港口项目建设合作的需求。在此基础上，大力促进EDI平台和物流信息技术平台的联网运作。

(6) 积极争取船公司支持,为发展港口战略联盟创造条件。

船公司在发展港口联盟中具有重要的作用。一是要争取船公司在运价上的支持。二是要争取船公司在箱管上的支持,例如在与南通港(或连云港港)建立内支线的江苏沿海港口和南通港(或连云港港)在省内投资和合作的无水港建立箱管点,提供提箱和还箱服务。三是争取船公司在舱位上的支持,保证货主用舱位的需要。此外,可尝试建立订舱服务平台,为拓展腹地提供支撑,这样可适当降低订舱服务费用,为货代和货主订舱提供便利。

南通大学　陈晓峰

(本文为2010年江苏沿海沿江发展研究院招标课题《江苏沿海地区港口战略联盟建设研究》研究成果)

沿海开发促进体制创新　体制创新推进沿海开发

——兼论以“市县一体化”体制推进南通沿海开发

沿海开发是规模巨大的现代化工程，它不仅产生巨大的经济能量，而且对现有体制产生巨大的冲击，要求改革和创新体制。只有不断改革和创新的体制，才能为沿海开发战略提供强大的动力和制度保障。本文阐明了沿海开发对体制改革的要求，着重从行政体制改革角度，提出了构建“市县一体化”体制推进南通沿海开发的设想。

随着江苏沿海开发上升为国家战略，南通作为江苏沿海城市之一，其沿海开发战略已被纳入国家战略。南通沿海开发将带来南通历史上规模最大的生产要素重新布局，这必对原有的体制产生巨大的冲击，将极大地促进体制改革与创新；同时，沿海开发也急需新的体制为其提供强大动力和制度保障。

一、体制、机制及其重要性

体制对一个国家和地区的经济增长的速度、效率，收入，分配，就业，发展稳定目标的实现和可持续发展诸方面有着极为深刻的影响。南通沿海开发作为南通国家发展战略的一部分，要实现科学发展、持续发展，必须在总结改革开放30年经验的基础上，在高起点上作全新的谋划与推进。创新体制，为沿海开发战略提供新的动力和制度保障，是关乎沿海开发全局的大事。南通的沿海开发要走在全省前列,体制创新要先走一步。

在任何一个系统中,机制都起着基础性的、根本的作用。在理想状态下,有了良好的机制,可以使一个社会系统接近于一个自适应系统——在外部条件发生不确定变化时,能自动地迅速作出反应,调整原定的策略和措施,实现优化目标。机制可以划分为自我发展机制和自我约束机制。自我发展机制包括竞争激励机制、人才开发机制、积累机制、投入机制、创新机制等,自我约束机制包括决策机制、控制机制、监督机制、制约机制、预警机制等。同时良好机制的构建是一项长期的工作,也有不断创新的问题。社会环境不断发展,人的认识水平不断提高,机制也要随时作出相应的调整。

无论是体制还是机制,对一个地方经济社会发展都有着巨大的制约和影响功能,体制、机制创新和完善的问题解决了,一个地方社会经济发展之门也就自然打开了。体制、机制对一个地方经济社会发展的作用主要体现在以下几个方面:第一,使该区域内的组织、团体共同遵守按一定程序办事,有利于协调组织内部各部门之间的协作效果和组织与外部衔接的有效性,大大降低运行成本。第二,通过体制、机制的设立或建立新的体制、机制,可以追求和产生更好、更高的效益。第三,体制、机制可以规范和约束各种行为,消除部门、团体的利益冲突。第四,体制、机制可提供一个稳定的公开、公平的平台,激励和惩罚的效果会更显著。第五,体制、机制可以提供整体功效,构成一个系统,各有分工、互不冲突、相互联系,协调配合共同发挥作用,大大提高工作效率和生产要素运行效益。

二、“省管县”与“市管县”行政体制由来以及利弊分析

我国行政上实现“市管县”体制由来已久。新中国成立之初,百废待兴,我国许多大中城市副食品和蔬菜供给全面紧张,严重影响了工业生产和城市居民生活,天津、无锡、常州、北京和上海等大中城市自发地对其周边的县实现行政领导,以确保城市蔬菜等副食品的供应。到1958年底,全国已有29个市管辖120个县级单位。1959年12月,第二届全国人大常委会通过了《关于直辖市和较大的市可以领导县、自治县的决定》,认可了这一体制

并在全国迅速推广。仅一年时间,全国已有52个市领导243个县,约占当时全国县制总数的1/8。改革开放以后,"市管县"体制又逐渐兴起。1982年,全国有58个市领导171个县。同年,中共中央提出地市合一,城市带动农村发展,试行市领导县体制,并以江苏为试点。1983年1月,国务院批准江苏省撤销所有的地区,地区所辖各县归地级市领导。1999年,中央关于地方机构改革明确了"市管县(市)"体制改革方向。截至2001年底,全国共有地级行政建制333个,其中地级市265个,约占地级行政建制的80%;地级市领导县的数量占全国总数的70%,人口占总人口的80%以上。

我国现行的"省管县"与"市管县"两种行政管理体制给经济工作带来了诸多矛盾。各地在实行过程中,由于具体情况的差异,形成了对"省管县"与"市管县"体制的不同评价。

对于"省管县"体制,一种意见认为可以减少行政层次,大大提升了行政效率,尤其认为取消了地级市,有利于减少过多的行政干预和促进县域经济发展。但亦有另一种意见认为"省管县"体制虽然减少了行政层次,但是"省管县"不会比"市管县"好。这是因为一个省往往有几十个县,省难以直接管理到县并把县管好;县离省太远,县的独立性会大大增强,从而会造成权力运行失控,更容易造成县级政权的不规范运行和腐败。同时,省域与县域经济差异太大,难以实现城乡统筹发展和城乡公共品供给与服务的均等化。

对于"市管县"体制,一种意见认为有利于经济社会发展。"市管县"体制的拥护者认为,主张"省管县"体制的一个出发点是地级市会截留省给县的权力与财力。其实,通过多年的改革,这个问题在现实生活中已不存在或问题不大,一些地级市并不会截留省给县的财力,反而会给予县财力支持。尤其像江苏这样已实行了近30年的"市管县"体制,市与县政治、经济、文化联系极为密切,已经形成了以市为中心的区域产业布局和板块经济,在这样的基础上继续实行"市管县"体制更易推进城市化和统筹城乡发展,而若实行"省管县"体制,反而会削弱经济社会发展的基础与动力。但有专家认为"市管县"体制存在很多弊端,尤其在经济欠发达或不发达地区,突出的有三点:一是经济利益的矛盾。在财税分成、基建投资、生产项目布局等方面,市县之间矛盾很多,凭借行政权力,市级政府会截留许多县级权限,从而制约县域经济发展。二是行政管理的矛盾。在“市管县”体制下,市必然从人权、事权、财权实行对县的“全方位”领导,县的自主权受限制,县域经济社会发展的动力和积极性会被大大挫伤。三是城乡关系矛盾。在“市管县”体制下,城市发展会成为工作重心,甚至会采取牺牲和剥夺农村农业的政策来发展城市和工业,这会严重阻碍农村和农业发展。

三、 南通沿海开发中的体制创新设想

南通沿海开发是一场气势恢宏、规模巨大的现代化进程,这一伟大历史变迁要求以全新的体制来推进和保障。这一体制主要由行政体制、工作体制、产业体制、投资融资机制、科技创新体制、人才体制等一系列体制组成。由于篇幅所限,本文主要研究南通沿海开发中存在的行政体制矛盾问题。

现在,“省管县”和“市管县”体制的矛盾在沿海开发中不可避免地存在着。从江苏来看,现行的“省管县”体制的核心是省直接领导县的财政体制,而在其他方面依然是“市管县”。这种“你中有我,我中有你”的行政体制,必然引发沿海开发中市与县、县与县之间,在规划、责任、职能、资金、岸线利用、海域划分、招商引资、产业布局、环境保护、财税收入诸方面的矛盾。寻求一种新的行政体制来适应促进和保障沿海开发战略的实施,已经成为不可回避的课题。

行政体制关乎决策科学性,其优劣程度直接关系到南通沿海开发的成效。南通市现有面积8001平方千米,户籍人口760万人,外来务工人员200万人,辖崇川区、港闸区、通州区、南通经济技术开发区、启东市、海门市、如东县、如皋市、海安县四区、五县(市)。如何在沿海开发中实行港口、产业、交通、园区、城镇的统筹规划、统筹开发,需要有一个统一高效的行政体制来作保证。目前,南通的行政体制遇到的问题是,在行政上,南通市对所辖各县(市)、区实行的是“市管县”体制,而财政上实行的是“省管县”体制,这两种体制相互交叉、相互制约,必然出现各自为政、重复建设、重复投资的

现象。

南通沿海开发如何破除“省管县”和“市管县”体制的矛盾，是一件极为困难之事。这是因为作为一个地级市，它是无力也无法改变现存的“省管县”和“市管县”体制的，而只能从现有的“省管县”和“市管县”两种体制中寻找到一条新的途径。因此，要以敢于改革、敢于创新之精神，坚持实事求是、一切从实际出发的思想路线，以新的理念与视角去探求适合沿海开发的体制。

笔者认为，“市县一体化”体制是一个适合南通沿海开发，进而更有利于南通长远发展的新体制。

（一）关于以“市县一体化”体制推进南通沿海开发的条件分析

笔者认为，以“市县一体化”体制推进南通沿海开发是有条件的，主要表现在以下几个方面。

（1）党的十六大以来，中央将统筹城乡发展，实施以工补农、以城哺农，推进城乡一体化发展作为贯彻落实科学发展观的重要战略与重要工作。南通在沿海开发中敢于改革、善于创新、构建“市县一体化”体制，符合中央精神与要求。

（2）我党的生命力在于不断创新。中央高度重视和鼓励各地在建设有中国特色社会主义进程中开创性地工作。南通在沿海开发中选择“市县一体化”的体制是汲取了“省管县”“市管县”体制的有益方面，联系本地实际情况进行的一个体制创新。这一创新体制已有实践基础并取得了显著成果，具有广阔的发展前景。

（3）改革开放30年和“市管县”20多年来，南通不仅经济总量历史性地迈上年GDP总量超3000亿元（2010年）的新台阶，而且市县之间经济社会联系日益密切，生产要素布局区域一体化格局基本形成，公共设施、交通设施市县一体化不断推进，公共品供应和公共服务市县均等化、公平化程度不断提升，沿海开发中选择“市县一体化”体制的硬件条件已基本具备。

（4）南通处于江苏最东部，三面环水（长江和黄海），形似半岛，人文风俗的地缘特征明显，各县（市）、区之间联系密切。南通作为区域政治、经济、文化中心,没有其他城市能取代,尤其是苏通大桥等多条过江大道建成后,南通的区位条件发生了历史性变革,南通的知名度不断提高。在沿海开发中对区划进行适当调整,必使各方利益得到实惠与照顾,各县(市)、区对在沿海开发中进一步调整区划、建设一个江海交汇现代化国际港口城市认同度高、迫切性高。选择"市县一体化"的体制软条件也已成熟。

沿海开发是南通规模宏大的现代化建设工程,它所产生的能量不仅是生产力的巨大增长,而且推动了生产关系的巨大变革,必然要求不断改革和创新体制。不断改革和创新的体制,不仅成为推动促进南通沿海开发的动力和保障,还为南通经济社会更好更快发展创造新的体制奠定基础。本文虽然仅从南通沿海开发与行政体制改革方面进行了分析与阐述,但对沿海开发与体制改革创新的互动互促关系是有启发的。

南通沿海开发中的体制创新必然存在种种困难、矛盾,但是,这些困难与矛盾不是不可克服的。我们应继续解放思想,不断更新理念,不断创新体制、机制,将南通沿海开发不断推到新阶段,创造新奇迹。

(二)南通沿海开发中的"市县一体化"体制勾勒

(1)建立全市沿海开发统一领导指挥系统。

建议成立南通市沿海开发领导小组和指挥部,设立办事机构,配备专职人员,履行涉及沿海开发的相关规划管理、政策研究、项目推进、岸线资源开发等的统一管理职能,确保沿海开发统一领导、统一规划、统一政策、统一措施、统一推进。

(2)建立全市沿海开发统筹协调机制。

南通沿海开发统筹协调机制的内涵包括:沿海开发各经济体的相互联系,区域内经济资源的合理流动与有效配置,沿海开发产业分工和优化转移以及县(市)、区的不同区域的功能定位和功能的有效发挥。即通过构建南通沿海开发统筹协调机制,促进区域内经济资源的有效整合和开发利用,产业布局的科学有序规划,县(市)、区以及港口、园区的功能和谐定位。

(3)建立全市沿海开发专业机构。

在南通沿海开发领导小组和指挥部内设立专业机构负责沿海开发的专

业管理服务职能,可设规划管理中心、项目推进中心、利益协调中心、应急处理中心等,各县(市)、区建立相应机构,确保南通在沿海开发进程中做到规划统一、步伐协同、统筹开发、资源合理利用、生产要素有序流动组合,实现区域内多方共赢的局面。

(4) 实现县(市)、区沿海开发规划一体化。

南通相关沿海开发规划要做到与江苏沿海开发规划相配套、相衔接,县(市)、区的沿海发展规划以"南通沿海开发一盘棋"的思路做好修订和完善,与中央、省、市的规划对接好,实现南通沿海开发规划一体化。南通的沿海开发要坚持科学发展的明确导向,遵循科学开发、创新开发、集约开发、开放开发、可持续开发的原则,兼顾当前发展利益和长远利益,统筹港口、产业、交通、城市、农村的空间布局结构,高起点规划,高水平建设,高效益开发,增强规划方案的前瞻性、科学性和可操作性。笔者建议,南通市在现有若干沿海开发规划的基础上,编制《南通市沿海开发规划一体化规划(2009—2020)》,对港口建设、产业布局、基础设施、基本公共服务、城市布局进行一体化规划,通过编制这个规划,打破地方、部门、条块分割的局限,避免各地和不同部门的"规划打架"现象,确立真正意义的综合性空间规划。

(5) 构建区域内协作与利益补偿统筹机制。

面对沿海大开发的新形势,南通区域内应突破行政壁垒,以市场配置资源为基础,以提高经济效益为目标,通过区域内的深度协作,建立利益补偿机制,开展规范、有序、高效的竞争与合作,形成良性互动、多方共赢的局面。利用经济杠杆、经济政策,正确处理各方利益关系,扩大经济资源流动空间,为区域内产业升级、产能提升,建设高水平现代制造业基地奠定基础。

(三) 南通体制的远景期望:实现"市县一体化"的行政管理体制

江苏沿海开发上升为国家战略,这为南通在政策层面、体制层面进行创新拓展了新的空间,南通可以在行政管理体制创新方面进行试验。笔者认为,"市县一体化"的行政管理体制,有利于推进南通的沿海开发,有利于南通经济和社会的又好又快和可持续发展。

"市县一体化"的具体构想是:保持"省管县"财政体制中县(市)级财政

的地位与额度不变的情况下，将启东、海门、如东、如皋、海安五县(市)改为南通市辖五区，现有主城区进行重新规划调整，市对县(市)不是管理关系，而是“一体化”关系。

实现“市县一体化”体制的好处：

一是在相当长时间内，保持各县(市)原有的财政地位与额度，减少了区划调整中的利益矛盾。中央及省对县(市)财政的转移支付，市级不仅不截留，而且在财力许可的情况下，市级财政还可增加对各县(市)的支持，使各县(市)原有的利益不仅得到保证而且会有所上升，从而使区划调整得到各县(市)的支持，这为“市县以一体化”体制规划和开发沿海奠定了共同的利益基础。

二是将“市管县”改成“市县一体化”，既保留了“省管县”的财政体制，又克服了“省管县”体制中城乡分割不利于城市化的弊端，既肯定了实行了近 30 年“市管县”形成的“市县一体化”发展格局，又能克服市、县二级体制产生的矛盾与摩擦，有利于在沿海开发中“全市一盘棋”地进行产业布局，统筹招商引资，统筹基础设施、交通干线、城镇园区建设和保护环境与资源，增强区域经济发展的综合竞争力。

三是各县(市)在原有的“省管县”和“市管县”下的二元地位带来的诸多矛盾，由于变成市辖区(市)而理顺和化解了很多。这为解决沿海开发中重复建设、重复投资、恶性竞争提供了体制保证，极大地优化了区域经济社会发展环境。

四是“市县一体化”体制克服了“省管县”“市管县”体制中的城乡分割的矛盾，为城乡统筹发展提供了城乡一体化的体制。以省域带县域发展，太空太远；以县域带乡村发展，太小太弱。而经过 20 多年发展，尤其像江苏这样的东部地区，地级市经济的实力大为提升，有的甚至超过省会城市，它们完全可以承担起以城带乡、以工哺农的责任，不仅可以做到沿海开发“一盘棋”，而且是统筹城乡发展、实现城乡一体化的最好的载体。

“市县一体化”的行政管理体制，不仅有利于统筹沿海开发过程中港口、产业、交通、园区和城镇的布局和建设，减少区域内利益纠纷，放大沿海开发国家战略的优势，还可以有效地缓解和解决现有“省管县”和“市管县”两种体制的矛盾，为最终按《江苏沿海开发规划》的要求将南通建设成一个江海交汇的国际港口城市打下体制基础。

南通市委党校　季建林

（本文为2010年江苏沿海沿江发展研究院重点招标课题《以市县一体化新体制推进南通沿海开发》的研究成果）

第三编

产业升级与创新型经济

推进经济转型升级　构建特色产业体系

发展新兴产业是南通工业经济转型升级的战略选择。本文对南通市新兴产业的分析表明,目前南通新兴产业存在企业技术创新能力不够强、关键核心技术较少、政策激励措施不够健全、支持创新创业的投融资体系不够完善等问题。本文针对问题提出了以下对策:合理统筹规划,加大政策扶持,规范运行机制,着力投资融资,提升技术创新,加强载体建设,夯实人才培育。

在新的历史发展阶段,南通要继续实现跨越发展,保持旺盛的发展势头,必须推进经济转型升级战略,大力发展适合自身的新兴产业,构建区域特色产业体系。本文就南通新兴产业发展的必要性、重点领域和方向以及对策进行一些思考。

一、 发展新兴产业是南通工业经济转型升级的战略选择

从国际产业演进和发达国家发展历程看,只有抓住科技创新和产业转移的重大机遇,适时地推进产业结构调整优化,才能提升在国际产业分工中的地位,保持经济持续增长态势。美国、日本、韩国和我国台湾地区,均在不同的发展阶段明确了重点发展的新兴产业。如:日本在石油危机后重点发展计算机、电子、新材料、新能源等产业,进入21世纪以来又把信息通讯、物资流通、节能和新能源开发、环保、生物工程、宇宙航空、海洋开发等产业列为国家重点扶持的领域;美国在克林顿执政期间先后出台了“先进技术计

划”“制造技术推广计划”“干板显示器计划”“信息高速公路”等一系列产业政策，有效地促进了产业结构的升级和优化。而美国在20世纪80年代经济发展陷入困境，其主要原因就在于汽车、钢铁、化学等工业在赶超，而新的优势产业没形成。

改革开放以来，南通经济持续快速发展，经济总量不断扩大，质量不断提高。近些年来，南通在加快传统产业改造升级的同时注重发展新兴产业，在某些关键领域取得了一些进展和突破，使工业经济的综合竞争力显著提高。根据国家和江苏新兴产业划分情况，结合南通经济发展实际，目前全市工业着力打造的新兴产业是新能源、新材料、海洋工程装备、生物技术及医药、智能装备及传感、节能环保六大产业。综观南通新兴产业的发展，区域特色鲜明。

(1) 产业集聚初具规模。

2009年，南通工业领域的新能源、新材料、海洋工程装备、生物技术及医药、智能装备及传感、节能环保六大新兴产业规模以上企业实现销售收入达到1076亿元，比上年增长21.9%，占规模以上工业的比重超过17%，占高新技术产业比重达60%。六大新兴产业中，除生物技术及医药产业外，年销售收入都在百亿元以上。其中新材料产业2009年实现销售收入突破400亿元。

(2) 重点企业作用突出。

南通的新兴产业已涌现出一批生产规模大、竞争实力强的龙头骨干企业。2009年在全市亿元以上工业企业中，涉及新兴产业领域的重点企业有156家，实现销售收入824亿元，占新兴产业销售的75.5%。其中新能源重点企业有32家，实现销售收入157.3亿元，占新能源产业81.5%。如林洋新能源、欧贝黎等光伏企业保持强劲的增长势头，带动了一批企业在晶硅电池领域竞相发展，同时强生光电、综艺光伏在非晶硅薄膜电池领域有所突破。

(3) 技术水平不断提升。

由于政府引导和支持企业提高自主创新能力和技术装备水平，南通一些新兴产业的技术水平得到了快速提升，在同行业内具有较强的竞争优势。如在光伏电池和风电装备领域，林洋新能源生产的光伏电池及组件质量均达到国际同类产品的先进水平，其太阳能电池 Solarfum 品牌已成为国际光伏行业知名品牌；强生光电非晶硅薄膜电池的转换效率在全国同行业内处于领先地位；九鼎生产的风机性能稳定，在同类产品中保持了领先水平。

(4) 部分领域特色明显。

南通的部分领域产业具有明显的特色。一是海洋工程装备制造的品种及数量均居国内领先地位。目前，南通已占据中国海洋工程市场份额的1/3，产品有各类钻井、储油平台、风车安装船、铺管起重船、海工辅助船等，几乎覆盖了从近海到深海的所有种类。二是在光伏电池和风电装备领域具有较强的竞争优势。三是新材料领域作用突出。目前南通在新型高分子材料、新型金属材料、新型纺织材料、电子信息材料、无机非金属材料等方面都具有较强的产学研合作创新优势，已形成了一批骨干企业和重点产品，对现代纺织、精细化工、能源装备、船舶修造等优势产业形成有力支撑。

综上所述，南通的新兴产业已有了良好的起步，同时也存在产业结构不够优、自主创新能力不够强、可持续发展水平不够高等问题。当前，南通经济仍经受着后金融危机冲击的严峻挑战，面临着产业调整和产业升级的重大机遇，无论从国内外经济发展的大环境来分析，还是从南通自身发展的要求来看，加快推进转型升级、全面提升经济素质均显得极为重要和迫切。

二、 南通新兴产业发展的重点领域及方向

在培育和发展新兴产业过程中，南通不能“盲目跟风，人云亦云”，要从行业发展潜力、带动效应、技术进步和创新能力、可持续发展能力等方面出发，结合技术发展和未来消费需求发展趋势，立足南通特色优势和现实基础条件，选择适宜南通发展的新兴产业，努力把南通打造成为在江苏乃至全国具有一定区域特色和较强竞争力的新兴产业重要基地之一。根据目前情况分析，南通工业经济的新兴产业主要有以下几大领域可以选择。

（1）绿色新能源产业。

新能源产业发展前景广阔。南通沿海，风能资源丰富，是全省重要的风能资源集中区，已规划的风电场规模达5380MW。目前已建成风电场项目6个，并网发电总装机容量达612MW，约占全省的2/3。太阳能光伏产业已达一定规模，全市光伏电池及组件产能770MW，2009年产量达321MW。拥有120多家太阳能热水器生产企业，已安装太阳能热水器集约面积约30万平方米。秸秆、沼气、生活垃圾等生物质能和潮汐能发电均有较大的发展空间。2009年全市新能源产业完成销售收入193亿元，占全省比重达11%。下一步重点发展方向：一是太阳能光伏产业的提纯多晶硅和薄膜太阳能光伏等关键技术及相关产业；二是风力发电装备的风力发电机组、关键零部件以及控制系统等关键技术及相关产业；三是新能源产业链延伸领域，如建设光伏电站和光伏建筑一体化（BIPV）示范工程，引进开发新能源汽车及配套产业等。

（2）新材料产业。

2009年，全市新材料产业规模以上企业完成销售收入404亿元，占全市规模工业比重达6.7%。下一步重点是，围绕南通制造业高端化所需的关键新材料，以结构功能复合化、功能材料智能化、材料器件集成化为发展方向，组织关键技术、共性技术、产业技术攻关，大力发展新型电子元器件用新材料、光纤光棒、核级海绵锆、磁性材料、动力电池材料等战略性产品，着力打造以"三大合成材料"为龙头的功能性、专用型合成材料产业链，按照"一体化、园区化、大型化、绿色化"的原则，着力进行产业加工的上下延伸和循环体系构建，形成新材料产业集群。

（3）生物技术与医药产业。

21世纪是生命科学的世纪，生物医药产业发展空间巨大。2009年，南通生物技术与医药行业规模以上企业完成销售收入82亿元，比上年增长28.2%。下一步重点是：以生物技术为重点，加强具有自主知识产权的新药开发与生产。突破中药现代化、海洋药物、重大传染病防治疫苗、新型诊断试剂及生物芯片、关键医药中间体等开发与产业化。开发一批现代中药、复方制剂和创制新药;加强化学新药的筛选、发现、设计、合成等技术研究,开发一批早期诊断与治疗重大疾病的创新化学药物及医药中间体,形成以创新药物研发和制造为龙头的生物技术和医药产业链。重视发展医药原料及中间体产业,加强规范和引导,推进"进区入园",形成医药产业特色板块。加强生物药物及生物诊断产品的开发,重点推进生物活性肽蛋白、HCG试剂盒、生物芯片、核苷酸系列产品、基因扩增及酶标单抗系列等产品开发。在发展特色海洋药物,推进甲壳素衍生产品系列、海洋生物制品及保健品等开发的基础上打造海洋药物特色产业基地。加强开发面向公众健康的普适化医疗服务技术及产品。

(4) 海洋工程装备。

目前,南通海洋工程装备制造产品覆盖从近海到深海的所有种类,品种及产量均在全国领先,初步形成了集海洋工程平台、辅助船舶、模块及相关配套业为一体的海洋工程装备产业体系,成为我国重要的海洋工程装备基地之一。2009年,南通市进入海洋工程装备产品领域的企业已有28家,实现海洋工程装备销售收入124亿元,约占全省的80%和全国的30%以上。下一步重点是:围绕建设国际先进、国内一流的海洋工程制造基地,大力发展新型自升式钻井平台、深水半潜式钻井平台和生产平台、大型浮式生产储卸装置、海洋工程作业船及大型模块等海洋工程装备。重点研究开发海洋工程动力及传动系统、单点系泊系统、动力定位系统、深潜水装备、油污水处理及海水淡化等关键系统和配套设备。

(5) 智能装备及传感产业。

南通智能装备及传感产业主要涉及金属切削机床制造等22个小类。2009年,南通市拥有规模以上企业199家,累计实现销售收入140亿元。下一步重点发展方向:一是加强对智能装备及智能传感重大关键技术的研究与开发。以自主研发为核心,加强集成创新和引进、消化吸收、再创新;以整机制造、成套设备和核心功能部件为重点,突破传感节点技术、协同处理技术和共性支撑技术等关键技术;注重发展工业机器人、光纤光子器件、高速精密数控机床、智能型纺织机械、智能输变电成套设备、极端制造(微纳、宏大制造)等智能装备。二是培育和发展具有自主知识产权、自主品牌和较强竞争力的重大目标产品及相关产品集群,打造以大型主机为龙头、专业配套齐全、上下游延伸、规模效应突出的智能装备产业链,带动装备制造业整体向高端攀升,并在经济领域、公共管理领域、公众服务领域开展传感网示范工程。经济领域:以提高生产运行效率、改善管理精细程度、落实节能减排为目标,推动智能传感技术在工农业生产中的应用,重点在工业生产流程、农业精细化管理、仓储物流管理、安全监测等领域开展示范工程建设。公共管理领域:以提升社会综合管理能力,加强环境保护、公共安全监控、重大突发事件及重大自然灾害快速响应为目标,在智能交通、区域环境监测保护、智能公共安全、智能灾害防控领域开展示范工程建设。公众服务领域:以提高人民生活水平、生活质量为目的,以智能传感与3G网络融合应用为突破口,在智能医护、智能社区等领域开展示范工程建设。

(6) 节能环保产业。

经过多年发展,南通的节能环保服务产业具备了一定基础。全市资源综合利用工业固废量达300万吨,综合利用率达98%以上;回收利用废旧轮胎橡胶具备15万吨能力,已成为全国最大的废旧轮胎回收再利用基地。目前,南通市共有节能环保规模以上企业155家,其中亿元企业29家,2009年实现销售收入151亿元,同比增长12%。下一步发展方向:一是推动节能环保产业向价值链高端攀升,重点突破一批关键技术,发展一批自主品牌产品,加快推进节能装备产品、水污染防治装备、大气污染防治装备、环境监测仪器、环保材料和药剂等环保产品的高端化。二是加快推进节能环保产业的规模化发展,着力打造节能环保热交换装备、节能环保风机、节能型输变电装备、太阳能热水器、资源综合利用、环保产业装备等具有区域特色的产业集群。三是实现节能环保产业由制造为主向制造与服务业互动并进转变,大力发展工程承包、设施运营、技术咨询和信息服务、合同能源管理、成果转化、物流配送和人才培训。在节能服务业上,培育和发展节能服务机构,大力推行合同能源管理。在环保服务业上,做强环境工程承包服务,做优环保设施运营服务,积极推进污染治理市场化。

三、 加快南通新兴产业发展的对策

(1) 科学定位,合理统筹规划。

一是做好规划衔接。既要注重上下衔接,服从、服务于全国、全省的规划要求,又要注重横向衔接和与重点企业对接,高度重视区域间统筹规划和协调发展,避免盲目低水平投资建设等问题。二是引导集聚发展。立足南通实际,科学确定区域功能定位,引导企业向园区集中,优化空间布局,促进产业集聚和规模发展,加快培育一批龙头型企业,努力打造分工明确、重点突出、差别发展、板块联动的新兴产业体系。三是强化规划实施效应。以科学的规划引导新兴产业发展,按照规划的要求,编制并发布新兴产业发展导向目录,制订年度实施计划和详细工作方案,对目标任务进行分解落实。

(2) 政府主导,加大政策扶持。

一是建立专项产业发展基金。围绕人才开发、科技创新、技术改造、土地使用、金融信贷、资产整合、招商引资等方面给予扶持,重点用于园区建设、重点企业、重点项目、重点产品的发展。二是加大政策倾斜扶持力度。进一步提高新兴产业项目的财政补助资金标准,进一步提高关键技术和关键产品开发奖励力度,在项目用地上给予优先安排、高新技术企业优先认定、政府采购优先购买,在市级重大新能源应用项目、节能环保工程、信息基础设施建设招投标过程中给予相关设备制造和服务企业一定倾斜。三是注重加强新兴产业市场培育。鼓励开拓新兴产业应用新产品市场, 比照首台(套)设备政策,将新兴产业的新产品纳入政府采购优先目录,并对采用新产品的项目给予贴息或补助。同时,支持新兴产品出口,鼓励有实力的企业以购并、合资合作和租赁等方式开拓境外市场。

(3) 多管齐下,规范运行机制。

由于新兴产业发展的初始阶段往往处在技术突破和产业化的关键时期,单纯依靠企业的努力是远远不够的,必须政企合力、多管齐下。一是建立新兴产业培育工作协调机制。建议成立由市领导挂帅的新兴产业发展领导小组,实行统一协调、部门联动、政企互动,形成推进新兴产业快速发展的合力。二是加强对新兴产业的政策咨询和信息服务，研究设立南通市新兴产业发展专家咨询委员会，及时了解、掌握和研究全市新兴产业发展中出现的新情况、新问题，定期就新兴产业发展提出咨询意见，引导各地结合自身产业优势发展新兴产业。三是加强对新兴产业发展的目标管理工作，完善统计监测制度，确保新兴产业有序快速发展。

(4) 破解风险，着力投资融资。

新兴产业的高投入、高风险特征十分突出，需要强有力、系统性、多元化的投融资体制。一是探索创立新兴产业风险投资基金。在发挥政府资金的引导作用之外，要加快风险投资体系建设，探索建立风险投资机构，吸引一批境内外著名风险投资基金来南通拓展风险投资业务。鼓励企业或个人等各类民间资本参与组建风险投资机构，完善风险投资退出机制。二是鼓励和支持有条件的企业上市融资。国内外成功经验表明，新兴产业发展中企业成长与发展的有效途径之一是企业上市。要立足南通实际，尽可能将更多符合条件的企业推荐上市，使证券市场成为南通新兴产业发展的助推器。三是引导各金融机构强化金融服务支撑。建立适应新兴产业特点的信贷体系和保险、担保联动机制，促进知识产权质押贷款等金融创新。四是鼓励民资与外商投资新兴产业。

(5) 自主创新，提升技术含量。

针对南通新兴产业技术集成能力比较薄弱、关键核心技术和装备主要依赖进口的现状，加快培育发展新兴产业必须加强产业技术集成创新，提高自主创新能力。一是突破一批产业关键核心技术。按照重点突破、跨越发展、掌握核心技术的原则，组织实施“南通市新兴产业关键技术攻关计划”，在新能源、新材料、海洋工程装备、生物制药、节能环保、电子信息及智能装备、软件和服务外包等重点领域，突破新兴产业发展规划纲要所明确重点发展的关键技术，加快新兴产业的产业化进程。二是引导企业加强对引进技术的消化吸收和再创新。在新项目落地的同时，要求企业建立相应的国家级、省级、市级科技研发平台和工程技术研究中心，形成更为完善的以企业为主体、以资本为纽带、以市场为导向、以应用为重点、产学研用紧密结合的创新机制。鼓励支持企业瞄准国家重点大学、重点科研院所以及部分军民结合研究机构，加大与其合作力度，发挥高等院校和科研院所的人才、技术优势，加强装备制造业共性关键技术攻关开发，提高重大技术装备、高技术装备设计、制造和系统成套水平能力，并通过开展国际合作，并购，参股国外先进的研发、制造企业等方式掌握核心技术。三是搭建科技成果转化新平台。围绕新兴产业发展要求，组织百名上海博士看南通、百家工业企业进校园、百所技术中心攻难关等"三百"活动，营造新兴产业发展新理念、新技术、新空间的浓厚氛围。四是加快发展相关生产服务业。推进新兴产业重点领域服务体系建设，重点关注产品标准化技术研究服务、安全质量标准化技术研究服务、行业关键共性技术研究推广机构的培育，鼓励新兴产业推广应用型服务机构的建设。

(6) 加快建设，强化载体效应。

项目、企业、园区是产业发展的主要载体。发展新兴产业必须十分注重其重大项目、领军企业和集聚平台的建设。一是加大项目建设推进力度。建立新兴产业重大项目库，认真谋划、储备一批重大战略性新兴产业项目；加强项目前期工作力度，按照动态管理、滚动实施的原则，完善重大项目准入和淘汰机制，确保重大项目及时有效跟进；加强与央企、科技部门的合作，积极争取国家重大战略性新兴产业项目在南通布局和落地。二是培育一批创新型企业。按照拥有关键技术、自主知识产权、自主品牌和具有较强研究开发能力的标准和条件，抓好创新型试点企业的培育工作，使之成为南通新兴产业发展的重点企业和骨干企业。三是加快园区和基地建设。新兴产业园区建设有利于通过地方产业集聚扩大资源配置规模，提高资源配置效率，同时能够形成地方经济发展中的新的主导产业以及新的经济增长源。要依托南通经济技术区和各个省级开发区，通过设立"区中园"，促进新产业的集聚发展。

(7) 全面培育，构筑人才高地。

新兴产业发展的关键因素在人才。为此，要实施积极人才政策，培养和引进各类人才，不断壮大新兴产业的人才队伍。一是鼓励人才引进。加大招才引智力度,重点加快对经营管理人才、专业技术人才、实用型人才的引进,特别是引进国家高技术产业基地所需的高层次人才和加强团队引进。二是加强人才培养。依托高校、科研院所和骨干企业,培养适应新兴产业发展需要的各类人才,加大高校新兴产业学科建设和新兴产业人才培养力度,加快发展职业教育和培训。三是完善用人机制。营造一流的人才环境,完善人才引进培养使用机制,确保高层次人才引得进、留得住、用得好。同时,加大对人才引进的资金扶持力度,并帮助企业搜索和引进行业领军人才和优秀团队。积极落实国家有关技术入股、持股、提高薪酬等激励政策,吸引国内外高水平专业人才,并建立科学的人才评价标准。鼓励高校、科研院所科技人员兼职参与新兴产业发展工作。对重大技术研制、开发、使用和推广作出突出贡献的人员给予表彰和奖励。

南通市经贸委　杜永朝　胡际春

南通大学　孙　泊

(本文为2010年江苏沿海沿江发展研究院委托课题《南通市新兴产业发展战略研究》研究成果)

效率改进、技术创新与南通市创新型经济分析

本研究通过 DEA-Malmquist 方法测度了 2005—2009 年期间江苏省各个地级市的创新效率、规模效率与技术效率，并测度了技术创新对经济增长的贡献。结果发现，在创新型经济的发展方面，南通市的配置效率处于相对较高的水平，这反映了南通市完善的市场竞争机制、较高水平的社会管理体制以及活跃的民营经济。但是规模效率与技术创新效率相对还较弱，这表明南通市创新型经济在金融支持以及创新能力方面还存在着欠缺。针对南通市的创新能力建设以及现代金融建设，我们提出了相应建议。

一、引言与概述

创新型经济是指以创新为经济增长主要驱动力的一种经济形态。向创新型经济转型是我国在 2006 年科技大会上确定的国家战略目标，也是实现经济高效及可持续增长的必要途径。广义的创新型经济是经济发展方式的全面转变，包括行为理念的创新、经济增长方式的转变、经济结构的跃迁、经济政治制度的创新以及社会福利的递进等方面的含义。而狭义的创新型经济是技术创新引领下的经济增长方式的转变。本研究中的创新型经济是从狭义的角度来理解的。

“十一五”期间是南通经济发展速度和质量大幅度提升的阶段。2004—2009 年期间，不论是人均产出还是总产出增长率，南通市都领先于江苏其

他地级市。更重要的是，这5年南通市在创新发展上也有了较大的跨越，创新和技术进步对经济增长的贡献大幅度增加。2005—2010年期间南通市连续5次获得全国科技进步先进市称号，被评为全国最具创新环境城市，并位列中国民营经济最具活力十大城市之首。2004—2009年期间，使用索罗剩余法计算的全要素生产率（TFP）平均增长率为5.25%，远远高于1999—2004的2.89%水平，也高于同期2.76%的全国平均水平，这表明南通市的经济增长中创新和技术进步对经济增长的贡献有了较大幅度的提升，南通市经济的抗风险能力、可持续增长能力在这5年中得到了大幅度改善。

我们这里将深入分析南通市创新型经济的特征，以便能够更加清晰地认识南通目前经济的创新型特征。从机制来看，创新型经济可以分为内生增长和外生增长两种。所谓内生增长的创新型经济，是指“研发投入—生产应用—高额市场利润—新的研发投入”这样一个企业自发的、良性的自循环过程。这个良性自循环过程所围绕的核心是高额创新利润，主体是企业。而外生增长的创新型经济则是由政府主导、以公共科研机构为主体的经济。大体上来看，南通市创新要素的快速增长主要来自于公共科研机构和高校的推动和投入，这表明，南通市距离内生驱动的创新型经济还有一定的距离，还具有较为显著的外部驱动特征。从过程来看，创新型经济可以分解为三个阶段：技术获得阶段—产业化阶段—市场化阶段。第一个阶段是新技术的产生阶段，即通过创新投入获得新技术的阶段；第二个阶段是通过投资使新技术形成现实的生产能力阶段，即新技术的产业化阶段；第三个阶段是通过生产、管理、营销等企业活动，在市场中获得高额创新利润的阶段。

创新型经济是由技术创新过程、产业能力形成过程、市场利润实现过程构成的有机整体，任何一个过程的低水平都会导致创新型经济的不可持续性。通常经济学家们将这三个过程的效率分别称为：技术创新效率、规模效率、技术效率。技术创新效率是一个地区新技术和知识的增长率，反映了一个地区的研发能力和技术吸收模仿能力。规模效率水平是衡量新技术产业投资规模是否达到最优规模（或者说是否达到长期成本曲线的最低点）的一个指标。规模效率水平是对金融市场或者资本市场对当地技术创新的支持程度的一个反映(也反映了当地金融市场的发达程度)。技术效率水平反映了通过技术创新、生产运用而得到的真实产出的市场利润实现程度。事实上技术效率更类似于新古典经济学中的配置效率,因为根据新古典经济学的相关理论,在市场经营环境和竞争环境完善的情况下,企业的各种活动会自发地达到最优水平,因此技术效率反映了市场环境和经营环境水平。

我们采用数据包络分析方法(DEA)将2004—2009年江苏各个地级市的技术进步(以TFP衡量的)分解为技术创新效率、规模效率和技术效率,通过将这三个指标在各个地级市之间作比较来分析技术创新、金融支持以及经营环境改进对各个地区经济增长的作用,进而对南通市创新型经济的发展提出建议和意见。

二、 基于DEA方法的增长质量与技术创新比较分析

经济学家们通常用索罗剩余法得到全要素生产率(TFP)来衡量技术进步,该方法通过将经济增长减去劳动力和资本的贡献来得到技术进步的贡献。但是索罗剩余法无法进一步区分TFP是由技术创新引起的还是由效率改进等因素引起的。为了更加深入地讨论TFP的来源,我们用非参数的DEA-Malmquist指数分解法将TFP分解为技术创新效率(TECH)、规模效率(SECH)和技术效率(EFFCH)。在DEA方法中,TFP = EFFCH × SECH × TECH。

本研究所使用的原始数据完全来自于历年《江苏统计年鉴》。我们选用江苏省13个地级市2004—2009年的投入、产出数据来构建DEA法所需要的生产技术前沿。产出以各个城市当年的GDP来衡量,并转换为以2004年为基数的不变价格GDP水平,劳动用各个市的就业人数来衡量。历年的资本存量用永续盘存法得出(公式为 $K_t = (1 - \delta_t) K_{t-1} + I_t / P_t$),其中使用的资本年折旧率 δ_t 为5%,I_t 为历年固定资产投资,P_t 为资产价格指数。基期的资本存量 K_0 计算如下:我们根据张军等(2004)文章中对江苏省1990年的固定资本存量数据的估算结果,按照1990—1999年江苏各个市投资总量比例进行分配,得到各个市1990年的固定资本存量数据,然后用永续盘存

法递推到 2004 年①。

由于 DEA 方法的特点，表 1 中我们给出了江苏 13 个城市的规模不变技术效率（CRS）、规模可变技术效率（VRS）和规模效率（SCA）。

（1）规模不变技术效率（CRS）分析。

从表 1 来看，无锡和镇江在 2005—2009 年期间位于所有城市的最前列，这反映了这两个城市的资本深化程度以及配置效率较高，在市场机制、现代金融机制、企业管理机制方面处于前列。这里可能比较意外的是镇江，因为镇江经济增长速度不是最快的，却处于技术效率（CRS）的前沿，这反映了镇江在引进外资的过程中实现了市场竞争与管理水平的改善，并且通过资本深化，较好地发挥了现有技术的潜力。还有一个意外是南京市，作为省会城市的南京，具有良好的经济基础，但是技术效率水平不怎么高。原因可能是南京市国有大中型企业占比较大、政府对经济运行干预较深、市场机制没有完全发挥作用，导致企业管理水平不高、经济效益配置不合理，也有可能是南京市目前正处于设备更新换代、技术改造与转变阶段，新技术、新设备、新兴产业尚未对经济发挥出效果。

表 1　江苏地级市 CRS、VRS 以及 SCA

	2006			2007			2008			2009		
	CRS	VRS	SCA	CRS	VRS	SCA	CRS	VRS	SCA	CRS	VRS	SCA
南京	0.74	0.79	0.94	0.70	0.74	0.95	0.73	0.77	0.95	0.71	0.74	0.95
无锡	1.00	1.00	1.00	1.00	1.00	1.00	1.00	1.00	1.00	1.00	1.00	1.00
徐州	0.74	0.76	0.97	0.74	0.76	0.98	0.74	0.76	0.98	0.73	0.75	0.98
常州	0.82	0.82	1.00	0.79	0.80	0.99	0.76	0.77	0.98	0.73	0.75	0.98
苏州	0.91	1.00	0.91	0.89	1.00	0.89	0.89	1.00	0.89	0.90	1.00	0.90

① 固定资本存量的估算是计算中一个重要的环节，各个地市的固定资本存量没有一个统计资料能够确切地给出，只能通过估算。另外，本研究采用永续盘存法进行估算，由于江苏各个地市的投资 1990 年以后迅速增长，而且每年折旧，1990 年的固定资本存量数据的误差对我们从 2000 年开始计算的结果影响很小。

续表

	2006			2007			2008			2009		
	CRS	VRS	SCA	CRS	VRS	SCA	CRS	VRS	SCA	CRS	VRS	SCA
南通	0.91	0.97	0.93	0.83	0.99	0.84	0.86	1.00	0.86	0.88	1.00	0.88
连云港	0.62	0.87	0.71	0.60	0.83	0.73	0.60	0.82	0.73	0.59	0.80	0.73
淮阴	0.76	0.82	0.93	0.62	0.81	0.76	0.62	0.79	0.79	0.62	0.76	0.82
盐城	0.62	0.82	0.76	0.64	0.73	0.87	0.66	0.77	0.88	0.73	0.75	0.88
扬州	0.88	0.90	0.98	0.87	0.90	0.94	0.89	0.90	0.98	0.89	0.89	1.00
镇江	1.00	1.00	1.00	1.00	1.00	1.00	1.00	1.00	1.00	1.00	1.00	1.00
泰州	0.87	0.93	0.94	0.89	0.95	0.94	0.93	0.98	0.95	0.96	0.99	0.97
宿迁	0.85	1.00	0.85	0.66	0.81	0.81	0.78	1.00	0.78	0.75	1.00	0.75

注:由于篇幅限制,我们省略了2004、2005年的计算结果。

(2)规模可变技术效率(VRS)与规模效率(SCA)分析。

从表1来看,南京、无锡、徐州、常州、扬州、镇江和泰州的SCA处于较高水平,这表明这7个城市的投资规模基本达到了自身技术所决定的合适水平,而其他6个城市或多或少地存在投资尚未达到有效规模、资本深化不够的问题。从规模效率对比也可以看出,徐州、淮阴和盐城的技术效率低是因为技术水平落后造成的,而连云港和宿迁则是因为投资规模没有达到最有效规模导致的。

表2 2005—2009江苏地级市技术创新增长率的比较分析

	技术创新(TECH)增长率相对于上一年(%)					2005—2009各个指标的平均增长率(%)			
	2005	2006	2007	2008	2009	TECH	TFP(索罗)	TFP(DEA)	GDP
南京	9.30	8.30	9.20	4.40	7.20	7.66	4.50	7.01	13.89
无锡	7.10	7.00	8.10	5.00	5.50	6.53	4.49	6.03	13.93
徐州	5.00	4.70	2.70	-0.60	-2.40	1.84	2.45	2.69	14.42
常州	3.10	3.80	5.40	2.70	0.60	3.11	2.25	2.37	14.01

续表

	技术创新(TECH)增长率相对于上一年(%)					2005—2009各个指标的平均增长率(%)			
	2005	2006	2007	2008	2009	TECH	TFP(索罗)	TFP(DEA)	GDP
苏州	10.80	8.50	7.00	3.50	2.50	6.42	4.98	6.18	14.15
南通	5.20	4.60	2.40	-1.00	2.70	2.76	5.25	4.59	14.91
连云港	5.00	4.60	2.50	-1.50	-2.90	1.49	2.12	2.18	14.24
淮阴	3.50	2.10	0.00	3.00	-2.60	1.17	1.96	1.01	14.42
盐城	4.00	2.80	0.70	-2.10	-2.20	0.61	1.79	3.88	14.18
扬州	4.50	4.30	3.60	0.10	-2.20	2.03	3.74	4.69	14.62
镇江	3.00	3.70	5.50	2.70	0.60	3.09	5.61	4.81	14.44
泰州	5.20	4.50	2.40	-1.50	1.80	2.45	5.53	4.79	14.66
宿迁	2.40	0.80	-0.90	-3.40	-1.80	-0.60	-1.42	0.77	14.34

(3) 技术创新增长率分析。

由表2可以看出,南京作为省会城市,在技术创新增长方面的优势非常明显,以年增长7.66%的速度遥遥领先于其他城市。南京市的科技资源、科技人才以及科研基础设施等都非常丰富,再加上近几年南京市强有力的政策推动,技术创新增长率领先于其他城市可以理解。总的来看,南京、无锡、苏州的技术创新增长率处于第一梯队,而常州、镇江、南通、泰州、扬州处于第二梯队,徐州、连云港、淮阴、盐城处于第三梯队。大趋势是苏南城市领先于苏中城市,而苏中城市又领先于苏北城市。尽管这几年苏中以及苏北的各个城市经济增长率相当于甚至高于苏州、无锡等苏南城市(尤其是2008、2009年多个苏北城市的经济增长率高于苏南),但是我们这里的分析说明,苏南城市的技术创新增长率远远高于苏北城市,这表明苏州、无锡等苏南城市和南京已经处于从投资主导向创新转型的时期。南通市2005—2009年的GDP增长率高达14.91%,成为江苏经济增长的第一名,但是技术创新率与苏南城市还有差距。

另外,为了比较DEA-Malmquist方法与索罗剩余法的差异,表2中我们列出了索罗剩余法与DEA所得到的TFP增长率。可以看出,两种方法得到的TFP增长率还是有一定的差异,南京、无锡、苏州等几个城市排名出现了一定的变化,镇江和泰州的值有较大变化,这可能与两种方法本身所基于的思想不同有关。

总的来看,过去的5年,苏南、苏中、苏北均衡增长,甚至苏北的平均增长率略高于苏南,但是经济增长质量还是有较大的差别。各个地级市中,无锡、苏州与镇江的创新型经济具有比较均衡的特征,尤其是无锡与苏州,无论是配置效率、规模效率还是创新效率均处于前列。而南京尽管技术创新增长速度较快,但是配置效率较低,这导致了技术创新成果不能完全发挥出应有的增长贡献,也使得技术创新的市场利润率不能完全实现。这可能与南京市的国有企业较多有关,也可能是政府对经济干预过多,导致市场机制配置资源的功能发挥不健全(当然,也有可能与技术创新本身的经济应用性差有关)。镇江、泰州则相反,配置效率和规模效率都较高,但是技术创新水平仍然有待改进。而苏北城市则大多数配置效率与技术创新增长率都不高。这表明:尽管近两年苏北地区的经济增长率非常快,甚至2008、2009年超过了苏南,但是在创新型经济以及可持续发展方面与苏南还有较大的差距。

通过分析比较可以得出,南通的创新型经济具有较高的配置效率,这反映了南通市较完善的市场竞争机制以及活跃的民营经济对配置效率的促进作用。不足之处是规模效率和创新增长率水平较低。从规模效率来看,南通的创新型经济仍然存在规模效率不足、资本深化不够,即对新技术的金融支持不足或者融资能力不够的问题。另外,从技术创新增长率来看,南通的技术创新增长率排名第5,与苏南城市以及南京还有较大的差距,这表明南通市的创新能力和创新水平还有待进一步的提高。

三、 结论与建议

在"十一五"的发展过程中,南通市委、市政府领导保持着高度的危机意识、前瞻意识、开拓意识和赶超意识,大幅度地提高了南通市的硬件设施和软件设施水平，对民营经济放手、放胆扶持，大力引进外资经济。南通市目前正处于向创新型经济转型的起步阶段，本研究分析了南通市创新型经济的基本特征。

我们探讨了“十一五”期间江苏省各个地级市的运行效率和技术创新水平。从配置效率和规模效率来看，无锡和镇江相对于其他城市具有更高的水平，其他城市如下：① 南京、扬州、常州、徐州的资本深化程度较高，但是资源配置效率相对较低；② 南通和宿迁的创新型经济存在资本深化不足的问题；③ 连云港、淮阴、盐城三市存在配置效率和规模效率方面的水平都不是很高的问题。

从技术创新增长率来看，2005—2009年的平均增长率排名从高向低依次为：南京、无锡、苏州、常州、镇江、南通、泰州、扬州、徐州、连云港、淮阴、盐城、宿迁。属于江苏省技术创新第一梯队的南京、无锡、苏州较大幅度地超越了其他城市。宿迁市尽管这几年总投资大幅度增加，但是技术创新增长率为负（当然也可能是统计数据本身的原因）。总的来看，苏南地区的创新转型已经初具雏形，而苏中正处于创新型经济转型的转折期和关键期，苏北地区则仍然处于工业化的初期阶段，依然需要大量的投资来夯实产业基础、基础设施等。

2005—2009年期间，南通市以14.91%的GDP增长率位列地级市的第一名。但是从TFP以及各个分解指标来看，南通市的创新型经济尚处于起步阶段，与无锡和苏州等苏南地区还有较大的差距。南通市整体资源配置处于较为有效的状态，但是技术创新效率和规模效率水平还较低。这表明南通的市场机制较为完善、企业运行机制较为先进、政府的管理机制水平较高，但是在创新能力和资本市场发育方面还存在不足和缺陷。

南通若要最终成功实现向创新型经济的转型，需要在技术创新能力以及创新的金融支持这两个方面作进一步的改进。对于提高区域技术创新能力的相关的研究以及区域经验已经有很多，本文将结合南通市的实际情况，分别从政策层面、市场层面以及企业层面三个角度提出进一步提高区域创新能力的建议。

1. 政策层面

（1）构建以企业为主、以市场为导向、产学研用相结合的技术创新体系。企业是产业发展和科技创新的主体。提升自主创新能力，首先是要发挥企业作为投入主体、研发主体、受益主体和风险承担主体的作用。只有以企业为主体，才能坚持技术创新的市场导向，有效整合产学研的力量，加快技术创新成果的产业化。

（2）从自身实际出发因地制宜推进科技创新。对于自主创新的内涵，必须完整理解、全面把握，更重要的是结合区域特点，从本地区产业发展的实际出发，把自主创新的三个阶段有机地结合起来。比如，要引导外资更多地投向高新技术产业和现有企业的技术改造，充分利用国外先进技术资源，依托重大工程项目，培育自主创新能力，开发具有自主知识产权的核心技术。同时，妥善处理引进与创新的关系，克服"重引进、轻消化吸收"的现象，加强关键性、战略性技术领域的消化吸收和自主创新力度，加大研究与开发的投入力度，增强持续创新的能力。

（3）把科技创新、制度创新、文化创新结合起来，形成良性运行的全面综合创新格局。科技创新的推进不能脱离社会发展的大环境，它需要制度创新和文化创新的有力支撑。科技创新是自主创新的核心，制度创新是自主创新的基础。文化创新是自主创新的精神支撑，有助于为推进技术创新和制度创新营造良好的社会环境。加强自主创新，必须从经济、社会、科技等多方面入手，使技术创新与制度创新、文化创新有机结合。

2. 市场层面

（1）通过创新制度体系构筑"四大平台"：一是资源共享平台，建立科技信息数据库，为企业技术创新提供服务；二是科技创业平台，形成活跃的、有机互动的科技创业园、科技成果转化园和特色科技产业园体系；三是技术交流平台，通过科技洽谈会和企业院校行等重大科技活动，积极推进企业与高校、科研院所广泛开展技术合作与交流；四是政策支撑平台，出台一系列鼓励企业自主创新的扶持政策。具体政策包括六个方面：① 提高政府科研方面的投入；② 吸引科技人力资本流入；③ 从财政上、税收上、政策上提高企业创新动力;④ 以企业为中心,推动产学研用的紧密结合;⑤ 推动高新技术产业的发展;⑥ 推动技术型和知识型创业。通过政策引导,提升高新技术企业的自主创新能力和成果转化能力,拉长优势产业链,做大做强高新技术产业,加速形成新技术企业体系。

(2) 优化自主创新的市场要素环境。构建以市场为导向的自主创新体制离不开人才、资本、技术等要素。不断完善和落实人才引进的优惠政策,切实做到将引进人才与自主创新及跨越发展结合起来,努力做到引才、引智、引资、引项目四位一体。要利用好资本市场,为企业的自主创新提供融资保障。要抓好技术市场,促进科技要素的流通,优化科技资源的配置,激活科技元素的竞争活力,有力地推动企业成为技术创新的主体,促进自主创新战略的实施,加快技术创新成果的转化。

(3) 塑造自主创新的文化环境。创新文化孕育创新事业,创新事业激励创新文化。我们要在全社会形成追求理想、追求文明、追求成功的精神导向,形成崇尚创新的精神追求,形成包容、开放、谦逊、学习的文化环境。

3. *企业层面*

(1) 从技术的购买提升为对创新企业的购买。改变目前仅仅从国外、省外购买专利技术的做法,在资金许可的情况下,直接购买、控股、参股国外、外地的研发企业和设计公司以及那些拥有创新型技术的小企业。

(2) 从利用本地研发资源发展为最大限度地利用全球研发资源。改变目前仅仅在企业本地(南通)设立研发中心的做法,直接在全球的知识密集区布局研发中心,招聘研发人员。着力让本企业的研发工作与世界创新主流地区的创新工作对接。

(3) 从技术和产品合作发展为研发合作。改变目前和外资、外地企业、外地科研机构的合作仅仅停留在产品和技术层面的做法,高层次的做法是在研发层面的相互渗透,包括研发人员的相互参与、研发资源的整合使用。当然要达到以上突破,必须要解决一些制度、体制、管理上的问题,也要提升企业的创新思想和创新管理水平。

现代金融发展水平不足也是南通市创新型经济的重要约束。在2011

年3月江苏省政府与国家开发银行签署的“十二五”开发性金融合作备忘录会议上,李学勇建议筹建江苏沿海产业投资基金、推进金融创新。并且根据相关信息,“十二五”期间地方政府债券预计会逐步放开。这些都为南通市现代金融的发展提供了一系列有利的环境和条件。但是南通市现代金融也面临着规模小、起步晚、风险资本意识较差等问题。从支持创新型经济的角度出发,对南通建立现代金融体系的初步建议如下:

第一,积极的培育和引进各种创业风险投资机构、私募股权投资基金、产业投资基金,通过金融中介机构引导南通民间资本进入企业创新和创业活动。

第二,积极促进金融机构加快金融服务创新,开展股权、专利权、商标权等质押贷款。根据贷款企业的资质和发展前景,对一些成长性好的高新技术企业适当提高贷款比例,切实改善创新企业的融资条件。

第三,加快推进融资担保体系建设。充分发挥政府在融资担保体系建设中的主导作用,建立财政资金参股或控股的政策性担保机构,引导社会资金投资参与担保高新技术产业的发展。

第四,积极探索建立民营企业联合公开发债融资机制。积极协调金融机构,加强对创新企业的政策宣传和业务辅导,帮助符合条件的企业发行短期融资券,积极推进企业集合发债,扩大融资规模。

另外,笔者认为南通市目前创新政策和资金的投入重点在产业,即围绕国民经济先导产业,如装备制造和新能源产业,进行政策和金融扶持,以此来推进创新型经济,支持南通市优势产业和特色产业向国际和世界前沿迈进。

南通大学　陈长江　周威平　金　飞

上海国际金融中心南通金融后台服务基地建设研究

20世纪90年代以来，国内外金融机构为了降低成本、提升效率和打造核心竞争力，越来越多地将金融后台业务通过自建后台服务中心或委托给外部金融服务提供商实施集中统一处理，由此在传统金融中心以外区域集聚形成了金融后台服务基地。在国际金融业前后台业务加速分离的时代背景下，充分发挥南通的区位、人才、成本等优势，积极打造上海国际金融中心南通金融后台服务基地，大力发展金融后台产业，是南通深度接轨上海国际金融中心建设的重要途径，且与上海国际金融中心南通金融次中心建设相比，金融后台服务基地建设具有更好的现实可行性，这也符合国际金融中心周边地区打造金融后台服务基地、建设金融后台服务中心城市的发展规律。

20世纪90年代以来，随着网络信息技术的快速发展及其在金融领域的广泛运用，全球金融机构尤其是发达国家的金融机构，越来越多地将金融后台业务[①]委托给本集团内的专业子公司或外部专业机构实施集中统一处理，以此来降低成本、提升效率和打造核心竞争力。

伴随着金融机构前后台业务的分离，金融后台业务逐渐离开了传统

① 所谓金融后台业务，是指与金融机构直接经营活动（即前台业务）相对分离，并为前台业务提供服务和支撑的功能模块和业务部门，如数据中心、清算中心、银行卡中心、研发中心、呼叫中心、灾备中心、培训中心等。

的金融中心，在新的区域集聚形成了金融后台服务基地。① 一方面，传统金融中心的周边城市凭借地理优势和比较成本优势积极打造金融后台服务基地，努力承接金融中心的金融后台产业转移。如美国新泽西州的泽西市已成为纽约金融中心的金融后台服务基地。另一方面，许多跨国金融机构的后台业务开始了"离岸化"，并呈现出由欧美向亚太地区加速转移的趋势。在此过程中，作为国际服务外包主要接包方的印度、爱尔兰等国，凭借语言、政策、人力成本等优势，积极推动金融后台服务产业集聚发展，涌现了不少金融后台服务基地，印度班加罗尔的电子城高科技园区就是这方面的典范。不过，随着近年来印度外包行业人力成本等优势的逐渐丧失以及中国金融信息技术的稳步提升，国际金融后台产业向中国转移的势头日益增强。

为了应对我国金融业全面开放后的激烈竞争，国内金融机构前后台业务分离的步伐也在不断加快。目前，国内大型金融机构纷纷在全国各地选址自建后台服务中心。如中国平安保险(集团)股份有限公司为了集中统一全国3000多个分支机构的后台数据，实现全国服务的标准化，已分别在上海和成都建成两家互为备份的全国性后援中心。同时，国内中小型金融机构普遍存在着借助外部专业性服务提供商的规模效应来降低运营成本、补充自身能力不足的强大需求。

面对国际金融后台产业向中国地区的加速转移和国内金融机构前后台业务的逐渐分离，具有明显区位优势和良好基础条件的南通，应紧跟形势，抢抓机遇，紧紧依托上海国际金融中心建设，充分发挥自身优势，努力打造独具特色、功能完善的金融后台服务基地。

一、 南通打造金融后台服务基地的战略意义

金融后台产业具有科技含量高、高级人才密集、吸纳就业量大等特点。规划建设金融后台服务基地，大力发展金融后台产业，对南通深度接轨上

① 国外金融后台服务基地建设典型案例简介见"附录一"。

海、实现产业结构升级和促进就业等都具有重要意义。

1. 有利于对接上海国际金融中心建设

与上海国际金融中心建设配套发展和同步发展是推进南通金融业发展的重要路径。在国际金融业前后台业务加速分离、金融服务外包规模不断扩大的形势下，跳出围绕前台交易对接上海国际金融中心的狭小圈子，将为前台业务提供服务和支撑的后台业务纳入对接范围，打造金融后台服务基地，积极承接上海乃至国内外的金融后台产业转移，有利于更好地实现南通与上海在金融产业链上的专业分工和错位发展，且与建设上海次金融中心相比，更具现实可行性。

2. 有利于推动南通产业结构转型升级

金融后台产业是现代高端服务业的重要组成部分，建设金融后台服务基地，发展金融后台产业，不仅对南通加快发展现代服务业、促进经济发展方式转变和推进产业结构转型升级具有重要意义，而且其服务于金融产业、依赖于IT产业的特性使其对这两个产业的发展也将发挥很好的带动效应。

3. 有利于促进就业和人才结构优化

金融后台业务为城市发展带来的效益因其形式而异。金融机构自建中心不是交易机构，一般不直接创造税收，往往以圈地为主；而第三方服务提供商是盈利机构，要向当地政府纳税。虽然这两种方式具有很大不同，但总的来说都能为当地带来大量的就业机会。一个保险机构的后援中心可以带来3000~5000人就业。另外，在解决就业的同时，也可促进当地金融、IT等相关行业高端人才的培养和引进。

4. 有利于支撑“长三角”北翼经济中心建设

南通打造“长三角”北翼经济中心的关键在于中心城市集聚和辐射效应的形成。金融后台服务基地形成一定规模后，不仅有利于提升南通的城市形象和知名度，而且有利于通过金融后台服务基地的聚集效应吸引来自金融业的更多投资和业务，从而进一步增强和完善南通中心城市对区域经济的综合服务功能。

二、 南通规划建设金融后台服务基地的优势和问题

南通在发展金融后台产业方面具有明显的区位优势、良好的基础条件、较低的运营成本,能够充分发挥南通与上海的"同城效应",但同时也面临着服务外包业相对滞后、其他城市的激烈争夺等问题。

(一) 优势条件

1. 区位优势独特

南通滨江临海靠上海,位于"长三角"中的沪、苏、通小"金三角"。苏通大桥的建成通车,使南通与上海、苏州从一江之隔变为"一桥相连"。作为沪崇苏大通道的重要组成部分,连接崇明和南通启东的崇启大桥已于2011年建成通车。崇海大桥、沪通铁路也在加快推进建设。随着过江通道的相继开通,南通将全面进入"上海1小时经济圈",成为真正意义上的"北上海"。紧邻上海的区位优势便于南通对接上海国际金融中心建设,形成南通金融后台服务基地与上海国际金融中心有效联动、良性补充的发展格局。

2. 发展势头强劲

近年来,南通强劲的经济、金融发展势头,可为金融后台服务基地建设提供坚实支撑。自2003年"江海联动"开发战略实施以来,南通GDP总量翻了两番,财政收入、全社会固定资产投资翻了三番,高新技术产业产值翻了四番,金融业务总量不断壮大,金融组织体系日益健全。2010年,全市实现金融业增加值141亿元,全市共有银行类金融机构26家,保险分支机构56家,证券公司营业部及服务部21家,纳入备案管理的创业投资企业6家和担保再担保公司27家,农村小额贷款公司15家,期货公司及营业部5家。这些金融机构的后台业务,一部分由其总部自建的后台中心统一运作,一部分也已开始自行外包。如交行南通分行将电脑硬件维护业务和ATM业务分别外包给了南通新正阳电脑公司和冠亚信息科技服务(上海)有限公司;中国银行南通分行、南京银行南通分行的银企对账业务则分别外包给了南通劳动劳务公司和南通邮局。另外,在调研

中,也有金融机构提出了建立南通地区统一的现金中心和金融档案管理中心等的需求。

3. 商务成本较低

较低的商务成本是金融机构后台的重要选址因素。南通由于背靠广袤的苏中、苏北腹地以及历史原因,其包括人力成本、员工生活成本、商务楼宇租金价格、住宅房地产价格等在内的综合商务成本较低,与上海、苏南地区相比,具有明显优势,能较好地适应金融后台业务向低成本地区转移的趋势。据统计,上海市服务外包行业的人均月薪为750美元左右,而南通市不足300美元,约是上海的40%;城镇单位在岗职工年平均工资成本低于上海约30%、低于苏州约15%。南通的楼宇、厂房租金、地价等物业成本约是上海的50%。

4. 人才资源丰富

金融后台产业从业人员一般都需具有大专以上学历。南通全市目前拥有南通大学等8所高校,在校学生10多万人;普通中等专业学校7所,在校学生6万人。另外,南通软件园已与南通大学计算机学院着手联合培养软件人才;紫琅学院也充分利用民办高校自主性强的特点,将计算机系整建制转为软件工程系,采用最新的IT课程体系,加大对学生的实战技能培养。与此同时,越来越多上海、苏州等地的服务外包人才也开始来南通投资创业。这些都可为南通金融后台服务基地的发展提供较为充足的人才资源保障和智力支持。

5. 基础设施优良

南通具有良好的建设金融后台服务基地所需的电力、通讯等基础设施。一是电力资源充足。南通正着力打造"长三角"重要能源基地和沿海地区风电基地,已建成以500千伏为最高电压等级、220千伏电网为输电主网架、各级电网协调发展的坚强电网。二是通讯网络设施良好。基础通信网络整体发展水平跻身全省前列,已建成大容量、数字化、覆盖所有乡镇的光缆骨干传输网络;互联网出口带宽增至40G,接入端口达30万;依托沪通铁路长江大桥的过江通讯电缆即将铺设。三是地质结构稳定。南通地区洪涝灾害鲜见,重大地质灾害发生概率低。四是具有能提供用地保证和配套生活服务设施的多个开发园区,以方便项目落户。

6. 服务外包起步

2007年以来,南通市委、市政府把发展服务外包作为加快产业转型升级、扩大就业、提升区域竞争力的一项重要战略任务来抓。2009年底,南通建成全省江北首家省级服务外包示范城市,南通经济技术开发区、崇川区、港闸区和海安经济开发区成为省级服务外包示范区。南通服务外包产业已初步形成了以呼叫服务、数据处理、生物医药研发、软件开发、动漫网游、船舶设计等为主的发展特色,并正致力于打造亚洲最大的呼叫中心。携程呼叫中心、美国安客诚数据运营中心、微软技术中心、连邦软件总部等一批国内外知名服务外包企业已在南通相继落户或投产运行。

7. 城市宜居宜业

南通拥有"中国近代第一城"的美誉,是全国著名的"教育之乡""体育之乡""长寿之乡"和"文博之乡",近年来,先后获得"中国人居环境范例奖""中国优秀旅游城市""国家卫生城市""中国环境保护模范城市"和"全国文明城市"称号。南通城市治安环境良好,连续三届获得"全国社会治安综合治理优秀城市",2009年荣获全国社会治安综合治理最高奖"长安杯",社会公众安全感满意率居江苏省最高。同时,南通还是诚信法治、办事高效的投资放心城市。在中国城市综合竞争力排名中,南通政府服务质量居第一,城市秩序与安全指数居第二。2005年,南通被评为"未来五至十年中国大陆最具台商投资价值八大城市"之一。2006年8月,在中国社科院等单位联合举办的"2006跨国公司眼中最具投资潜力的中国城市"评选中,南通名列榜首。近年来,南通不断加大金融生态环境和金融服务体系建设,2008年获评"中国金融生态城市"。

(二)主要问题

1. 中心城市功能有待提升

由于南通市历史上长期地市分设,中心城市产业集聚度、人口积聚性、服务业总量等偏低。虽然2008年南通中心城区人口规模已超过100万人,但与宁波、苏州、无锡等城市比较，其规模仍然偏小，中心城市在区域经济中的集聚和辐射效应还有待增强。同时，一些开发园区的主导产业布局分散，同质化竞争严重。

2. 服务外包发展相对滞后

在“长三角”地区，上海、南京、杭州、苏州、无锡已跻身中国服务外包示范城市行列。常州市是江苏省首批省级服务外包示范城市，其通过国际服务外包资质认证的企业数量位列江苏全省第一，动漫外包企业数量也位居国家级动画产业基地之首。截至2010年底，宁波全市已有服务外包企业521家，从业人员2.25万人，目前已拥有3个省级服务外包示范园区和5个省级国际服务外包人才培训机构，同时，浙江省政府已向国务院呈报了《关于请求批准宁波市为中国服务外包示范城市的请示》。虽然近年来南通服务外包产业的发展已取得了较大成绩，但与上述几个城市相比，还有较大差距。

3. 金融发展水平整体偏弱

2010年南通金融业增加值占GDP的比重为4.1%，比全省平均水平低0.8个百分点。金融机构贷存比横向比较偏低。2010年末，南通市银行业金融机构的贷存比为59.8%，居全省第12位，比全省平均水平低13.1个百分点。目前南通金融业呈现出如下一些现象：金融业发展不够平衡，银行业、保险业相对发达，证券期货、非银行金融机构等发展相对滞后，不同县（市）、区之间的发展差异较大，缺乏保险、证券行业的法人机构，创业投资、信托、金融租赁公司等的发展空间很大。

4. 高端金融人才资源缺乏

南通基础教育虽发达，但高校与科研院所数量相对中西部同样具有成本优势的服务外包示范城市（如西安、成都等）仍存在差距，尤其缺少具有外包项目实战经验、能够带领外包团队的技术与管理人员，以及熟悉国内外金融服务外包行业规则、具有国内外市场开拓能力的复合型人才。另外，南通工资水平较低，对高学历、高素质青年人的吸引力有限，人才流失现象也比较突出。据统计，2007年接受服务外包培训的700人，只有10%留在南通，大部分到上海和苏南地区就业。

5. 政策扶持力度尚需加大

南通作为一个地级市,制定政策的权限不如直辖市或一些较大的市。金融后台服务基地的项目主体大都不是一级法人,其大部分税收不在当地缴纳,地方财政获取的直接财力收益不大。这可能导致认识上出现分歧、财政政策的扶持力度不足、政策的针对性欠缺等问题。另外,招商评价机制、政府组织协调体系、政企长效沟通机制等有待进一步优化。

6. 国内其他城市激烈争夺

随着国际金融机构纷纷进驻中国,金融后台也开始逐步落户中国。中国许多城市在发展了 30 年的制造业之后,急需找到一个新的突破点来完成城市的产业结构升级。由于金融后台产业的发展不仅能够带来城市产业结构的调整升级,而且还能带来其他各种综合效益,因此,据不完全统计,目前中国已有 23 个城市提出了建立金融后台中心的目标。这些城市是:北京、上海、天津、重庆、广州、深圳、佛山、南京、杭州、昆山、宁波、德清、合肥、大连、铁岭、沈阳、青岛、廊坊、石家庄、成都、西安、武汉和长沙。

从调研结果看,虽然这些城市中有个别城市只是为了要建设区域金融中心或发展服务外包产业而顺带提出要建设金融后台中心,实践中并未落到实处,但绝大部分城市都从财政奖励、税收优惠、融资便利、载体搭建、人才培训、企业培育、政府服务、市场拓展、知识产权保护等众多方面制定了促进金融后台产业加快发展的政策举措,并取得了不同程度的进展。① 这些城市在发展金融后台产业方面都有自身特定的优势,在金融机构后台中心数量有限的前提下,它们显然会与南通在引进金融机构后台服务中心上展开激烈的争夺。南通应紧抓时机,群策群力,尽快引进有利于带动金融后台产业发展的龙头型金融机构后台中心。

① 国内相关城市金融后台服务基地建设简况见“附录二”。

三、 南通金融后台服务基地的战略定位与发展目标

（一）指导思想

深入贯彻科学发展观，切实落实国务院、省、市关于促进服务外包产业发展的总体要求，紧抓住上海国际金融中心建设契机，发挥优势，整合资源，以现有产业园区为基础，以政策支持为导向，以一流服务为保障，积极鼓励和吸引国内外金融机构后台落户，大力引进和培育专业化的金融服务外包企业，加快形成具有一定规模和影响力的金融后台服务集聚效应，为上海国际金融中心建设提供坚实的后援支撑，并以此推动南通市金融产业的加速发展和经济结构的转型升级。

（二）基本原则

1. 坚持规划先行

结合自身优势，合理确定南通市金融后台产业发展的科学定位和主攻领域。认真做好近期、中期、长期规划，实施不同的建设方略，推进金融后台产业有序发展。根据金融后台业务的特点，对金融后台产业园区内的功能分区、配套基础设施进行规划，对金融后台产业园区外的产业发展、城市建设等规划进行适应性修订，使金融后台产业园区与周边环境的建设与发展相互协调、相得益彰。

2. 坚持错位发展

主动对接上海国际金融中心建设，承接辐射，谋求错位发展，使南通市金融后台服务基地与上海金融核心区之间形成金融业“前店后厂”的合作模式。立足比较优势，打造具有自身特色的金融后台服务基地，与上海周边其他城市避免重复建设和低效竞争。

3. 坚持统筹发展

充分考虑本市现有产业园区发展基础和城市发展格局，因地制宜，合理布局。大力引进国内外金融后台产业中的龙头企业，积极培育壮大本地金融后台服务外包企业，加快树立我市在金融后台服务领域的品牌效应。注重加强产业链整合和关联度拓展，积极培育与金融后台产业发展相配套的

研发、金融、信息等关联产业。

4. 坚持联动发展

政府引导与市场运作相结合，建立起政府、企业、市场“三位一体”的联动发展机制，既注重发挥政府的超前引领作用，制定和实施加快金融后台产业发展的政策措施，营造金融后台产业发展的良好外部环境，又注重通过市场化运作充分发挥市场配置资源的有效性和灵活性，积极引导多种资本力量、技术力量投入。

5. 坚持创新发展

鼓励和支持金融服务外包企业加大技术创新投入，建立研发机构，确立企业技术创新的主体地位，在金融服务外包领域形成一批具有自主知识产权的技术、产品和标准，不断扩大南通市在金融后台服务领域的承接力和影响力。

（三）战略定位

1. 南通与上海金融合作重要平台

充分利用南通的区位、科技、教育、环境、人力资源等优势，主动承接上海金融后台产业转移，构建更为紧密的沪通金融合作机制，形成以上海国际金融中心为龙头、南通金融后台服务基地为支撑的沪通金融合作新格局，巩固上海国际金融中心地位，带动南通市金融产业的加快发展，为将“长三角”地区打造成亚太乃至全球有重要影响力的国际金融服务体系作出更大贡献。

2. “长三角”北翼金融后台产业集聚基地

大力引进国内外金融机构后台和金融服务外包企业，鼓励和支持本地科技信息服务企业加快拓展金融外包业务，在立足承接上海国际金融中心金融后台产业转移的基础上，积极开拓国内外金融服务外包市场，从承接数据处理、呼叫中心、灾备中心、档案托管等低端业务逐步发展到承接业务流程外包等中高端业务，从承接本土外包服务发展到承接离岸外包服务，不断扩大金融后台产业的集聚规模，加快提升金融后台服务的提供能力，推动形成“长三角”北翼有重要影响力的金融后台产业集聚基地。

3. 金融产品研发和服务创新基地

以提升金融创新能力和服务水平为宗旨，积极培养引进金融、IT等相关行业高端人才，大力开展金融产品研发和服务创新工作，不断加快从“投资驱动”向“创新驱动”、从“资源依赖”向“科技依托”、从“基地制造”向“基地创造”优化发展的步伐，提高金融产业自主创新能力和核心竞争力，增强金融可持续发展的活力。

（四）发展目标

1. 总体目标

未来5~8年，大力引进各类金融机构后台和金融服务外包企业，积极推动金融服务外包业加快发展，通过提供良好的金融后台服务支撑，与上海国际金融中心实现功能互补、错位发展，形成金融服务外包产业集群，逐步发展成为“长三角”地区乃至全国有重要影响的金融后台服务基地。

2. 阶段目标

近期发展目标（到2012年）：引进国内外重要金融机构后台2~3家，引进金融服务外包企业、信息等支援机构3~5家，初步形成金融机构后台和金融服务外包企业集聚态势，金融后台产业初具规模。

中期发展目标（到2015年）：累计引进金融机构后台3~5家，金融服务外包企业、信息等支援机构超过10家，为具有金融、IT等专业技术人才提供2万个就业岗位，建设成为“长三角”地区重要的金融后台服务基地。

远期发展目标（到2018年）：累计引进金融机构后台5~8家，金融外包服务企业、信息等支援机构超过20家，为具有金融、IT等专业技术人才提供4万个就业岗位，建设成为全国重要的金融后台服务基地。

四、 南通金融后台服务基地的空间布局与运作模式

（一）空间布局

科学规划南通金融后台服务基地的空间布局，不仅有利于促进南通金融后台产业的健康发展，加快形成南通金融后台产业的集聚效应，而且有利于充分发挥南通金融后台服务基地的整体功能与优势，并有利于充分享受

到国家和江苏省关于发展金融服务外包产业发展的各项优惠政策。

从实际情况看,国内现有的金融后台服务基地在规划上有两种模式:一是集中式,即由地方政府专门批一块土地,完善基础设施和相关服务,以吸引金融机构后台部门和金融信息服务企业入驻,如上海、佛山等。二是分布式,即政府根据本地金融机构和相关产业的分布状况,同时建设多个金融后台服务基地并对其进行差异化定位发展,如北京等。

课题组结合南通实际,对这两种模式分别提出了相应的规划方案,并给出了课题组的选择偏向。

(1) 方案一(集中式):以南通经济开发区能达商务区为依托,集中建立南通金融产业基地。

该方案的优势主要表现在以下四个方面:① 南通经济开发区紧邻苏通大桥和苏通科技产业园,有利于加强与上海国际金融中心的合作,有利于吸引国际金融资本。② 南通经济开发区作为国家级开发区,经过 20 多年经营运作,已在国内外建立了良好声誉,各项基础设施条件完备,业已形成各类要素资源集聚的态势,为金融后台基地建设奠定了良好基础。③ 目前国内金融服务外包产业发展较好的城市,都是省级或国家认定的服务外包基地或示范区,从而享受国家和省的各项优惠政策。南通经济开发区在 2008 年就被认定为江苏省国际服务外包示范区,并先后获得"2010 中国最佳呼叫中心基地"和"微软中国 2010 年度服务外包成就奖"的殊荣。能达商务区是南通开发区致力打造服务外包的三大功能平台之一,且江苏省人民政府办公厅 2010 年 4 月下发的《省政府办公厅关于转发省发展改革委等部门江苏省软件和服务外包产业发展规划纲要(2009—2012 年)的通知》(苏政发〔2010〕40 号)指出,金融服务外包的重点培育对象为南京河西中央商务区、昆山花桥国际商务城、南通能达商务区等金融服务区。④ 开发区内有国内知名呼叫服务企业——携程信息技术公司入驻,并已形成了初步的示范效应。

该方案的劣势主要在于:① 能达商务区规模可能不足以满足金融后台产业功能区未来的扩张。② 未能充分整合南通金融产业资源和充分嫁接已有的金融后台产业基础。

在金融后台服务基地内部的功能分区规划方面，可根据金融后台产业的特点，设立不同功能区，充分体现生态、人文理念，形成功能齐备、布局合理的现代金融产业园区，以满足金融机构后台及第三方金融服务提供企业的入驻需求。基地内部功能分区具体可包括：

① 管理运营区：承载入驻金融机构的日常运营及管理功能。

② 文档管理区：主要集中部分金融机构的文档管理项目。

③ 教育培训区：主要集中金融机构的教育培训项目。

④ 服务外包区：以信息技术外包（ITO）和业务流程外包（BPO）为主的信息产业园区。

⑤ 研发/会展区：以高端金融研发为载体，通过金融产业论坛和会展带动学术交流与研讨。

⑥ 生活服务区：入驻基地的金融机构工作人员的配套生活区域。

（2）方案二（分布式）：结合南通中心城市"一核三片区"的城市发展新格局，将南通金融后台服务基地各功能区分散分布到南通经济技术开发区能达商务区、崇川经济开发区南区、港闸经济开发区南通软件园北园、通州经济开发区。

该方案的优势在于：可有效整合利用各区的服务外包资源。如：① 崇川区 2008 年被认定为江苏省国际服务外包示范区，崇川经济开发区南区着力建设服务外包专业园区，已形成"一中心、多园区"的发展格局，全球数据管理领军企业美国安客诚已落户崇川经济区南区，该企业主要为银行、保险等行业客户服务。② 港闸区 2009 年已被认定为江苏省国际服务外包示范区。③ 通州经济开发区将数据录入中心和呼叫中心列为重点发展的服务外包产业基地。

该方案的劣势在于：① 由于金融后台服务基地空间的分散，难以形成金融后台产业集聚效应，不利于金融后台产业做大做强。② 由于分属三个经济开发区，在管理体制上会产生矛盾与冲突，对金融后台产业基地的统一管理形成挑战。

对比上述两种方案，课题组认为，南通在发展金融后台产业初期，应采用“方案一（集中式）”，即在各方面条件都较好的能达商务区集中建立专门的金融后台服务基地，积极争取大机构、大项目入驻，尽快形成集聚效应，早日树立起金融后台服务的“南通品牌”。若能达商务区土地面积未来不能满足承载金融后台产业发展，可考虑在紧临能达商务区的苏通产业园内进行布局。

（二）运作模式

为了保证金融后台产业园区的健康发展，应遵循政府推动、市场化运作的原则。金融后台产业作为新兴产业，机会与风险并存，要避免政府大包大办的传统开发模式，避免在今后运作过程中产生沉重负担。因此，政府行为应仅限于在园区运作过程中出台各类政策、牵线搭桥、提供配套服务等方面。通过考察宁波、杭州、上海张江金融后台基地运作经验，结合“方案一（集中式）”的空间布局，课题组认为，南通金融后台服务基地的初期运作方面，可采取如下三种方案：

（1）第一方案：在能达商务区内部划出一片区域，与国内外多家具有金融产业园开发经验的公司谈判，通过遴选，选取一家公司作为合作伙伴与南通经济技术开发区总公司组建合资公司（开发区控股），对园区进行整体开发。

该方案的优势在于：① 充分发挥合作双方优势互补效应，有利于园区建设与迅速发展；② 鼓励园区发展的各项政策能迅速实施；③ 政府有较好的实际收益；④ 园区开发的整体性与开发区规划相协调；⑤ 有利于招商引资。

该方案的劣势在于：① 合资合作谈判比较困难；② 资金筹集需求量大；③ 园区运作经营存在风险。

（2）第二方案：在能达商务区内部划出一片区域（该区域应靠近苏通产业园，为未来扩展预留空间），采取招投标的方式，让国内外具有金融产业园区开发经验的公司参与竞标，选出实力最强的一家公司完全独立设计、独立开发南通金融后台产业园区，所需土地采取出让的方式实现。

该方案的优势在于:① 可以充分利用该公司开发金融园区的经验;② 园区总体设计的一体化;③ 可以引入实力强的开发公司,对园区形成品牌效应,有利于招商。

该方案的劣势在于:① 对南通地方政府的收益产生影响;② 完全符合条件的公司比较难搜寻;③ 对金融后台产业园后续开发不利。

(3) 第三方案:在能达商务区内部划出一片区域,采取邀标的方式,选取国内外具有金融产业园开发经验的公司2~3家,在规划园区内分片开发,各自独立招商,形成南通金融后台产业园区内的多样化布局。

该方案的优势在于:① 由于单体开发规模小,符合条件的开发公司较多;② 多样化的布局和各自招商、运营经营可以为园区未来扩展规划提供有益借鉴;③ 2~3家开发公司在园区内经营,自发形成竞争机制,有利于园区快速发展。

该方案的劣势在于:① 各个开发公司独立设计开发,影响园区的整体统一性;② 招商中可能出现恶性竞争;③ 单体规模较小,对大项目、大资金进入产生障碍;④ 地方政府实际收益较少。

总体比较上述三种方案,课题组认为,第一方案对金融后台服务基地迅速起步和未来发展比较有利,但就具体可操作性而言,还需要进一步加以研究。可进行接洽与谈判的公司主要包括:上海市银行卡产业园开发有限公司、上海市金融信息服务产业基地、新加坡腾飞集团、上海银信管理公司等。

五、 南通金融后台服务基地的重点发展领域

南通金融后台服务基地的建设与发展,要立足于南通在"长三角"地区的战略定位,并以全球的视野审视南通金融后台服务基地的规划;要结合南通实际以及周边城市金融后台基地发展状况,遵循有所为有所不为的原则。具体产业规划方面要具有前瞻性、先进性和创新性,要从"长三角"金融后台产业市场的空隙处着手,建立具有南通特色的、创新性的金融后台服务基地。通过考察国内金融后台服务基地的主要状况,南通金融后台服务基地的重点发展领域应以现有服务外包知名企业(携程、安客诚)为基础,大力引

进国内外金融机构后台服务中心和金融服务外包企业。同时,南通还可依据自身优势,积极搭建以中小型金融机构为主要服务对象的第三方金融后台公共服务平台。

(一)引进国内外金融机构后台服务中心

由于金融机构大型化、综合化、标准化发展以及其适应跨地区甚至未来全球扩张的需要,普遍呈现出前后台业务分离的趋势,形成前后台二元功能结构。它们将金融后台业务相对集中在某地或2~3个异地,形成“金融工厂”的集合运营管理模式和“工厂化、标准化、流程化”的业务运作模式,通过切割、重组作业流程,实现专业化分工,以达到提高资源共享、稳定品质、降低成本和提高效率的目的。金融机构后台服务中心几乎不能给当地带来税收,但能给当地带来人气,带动服务业的发展,同时,一般而言,只有较大的金融机构才转移其后台服务中心,因此,引进金融机构后台服务中心,能提高承接地城市的影响力与城市品牌效应。金融机构后台服务中心主要包括以下几个方面。

1. 客户呼叫服务中心

客户呼叫服务是金融服务外包产业发展的一项重要业务,是低成本、高回报收集客户信息的渠道。它通过电话、传真、E-mail、短信等多种途径主动为客户服务,同时它通过知识库管理对金融范围内的业务、信息、资料、政策等内容进行采集、审核、归档、发布。客户呼叫服务中心对地理位置要求不高,对人员素质要求不高,所需人才主要为技能型人才(大专学历以上);但对人员数量需求量大,人力成本较高,且对生活配套环境有一定的要求;同时呼叫服务中心对城市人文环境要求较高,且属于通讯密集或劳动力密集型产业。目前国内主要金融机构如大银行、大保险公司等都在南通周边地区建立了自己的呼叫中心,但随着其业务量扩大、呼叫席位量增加,有可能进一步在南通增加呼叫中心分支布局。而中小金融机构由于成本和规模限制,目前尚未完善其客户呼叫服务。

国内目前最大的在线旅行服务公司携程集团的呼叫中心已入驻南通,这对于未来金融机构呼叫中心进驻南通后台基地有良好的示范效应。南通地区的区位优势、良好的城市人文环境和优质的基础教育、完善的中高职教育体系能保证金融机构呼叫中心对技能型人才在质量和数量上的需求。

2. 数据处理与灾备服务中心

数据处理服务是金融机构进行区域性清算、结算、客户数据管理和以客户数据集中为特征的一项信息处理服务外包业务。数据中心通常人员较少,但设备较多,对人员技术、技能要求较高,所需人员属于中高端人才;另外,数据中心对信息网络和用电有较高要求。而金融灾备服务则更强调金融信息数据的安全性。出于安全考虑,金融机构灾备中心通常在较远距离进行异地设置。这两类后台服务因为需要设备24小时运营,因此耗电量相对较大。目前各大金融机构基本在上海和异地已布局数据处理中心和灾备中心,短期内在南通再设立同类后台业务基地的可能性不大;各类中小金融机构对于数据中心和灾备中心建设尚处于起步阶段;而国外金融机构布局我国的数据中心、灾备中心进程,随着国内外资企业的增加和金融后台基地软硬环境的改善,有加速进入的迹象。

南通地区地质状况稳定,重大自然灾害发生频率较低,对于数据中心、灾备中心所需的技术中高端人才,南通也有较多的储备。在供电方面,南通在"十二五"期间还将外输供电,因此对于数据中心所需的高用电量,南通能够给予保证,在网络等方面也能满足相关要求。另外,南通建设用地成本较低且供应充足。因此,南通金融后台基地是中小金融机构未来建设数据中心、灾备中心的理想之地,也是外资金融机构后台数据中心抢滩中国的首选之地。另外,后台基地建设初期要加强对数据联盟所属金融后台企业的招商力度,如中金数据、万国数据、世纪联华等。

3. 档案管理和缩微处理服务中心

鉴于各金融机构业务的不断扩张,会计档案的存放以及缩微处理已成为金融机构面临的难题。而将会计档案管理以及档案缩微处理外包给专门的票据档案管理中心可节约一半的库存面积和九成人员,因此该业务的外包已成为金融机构的良好选择途径。而票据档案管理中心本身是属于劳动力密集型产业,占地面积大,对人员素质要求不高,但对环境要求较高。因为要存放各类档案，所以要求所在地没有大的自然灾害，特别要求没有洪水灾害。目前各大金融机构的档案管理主要是自我管理，异地集中管理和外包管理的比率较低，随着业务量扩大，异地建设票据档案管理中心的可能性是存在的。而南通地区地势较高，四季分明，温湿度适宜，灾害发生频率低，劳动力供应相对充足，建设用地成本低且供应充足，未来对金融机构异地建设票据档案管理中心有一定的吸引力。

4. 培训与研发服务中心

金融机构要保持竞争优势，必然要加强对员工持续且有针对性的培训，必然要持续地进行产品和服务的创新研发。因此，培训中心和研发中心是金融机构后台的重要一环。目前各大金融机构都已布局研发平台和培训中心，培训中心和研发中心属于金融后台高端业务，需要较大数量高端人才。对南通而言，在吸引国内大的金融机构在南通建设该类后台业务方面，目前机会不是太多。

（二）发展金融机构后台服务外包业务

目前金融后台服务外包主要有ITO（信息技术外包）、BPO（业务流程外包）、KPO（知识流程外包）三种类型。

1. 信息技术外包（ITO）

ITO主要包括编程、测试等软件开发工作，如果把整个软件外包比喻成一座金字塔，从金字塔的底部向上，对外包企业的人员、技能、管理等要求逐次提高，要想达到金字塔的顶尖，外包企业就必须达到软件能力成熟度CMM5级认证。但在向上攀升的过程中，业务的利润率在逐步提高，竞争对手在不断减少，市场的空间则在显著放大。ITO处于金字塔的底部，而BPO则处于金字塔的顶端，ITO需要大量高端信息技术人才，金融后台ITO对产业聚集要求很高。目前南通具有信息技术研究机构和一定数量的软件低端开发人才，具备软件代码编程能力，基本能满足低端金融ITO的要求，但缺乏中高端金融ITO的框架结构设计人才，通过加大人才引进力度和本地软件人才培育可弥补这一缺陷。目前“长三角”地区，昆山ITO产业聚集度高，可以加以借鉴并加强合作与人才引进。

2. 业务流程外包(BPO)

专业外包服务商主要体现在对金融机构的增值服务上。外包企业主要从事如呼叫中心、数据高速录入、图像处理、存储备份、工作流程管理、信息安全、实物件处理服务等非核心业务。BPO满足金融机构前台对各项业务快速处理的要求,可以缩短客户等待时间,提高客户满意度。同时专业外包服务商可以针对不同的金融机构同时进行外包服务,利用不同金融机构前台对不同业务处理要求的时间差异,采用"削峰添谷"的方法,整合流程资源,从而使单一金融机构原来较高的人力成本、设备成本、场地成本得以降低。BPO对人员素质要求不高(大中专学历),但对人员数量需求较大,人员流动性大。南通区位优势良好,未来处于东部沿海交通枢纽的地位,且拥有优质的教育基础,能满足BPO企业对人力资源的需求。在规划中的南通金融后台基地,应将引入BPO企业作为主导发展方向,该类企业的进入不但能聚集人气,增加金融后台基地的人口聚集数量,带动服务业发展,同时还能为当地带来税收。业务流程外包业务举例如下:

(1)银企对账服务。

银企对账服务是加强银企双方相互监督、维护结算纪律、防范金融案件的重要手段之一。随着银企业务量增加,银行对账业务量明显增加,各金融机构不得不花费大量人力、物力从事对账业务,对账方法与手段也没有标准,导致效率低下。而建立一个中立公允、银行认可、社会认知的第三方服务平台,采用"集中式"对账服务模式,具有效率高、节约人员与设备成本、提高信息保密度等特点。

(2)中小企业和个人信贷服务。

中小企业和个人信贷服务可以把资金的收款、付款结算这些信息进行整合,并对流程进行梳理,以提高中小企业信贷业务的效率与成功率。由于当前各银行适应现代管理的要求,采取扁平化作业,将前台营业网点办理的信贷业务集中后,在后台由银行委托其他机构进行处理,形成后台信息录入、抵押登记处理等业务外包业务。南通作为江苏民营企业大市,要充分利用中小企业较多的特点,在中小企业和个人信贷后台服务方面加以拓展,鼓励各类资本在金融外包基地建设一定规模、技术含量较高的信息整合平台，为国内外金融机构提供 BPO 服务。

(3) 远程数据处理服务。

远程数据处理服务利用影像碎片技术、影像传输技术、安全技术，将单证影像切割发到外包企业数据处理中心，由该中心依托生产作业管理系统进行规模化录入作业，从而节省金融机构的场地与人员支出，利用中心集约化的作业能力，为客户提供更安全、更高时效和更好品质的服务（出错率为万分之四，而金融机构外包前出错率通常为 2%），解决了金融机构业务波峰的处理能力，提升其业务拓展与容灾能力。数字化加工外包服务主要通过扫描实现银行会计凭证处理、信用卡资料处理、保险单证处理以及档案资料处理等。

目前国内以信雅达、浙大网新等为代表的外包企业为金融机构提供全流程业务流程外包解决方案。南通后台基地应加强推介力度，主动与这些企业沟通，吸引此类企业入驻基地。

3．知识流程外包（KPO）

知识流程外包是将知识密集的业务或者那些需要先进的研究与分析、技术与决策技能的流程交给第三方来执行。知识流程外包（KPO）是业务流程外包（BPO）的高智能延续。KPO 的中心任务是以业务专长而非流程专长为客户创造价值。KPO 将业务流程外包甚至整个外包产业推向更高层次的发展，更多地寻求先进的分析、技术技能以及果断的判断。KPO 更加集中在高度复杂的流程。这些流程需要有广泛教育背景和丰富工作经验的专家们完成。工作的执行要求专家们对某一特殊领域、技术、行业或专业具有精准、高级的知识。金融 KPO 实例业务流程主要包括：商业研究/商务智能，市场研究/品牌监控，股票、金融及保险研究，数据分析、财务分析、风险分析及数据挖掘等服务，数据管理（数据录入、数据采集、数据清洗、数据集成及管理），市场进入/离岸外包，咨询服务/战略咨询等。金融 KPO 需要信息技术方面的专门高级人才，属于服务外包方面的高端产业，国内如上海、北京等城市的 KPO 业务也处于刚刚起步阶段。南通目前已引进国际最知名的

KPO服务商——安客诚,在启动KPO业务方面具有良好的开端,可依据该企业在行业内的影响力开展相关KPO业务的招商与拓展,以期实现高端服务外包企业以及高端人才在南通集聚。

(三)发展第三方金融后台公共服务平台

为了带动南通金融后台基地的发展,并立足为中小金融机构提供公共后台服务,南通可以以开发区总公司或南通产业控股集团为龙头,吸引各类社会资本,在南通金融后台基地组建第三方金融后台公共服务平台,按市场化运作,为中小金融机构提供BPO、ITO服务。如利用南通携程集团的呼叫中心与中小金融业态进行异业整合,形成第三方的金融客户呼叫服务提供商,为国内外金融机构提供客户呼叫服务,并可进一步发展视频语音服务中心。

南通可将目标锁定在"长三角"地区中小型金融机构,如乡镇银行、民营小额贷款中心等,根据"长三角"地区中小金融机构数量多的特点,考虑建设中小型金融机构灾备共享平台和中小金融机构的数据处理中心,为其提供灾备外包服务,降低其建设成本,也可为国际金融机构的服务外包提供数据处理和灾备服务平台。

金融机构后台业务的正常经营运作需要软硬件的日常维护。为了更好吸引国内外金融机构后台服务中心落地南通金融外包基地,需要为其配套先进、高效的软硬件维护中心。南通在信息产业方面有一定的基础,并具有较为丰富的信息技术人才队伍,因此高标准地建设金融后台的软硬件维护中心,将进一步为金融后台基地提供技术保障。

南通地区有多所大中专学校,技能型人才的培养无论是在数量上还是在质量上,都能满足需要。因此在金融后台服务基地设立专门的票据档案管理中心、现金清分中心、监控中心等,在为南通本地银行、金融、保险等机构服务的基础上,逐步向苏北延伸是完全可行的。

国内各大股份制银行大都有自己的培训中心,用于企业员工的内训。而近年来,蓬勃涌现的中小银行对于人才素质提高的愿望迫切,急需培养自己的金融人才,但构建自己的培训中心对中小银行与其他金融机构而言,是较重的负担。南通有一所综合性本科院校和多所高职院校，通过教学资源整合和高素质金融人才引进，可以建设面向广大中小银行和其他金融机构的培训中心，可以满足中小银行对各类人才的需求。

创新研发平台和金融会展中心属于高端后台业务范畴。南通在引进国际、国内金融后台业务的过程中，应有目的、有步骤地吸引金融高端人才、创新型人才团队，在创新研发平台的软硬件建设和金融会展中心建设方面加强与上海金融中心的合作，努力成为上海高端后台金融业务的补充与延伸。

六、 南通金融后台服务基地的保障措施

1. 加强组织领导

成立南通市金融后台服务基地建设领导小组，由南通市政府领导任组长，由南通市发改委（金融办）、人民银行南通市中心支行、南通银监分局、市委宣传部、市财政局、国土资源局、规划局、建设局、交通局、商务局、科技局、环保局、公安局、人事局、国税局、地税局、工商局、教育局、南通经济技术开发区管委会、崇川区政府、港闸区政府、通州区政府等部门为成员单位，定期或不定期召开联席会议，研究解决金融后台服务基地建设中的问题。领导小组下设专职工作机构，负责各项具体工作。金融后台服务园区所在地政府相应设立领导机构和工作机构，编制建设和发展规划。对金融后台服务园区内建设项目，各行政审批部门要优先办理并加快审批，其中重大项目可申请列为南通市重点工程，加强协调和管理。进一步加强与省金融办、人民银行、银监局、证监局、保监局等部门以及各类金融机构的沟通联系，积极向省政府及有关部门汇报工作、反映情况、争取支持。

2. 提供用地保障

在城市规划建设过程中，统筹考虑金融后台服务功能区用地。在符合城市规划和土地利用规划的前提下，实行分类供应土地。由金融机构投资且用于金融后台服务的建设项目，经市政府批准，在不低于建设用地使用权出让最低价的前提下，优先供地并给予适当优惠，但仅限于入驻金融机构后台自用，不得分割、转让、出租；其他不属于金融后台服务的配套开发建设项

目，按国家政策办理用地手续。

3. 夯实基础设施

加快南通与上海、苏南等地交通网络体系对接，完善区域快速交通系统。统筹考虑园区未来就业人口的流动、通勤等需要，加强配套公共交通基础设施建设。高标准建设良好的电力、通讯等基础设施，提供双回路一级环网供电，建成双备份网络系统、双局向双路由语音数据通讯和高速宽带的国际数据端口等高效、安全的通讯系统，为入驻金融机构后台和金融服务外包企业提供国际先进水平的技术支持。充分考虑入驻金融机构后台和金融服务外包企业的运营需要，合理规划建设办公楼宇、生活休闲、健身娱乐等生产生活配套服务设施。市区两级政府对金融后台服务园区内外相关配套市政基础设施建设予以重点支持，优先安排政府立项和投资，适当加大市级直接投资力度。

4. 强化人才支撑

充分利用我市吸引培养高层次人才政策，鼓励和支持金融后台服务外包企业从境内外引进高级管理人才和高级技术人才，对其引进的高端人才实行安置补贴。鼓励归国留学人员到金融后台服务基地创业，政府在税收减免、资金扶持方面给予优先考虑。充分发挥“长三角”地区高校集中的优势，与重点高校建立专业人才定向前置培养机制。加强与国内外著名服务外包培训机构的合作，加大人才培养力度。鼓励有条件的企业采取“送出去”方式，重点培养金融后台产业发展急需的中高级管理和专业人才。出资支持南通各高等院校、职业学校设立金融后台服务相关专业，引进相关培训机构，建立培养本土人才的持续有效机制。

5. 加大宣传推介

采取召开推介会、主动登门介绍、组织参观考察、举办金融论坛、积极参加国内外金融交流活动等多种形式，抓住各种契机，有意识地向国内外金融机构和金融服务外包企业宣传南通市建设金融后台服务基地的优势和优惠政策，充分展示南通市委和市政府加快推进金融后台服务基地建设的决心和信心，全面扩大南通市金融后台服务基地的知名度。激励驻南通金融监管机构和金融机构积极向其总部开展宣传营销，大力宣传南通市的优势和发展前景，争取其总部在编制新的后台服务中心规划时将南通市作为优先考虑的地区。

附录一　国外金融后台服务基地建设典型案例简介

※ 美国新泽西州泽西市金融后台服务基地

纽约曼哈顿一直是美国和全世界的金融中心，吸引了众多跨国企业聚集于此，形成了银行业和专业提供商集群和以交易和投资银行业为主的金融服务集群。美国新泽西州的第二大城市泽西市位于曼哈顿以西 100 千米，泽西市政府则凭借其相邻的地理优势和相对低廉的成本优势，定位自身为曼哈顿相对廉价的后台服务地区，提供外包服务支持。

泽西市推出了一系列的举措，如积极建设基础地产设施以提供更加优良的外包环境：包括建设商业地产和配套设施在内，泽西市拥有 130 万平方米的 A 级办公场地，并还在进一步开发；在商业楼周围建设配套的购物中心和大量符合办公职员预算的住宅楼；进一步完善从曼哈顿到泽西市的交通，连接曼哈顿下城到泽西市的轮渡和地铁服务，使通行时间缩短到 5 ~ 10 分钟。此外，泽西市还对重点金融服务公司或金融公司的服务实体在泽西市成立企业提供优惠的税收和补贴。泽西市营造的良好商业环境吸引了众多的金融机构将自建或外包的后台业务移至泽西市，而曼哈顿地区集中于更多的总部决策和客户面对面商议，对整个金融产业的发展十分有效。“9 · 11”事件后，美国纽约的金融区之所以能够正常运转，跟其周边新泽西州的金融后台服务支撑密不可分。

※ 爱尔兰都柏林国际金融服务中心

素有欧洲硅谷之称的爱尔兰首都城市都柏林，通过在废弃的海关码头仓库区规划建设国际金融服务中心，不仅促进了旧城改造，而且该中心现已成为英国伦敦金融中心以及德国法兰克福金融中心的重要金融后台服务基地。

1987 年，经欧盟批准，爱尔兰政府在都柏林设立了国际金融服务中心，目的是在爱尔兰创建重要的国际金融服务业。国际金融服务中心现已被公认为从事国际金融服务业活动的主要场所，其中包括银行业、资产融资、基金管理、公司资产管理、投资管理、托管与管理和专业保险业务。430 多家国际企业获准在国际金融服务中心内交易，此外，还有 700 家管理实体被获许在国际金融服务中心项目计划下从事交易。目前已有一半的世界 50 强银行和一半的世界 20 强保险公司落户于此。全球银行 50 强中有一半以上在此设有机构，如花旗银行、美洲银行、JP 摩根、美林等。另外，有很多跨国公司，如 IBM、摩托罗拉、大众、辉瑞制药、爱立信、施贵宝等，在此建立其财务服务机构和公司银行，为其集团所属公司提供各种各样的金融服务。

※印度班加罗尔电子城高科技园区

20 世纪 80 年代初，印度总理拉吉夫 · 甘地明确提出"要用电子革命把印度带入 21 世纪"，并及时制定了产业发展规划来指导其发展。以后的历届政府都坚持了这个产业发展规划，并不断进行完善，为印度今天成为全球第一大金融后台与服务外包基地奠定了坚实的产业基础。目前在全球离岸金融服务外包市场中，印度市场占有率约为 80%。在发展对策上，印度政府充分发挥现有园区业已形成的产业优势和集群效应，着力打造具有国际竞争力的金融后台服务基地。其中，班加罗尔的电子城高科技园区在吸引跨国金融机构后台服务中心和提供高质量金融离岸外包服务方面取得了举世瞩目的成就，现已成为全球金融管理和后台服务的首选地区。

班加罗尔拥有优越的自然环境和信息科技优势，素有印度的"硅谷"之誉。班加罗尔的崛起离不开城市南郊占地面积仅有 1.3 平方千米的电子城高科技园区。该区于 20 世纪 80 年代开始兴建，逐渐发展成为全球第五大信息科技中心和世界十大硅谷之一。在全球产业转移的背景下，园区利用自身资源优势，集中发展软件外包这一新的产业形态，迅速成为全球重要的软件外包中心，同时也承接了众多国际金融机构的科技服务外包业务。园区内金融服务外包产业迅速发展的主要原因在于：一是信息和软件服务优势显著。该区拥有高科技企业4500多家，其中就包括惠普、3M、IBM等国际知名软件企业，同时还有印度本土最著名的软件服务公司INFOSYS和WIPRO等。二是拥有庞大的英语教育背景专业人才队伍，人力成本相对低廉。三是电信、交通等基础设施状况良好，具备发展金融服务外包的硬件基础。四是政府大力支持，出台了诸多鼓励性政策，如将IT行业带动的外包服务业所得税全免等。

附录二　国内相关城市金融后台服务基地建设简况

城　市	提出时间	发展平台、政策举措及进度等
北京	2007 年	四大金融后台服务区：朝阳金盏金融服务区、海淀稻香湖金融服务区、通州新城金融服务区、西城德胜科技园金融服务区。2007 年 7 月出台《北京市人民政府关于加快首都金融后台服务支持体系建设的意见》（京政发〔2007〕21 号）。2008 年 7 月，北京市金融服务工作领导小组成立，负责指导和协调首都金融后台服务支持体系建设的各项工作，并建立了由市政府领导牵头、相关职能部门参加的首都金融后台服务支持体系建设联席会议制度。其中的稻香湖金融后台服务区，目前已有中国人民银行清算总中心、中国人寿保险研发中心、中国农业银行北方数据中心、国家开发银行总行金融后台、中国建设银行北京生产基地、阳光保险集团研发中心等金融机构后台签约入驻。
上海	2005 年	上海市金融信息服务产业基地（目前总规划用地面积 376 公顷，分三期开发建设，另规划有生活配套用地面积 41.89 公顷）。2002 年 12 月，上海市政府确定在张江高科技园区设立国内首家银行卡产业基地——上海市银行卡产业园，并于 2003 年 3 月 26 日正式开园，后又于 2005 年 7 月被上海市浦东新区人民政府等联合授牌为“上海市金融信息服务产业基地”，这是以金融信息服务和金融业务流程外包（BPO）为核心，以技术密集型和资本密集型的金融技术服务为支持的高科技金融信息服务区。经过近年来的开发建设和招商引资，共吸引了中国银联、人民银行、中国银行、交通银行、兴业银行、上海农商银行、平安保险、太平保险、人寿保险、大地保险、上海期货交易所等十几家金融机构的后台服务中心，成为上海乃至整个南方的金融后台服务区。上海浦东地区已初步形成陆家嘴金融城和张江银行卡产业园前后台联动的产业布局。
天津	2006 年	在天津开发区服务外包园区形成了金融后台营运基地；《天津市现代服务业布局规划（2008 - 2020 年）》中又指出，在滨海高新区规划建设金融后台营运基地，用地规模约 1 平方千米。2006 年出台的《天津市促进现代服务业发展财税优惠政策》（津财金〔2006〕22 号）明确了在该市设立金融服务外包机构的财税优惠政策。渣打银行科技信息营运中心、中国农业银行北方客户服务中心、中国建设银行信用卡中心天津运行中心已在天津落户，中信外包服务有限公司等专业金融后台服务公司也进驻天津。

续表

城　市	提出时间	发展平台、政策举措及进度等
重庆	2007 年	北部新区。2007 年出台了《重庆市人民政府印发关于加快我市软件及信息服务外包产业发展暂行规定的通知》(渝府发〔2007〕70 号);2009 年国务院出台的《国务院关于推进重庆市统筹城乡改革和发展的若干意见》(国发〔2009〕3 号)中,明确提出在重庆建设长江上游地区金融中心。2009 年农行西南信用卡中心率先落户北部新区,标志着后台服务中心建设有了良好的开端。
广州	2007 年	广州萝岗区(开发区)"广州金融创新服务区"(该区与作为金融商务区的"广州珠江新城金融服务区"构成广州"金融双核"战略)。2007 年出台了《广州经济技术开发区、广州高新技术产业开发区、广州出口加工区、广州保税区鼓励发展金融产业暂行办法》(穗开管〔2007〕27 号),将金融机构后勤业务总部列为鼓励对象;2008 年出台的《广州金融创新服务区建设发展规划》(穗开管办〔2008〕5 号)中,对金融服务外包区和金融后台机构集聚区的空间布局进行了规划;2010 年又出台了《广州经济技术开发区、广州高新技术产业开发区、广州出口加工区、广州保税区鼓励发展金融产业办法》(穗开管〔2010〕7 号)。已有英特尔广州国际安全数据解决方案中心、中国建设银行集约化中心、博隆投资(中国)有限公司等金融后台服务与软件数据公司以及广电运通、御银科技 2 家金融电子制造企业等进驻。
深圳	2006 年	龙岗区平湖街道"深圳市金融产业后台服务基地"(计划用地 2.24 平方千米)和南山区科技园区"深圳市金融服务技术创新基地"。2006 年出台的《关于加快深圳市服务外包发展的若干规定的通知》(深府〔2006〕267 号)中提出,鼓励在符合条件的金融后台服务园区内开展服务外包业务;2007 年出台的《深圳市人民政府关于加快我市高端服务业发展的若干意见》(深府〔2007〕1 号)提出要争取香港金融机构将其后台服务中心设在深圳;国务院于 2009 年 5 月 6 日正式批准的《深圳市综合配套改革总体方案》中提出,要加快发展金融后台服务产业,建设辐射亚太地区的金融后台服务基地。南山科技园金融服务技术创新基地已经集聚了印度塔塔、神州数码、国民技术等众多国内外知名金融服务外包供应商,其中包括世界 500 强企业 3 家,财富 500 强 1 家,国内外上市公司 7 家,入驻企业年产值超过 100 亿元;深圳市金融产业服务基地于 2006 年 7 月 4 日正式选址于龙岗区平湖街道,2007 年 11 月 19 日,深圳市金融产业服务基地建设开工奠基。

续表

城　市	提出时间	发展平台、政策举措及进度等
佛山	2007 年	广东金融高新技术服务区(2007 年 7 月由广东省政府授牌成立，是广东建设金融强省战略七大基础性平台之首，也是广东省人民政府批准的唯一省级金融后台服务基地，占地面积 6.5 平方千米)。2007 年 7 月 2 日，广东省政府正式批复同意将千灯湖金融商务区冠名为“广东金融高新技术服务区”。同年 8 月，出台《关于加快推进广东金融高新技术服务区建设的意见》(佛府〔2007〕96 号)。后又先后出台《佛山市南海区关于加快推进广东金融高新技术服务区建设的扶持办法(修订)》(南府〔2009〕267 号)《加快推进广东金融高新技术服务区建设工作方案》(粤府函〔2010〕194 号)等政策支持文件。已有美国国际集团后援中心、招商银行后台中心、中国人保集团南方信息中心、富士通华南数据中心、中国银监会南方国际培训中心、广东发展银行广发金融中心等项目落户，并有广东三泰电子技术有限公司、广州凯基商业数据有限公司、新宇软件华南区交付中心等金融服务提供商入驻。
南京	2008 年	河西 CBD 金融集聚区。2008 年下发的《关于加快南京金融业发展的意见》(宁政发〔2008〕148 号)中，明确提出要大力引导和鼓励后台呼叫、信息交换和处理、客户服务、技术支持、票据结算等后台服务中心进入河西金融集聚区。目前，该集聚区已引进金融企业近 60 家，保险业是其特色，但在金融后台产业方面尚无多大进展。
杭州	2007 年	杭州经济技术开发区(下沙 BPO 服务外包产业示范区)、环浙大服务外包产业示范区。2007 年出台的《关于促进杭州市服务外包产业发展的若干意见》(杭政办〔2007〕32 号)中提出，要重点发展金融服务外包。2009 年制定的《杭州市服务外包发展战略与产业规划》中提出，要与上海国际金融中心错位发展，力争成为国际知名的金融服务外包交付中心。目前已涌现出了浙大网新、恒生电子、信雅达、美国道富和英国灵川等一批在金融外包市场有重要影响的公司，还因此被中国企业评价协会、商务部中国服务外包研究中心等单位组成的评价机构授予“国际金融服务外包交付中心发展最佳商业城市”特别贡献奖。

续表

城　市	提出时间	发展平台、政策举措及进度等
昆山	2005 年	花桥国际商务城金融服务外包产业园。2005 年 8 月,该商务城通过国际招标,聘请美国麦肯锡公司进行商务策划后,将金融服务外包作为重点发展的战略性主导产业,着力形成"金融上海、后台花桥"的发展格局。2007 年出台《关于加快我市服务外包发展的意见》(昆委〔2007〕37 号)和《关于加快全市服务外包发展的若干政策》(昆委〔2007〕38 号)。几年来,除硬件设施日益完善外,商务城还在为服务外包企业提供服务方面有"五个首创",即举办了中国首届金融外包峰会,与麦肯锡合作推出了中国首份金融业服务外包报告,与美国 TPI 合作建立了中国首个国际服务外包运营标准,首创了金融 BPO 投资基金(首期规模 10 亿元),成立了国内首家金融外包研究中心。目前,已有法国凯捷、中金数据、华道数据、江苏远洋、中信金融后台处理中心、万国数据、东南融通、颠峰软件等国内外知名企业落户,已经形成了较完整的金融 BPO 产业链。预计到 2015 年,花桥将实现金融服务外包产值 150 亿元,服务外包从业人员达 6 万人。
宁波	2010 年	重点在宁波杭州湾新区、东部新城、宁波国家高新区、南部商务区等区位、配套条件较好的区域规划构建金融后台服务区。其中,杭州湾新区金融后台服务业基地用地约 1500 亩。2010 年 4 月出台《关于加快我市金融后台服务产业发展的若干意见》(甬政发〔2010〕34 号);杭州湾新区也相应出台了《宁波杭州湾新区金融后台服务业基地优惠政策(试行)》。2010 年 8 月 31 日召开的宁波杭州湾新区金融后台服务业建设与发展论坛上,长城人寿数据中心、光大证券后援中心、浙商财产保险后援中心、宁波电信数据服务中心(IDC 基地)、华夏银行宁波分行战略合作项目、常州华盛数字科技项目、大连联海东华软件服务外包项目、金融后台基地配套五星级酒店等 8 个金融后台服务业及相关项目签约。
德清	2010 年	在湖州德清县城武康城南科技新城区域内规划 1 平方千米作为金融后台服务机构集聚区。2010 年初德清县出台的《鼓励引进金融机构做强金融产业的若干意见》中提出,5 年内要引进数据中心、资金清算中心、银行卡中心、研发中心、呼叫中心、灾备中心等金融后台服务机构 10 家以上。已引进浙江省工行业务处理中心,浙江省农信联社灾备中心、呼叫中心和培训中心等后台服务机构,还建立了德清中科金融信息技术研究所暨中科院计研所信息技术德清应用中心。

续表

城　市	提出时间	发展平台、政策举措及进度等
合肥	2009年	滨湖新区国际金融后台服务基地(占地面积约2.1平方千米)。2009年出台的《安徽省人民政府关于加快发展服务业的若干意见》(皖政〔2009〕118号)中提出,支持合肥建成全国重要的金融后台服务基地和区域性金融中心。目前,中国建设银行合肥生产基地、上海浦东发展银行总行后援基地、中国工商银行(合肥)后台中心、中国银行总行金融后台服务中心、中国邮政储蓄银行总行六大后台服务中心、中国农业银行客户服务中心、中国信达资产管理股份有限公司集团后援基地等项目已经落户。据统计,已落户的7家金融机构预计总投资80亿元,将提供产业人口超过6万人。交通银行、招商银行、华夏银行等的后台服务基地项目也正纷纷跟进。
大连	2009年	高新园区。2009年出台的《大连区域性金融中心建设规划(2009—2030)》(大政发〔2009〕76号)中,提出在七贤岭和大东沟规划建设两个金融服务外包基地。大连高新区已有30多家外包企业开展了金融外包业务。引进了一批金融后台服务中心,如花旗银行对日后台服务中心、埃森哲(德意志银行)呼叫中心、IBM信用卡中心等;引进了安永、富达基金、日本软银、日本财险等国际金融外包企业;信雅达、新中联、同方软银、奥远电子等一批本土金融软件服务支持企业发展迅速。
铁岭	2008年	北方金融后台服务基地(铁岭凡河新城区,规划占地2平方千米)。2008年出台的《辽宁省服务业发展规划》(辽政办发〔2008〕88号)中,将铁岭北方金融后台服务基地作为金融服务业重点建设项目。2009年5月12日,中国建设银行辽宁省分行文档管理中心项目落户。2010年5月25日,北方金融后台技术支持与运营管理中心项目签约落户。
沈阳	2008年	沈阳和平金融街。2008年出台的《沈阳市服务外包产业2008—2012年发展规划》(沈政发〔2008〕15号)中,提出在沈河服务外包产业发展基地重点发展金融领域BPO等。2010年出台的《关于加快金融业发展的意见》(沈政发〔2010〕18号)中提出,支持金融街建立金融外包基地。在金融后台方面基本没有什么举动。
青岛	2008年	2008年出台的《青岛市服务外包产业发展规划(2008—2015年)》中,将金融服务外包作为发展重点。但总体而言,在金融后台产业方面没有多少举动。

续表

城　市	提出时间	发展平台、政策举措及进度等
廊坊	2009 年	河北省"中国北方金融产业后台服务基地"（A 区）（位于廊坊市永清县中太现代服务业基地，规划占地 6000 亩）。2009 年出台的《金融产业发展规划（2009－2013 年）》（冀政函〔2009〕39 号）中，鼓励有条件的地方发展金融后台服务基地。2010 年 11 月 19 日，基地正式揭牌当天，西班牙达塔珈集团公司金融后台基地服务配套项目、交通银行河北省分行投融资合作项目、江苏华丽网络集团数据处理中心项目等 9 个项目签约。另外，中国银监会"五大中心"（培训中心、党校、干部学校、灾备中心、金融论坛）、安邦财产保险公司和嘉禾人寿保险公司的后援中心相继落户廊坊。
石家庄	2009 年	河北省"中国北方金融产业后台服务基地"（B 区）（位于石家庄市滹沱河北岸的滨河新区）。2009 年 5 月 8 日，中国工商银行全球客户服务中心落户石家庄桥西区。2010 年初，"中国北方金融产业后台服务基地"（B 区）开工建设。
成都	2007 年	成都高新区的金融后台服务业聚集区。2007 年出台《四川省人民政府办公厅关于加快成都金融后台服务中心建设的意见》（川办发〔2007〕78 号）。目前，已有自建金融后台签约项目 13 个，项目总投资约 112 亿元，占地面积约 946 亩；第三方外包服务平台签约达到 15 个；另外，还聚集了卫士通、天用唯勤、睿智信创等 30 多家金融 IT 服务外包企业。
西安	2007 年	高新技术产业开发区、浐灞生态区金融商务区 2010 年通过的《西安金融商务区发展规划纲要》中，明确在金融商务区的西片区构建金融后台服务平台。2007 年 6 月 5 日，西安高新区在北京召开的"2007 年中国企业级数据中心发展战略高峰论坛"上，率先提出了打造中国数据中心基地的理念；同年 6 月 13 日，万国数据有限公司投资西安高新区建设数据/灾备中心项目签约。2010 年 3 月 28 日，北京银行与西安高新区签署正式协议，在西安软件园服务外包基地建设异地灾备中心和软件开发中心。

续表

城市	提出时间	发展平台、政策举措及进度等
武汉	2008年	武汉东湖新技术开发区光谷软件园、光谷金融港（总占地1600亩）。2008年出台《关于促进金融后台服务产业加快发展的意见》（武新管〔2008〕166号）以及《关于促进金融后台服务产业加快发展的实施细则》（武新管〔2008〕167号）。目前，招商银行信用卡武汉营运中心、交通银行信用卡中心和客服中心、银联商务后台中心、光大银行客服中心已建成；泰康人寿、长江证券、武汉农商行、建设银行、合众人寿、汉口银行后台中心已动工或签约；农业银行已初步确定选址；中国银行、汇丰银行、深圳发展银行、广东发展银行、进出口银行以及长安责任保险、安邦财产保险公司、生命人寿保险股份有限公司、新华保险公司等已有意向。
长沙	2008年	天心区解放垸金融服务区、大河西先导区洋湖垸片区等。2009年出台的《关于加快长沙大河西先导区现代服务业发展的若干意见》中，将金融后援基地作为发展重点。太平洋寿险长沙营运中心、中国人寿财险全国电销中心已落户。

课题组：杨凤华 胡俊峰 蔡惠忠 陈冬梅 张乃华 管怀鎏 任佩龙
秦汉忠 李贵荣

（本文为2011年江苏沿海沿江发展研究院委托课题《上海国际金融中心南通金融后台服务基地建设研究》研究成果）

江苏海洋产业价值链的延展与深化研究

海洋是地区物质资源最丰富的宝库，具有巨大资源开发潜力，是人类可持续发展的物质基础；而海洋产业是指开发、利用、保护海洋资源而形成的各种物质生产和服务部门的总和，包括海洋渔业、制盐及盐化工、海洋交通运输、船舶工业等传统产业，也包括海水淡化、海洋能源、海洋药物开发、滨海旅游、海洋工程等新兴产业。江苏拥有954千米长的海岸线，随着江苏沿海开发上升为国家战略，江苏海洋产业近年来发展迅速，据统计，2009年江苏海洋产业产值达到2526.9亿元，年均增长36%，占全省GDP的7.4%①，发展潜力巨大。而海洋产业价值链的逐步形成与拓展，正是推动江苏海洋产业迅猛发展的新引擎。

一、江苏海洋产业发展现状

江苏从1995年推进"海上苏东"到2009年江苏沿海开发上升为国家战略，海洋产业取得巨大发展。从围垦种粮种棉、渔盐之利转向海陆统筹、综合开发，从连云港港、大丰港到启东吕四港，港口建设初建成效；以风能、核能为代表的新能源基地已初步形成，造船基地和海洋工程迅速发展，临港园区建设如火如荼，沿海渔业规模化开发成果显见，海洋经济的发展速度与质量显著提高。江苏海洋产业的发展主要表现在以下几个方面：

① 数据来源：江苏省海洋渔业局相关统计资料(http://www.jsof.gov.cn/)。

1. 海洋产业发展速度与质量明显加快

近年来,江苏省委、省政府高度重视江苏海洋产业发展,各项政策落实到位。在各沿海县市的共同努力下,江苏海洋产业 GDP 增幅逐年提高,海洋产业生产总值从 2005 年的 739.58 亿元提升到 2008 年的 2114 亿元,占全 GDP 的 7%。海洋产业从原来较为单一的渔业、围垦向多元化的现代海洋产业发展。

2. 江苏海洋产业结构进一步优化

江苏海洋经济结构已初步实现从以第一产业为主向以第二、三产业为主的产业结构转换,已形成以能源、化工、船舶、医药等产业为主导的海洋工业结构,沿海工业走廊已初步显现。截至 2009 年,全省主要海洋产业第一产业、第二产业和第三产业之比为 2∶10∶3,三次产业增幅都在 11% 以上。

3. 基础设施建设加速,沿海产业园区发展壮大

随着江苏各地沿海开发投入增加,沿海一大批重大交通、水利、能源项目已经建成,对海洋产业的发展和海洋产业价值链的拓展形成了强有力的支撑。沿海各类开发区和园区建设为海洋产业提供了载体与发展平台,对培育特色海洋产业和战略性新兴产业的推动力正逐步形成,并有望成为带动江苏沿海经济发展、促进海洋经济再上新台阶的重要抓手和新的增长极。江苏沿海现有 2 个国家开发区、2 个出口加工区和 23 个省级开发区,具备较强的海洋产业承接与配套能力,为产业链的形成与优化提供了良好条件。

二、 江苏海洋产业价值链存在的问题

价值链的概念是 Michael Porter 教授(1985 年)提出的,他认为每个企业都处在产业链中的某个环节,企业优势不仅在于其内部价值链,还取决于企业与外部的连接,即产业价值链。构成产业价值链的各部分是一个有机整体,相互联动、相互制约、相互依存,每个环节都是由大量的同类企业构成,上游产业和下游产业之间存在着大量的信息、物质、资金方面的交换关系,是一个价值递增过程。同时产业价值链之间相互交织,互动影响,往往呈现出多层次的网络结构。从海洋产业价值链而言,其必然涉及海洋传统产业

与海洋高科技产业联动、海陆产业统筹、海洋产业链上下游产业之间衔接以及海洋产业价值链驱动主导产业等问题。而以海陆统筹为基础，大力拓展深化海洋产业链的发展已成为江苏沿海开发的重要内容。

尽管江苏沿海地区已形成船舶海工、医药、化工、能源、旅游等产业为主导的海洋产业结构，但从江苏海洋产业价值链的总体现状来看，存在着产业价值链较短、价值链各环节联系松散、海洋产业价值链空间布局不合理、价值链驱动产业辐射带动作用不强、未来战略性新兴海洋产业价值链缺失等问题。而要解决上述问题，则需要从寻找江苏海洋产业链中价值链驱动主导产业出发，分析各价值链驱动主导产业的延展与深化模式，并从整体增值性的角度提出江苏海洋产业价值链的管理对策。

三、 江苏海洋产业结构的价值链驱动主导产业定位

《江苏省沿海开发总体规划》将传统海洋产业转型升级与发展海洋新兴产业作为江苏沿海发展的两个重要抓手。因此有必要在江苏海洋产业中找到驱动产业价值链的主导产业，并结合江苏沿海发展规划加以重点研究。

(一) 江苏海洋产业结构区位熵计算

区位熵分析是衡量产业专业化程度的一种重要方法，其可以确定区域的优势产业，计算方法是：某产业的区位熵等于区域该产业产值在海洋产业产值中所占比重与全国相应指标的比值。凡区位熵大于 1.0 的产业，就具有比较优势，区位熵越大，比较优势越明显。其计算公式如下：$Q_{ij}=(G_{ij}/G_j)/(G_i/G)$。式中 Q_{ij}代表 j 区域 i 产业的区位熵，G_{ij}代表 j 区域海洋产业中 i 产业的产值，G_j 代表 j 区域海洋产业总产值，G_i 指全国海洋产业中 i 产业的总产值，G 代表全国海洋产业总产值。

2008 年江苏海洋各产业产值及区位熵计算结果见表 1。

表1　江苏省海洋产业比较

产业目录	江苏各产业总值(亿元)	全国各产业总值(亿元)	比重(%)	区位熵	排序
海洋渔业	176.06	2216.30	7.94	1.11	5
海洋盐业	1.94	58.90	3.29	0.46	8
海洋化工	31.88	542.40	5.88	0.82	6
海洋生物医药	15.58	58.30	26.72	3.75	2
海洋电力	51.81	269.79	19.20	2.69	3
海水利用	11.52	282.00	4.09	0.57	7
海洋船舶	236.13	761.70	31.00	4.35	1
海洋工程建筑	65.93	411.20	16.03	2.25	4
海洋交通运输	38.31	3858.10	0.99	0.14	9
滨海旅游	138.97	3437.60	4.04	0.57	7
总值	2114.50	29662.00			

（二）江苏海洋产业价值链驱动主导产业确定

由表1可见，江苏海洋产业传统产业中的海洋船舶、海洋渔业，海洋新兴产业中的海洋电力、海洋工程建筑具有比较优势。作为海洋主导产业应符合以下条件：① 它对海洋经济现有的传统产业、支柱产业建立、完善和升级起到带动、扶持和关联的作用；② 代表着整个海洋产业结构向后次产业演进的方向，并带动整个产业结构向高层次演进；③ 它可以是支柱产业，也可以不是支柱产业，但它将发展为后次产业的主要支柱产业。

传统海洋产业中的船舶产业和海洋渔业是江苏目前产业价值链较长、产业带动作用较大的两个产业，可以确定为价值链驱动主导产业。在新兴海洋产业中，海洋电力（风能）和海洋工程建筑也符合价值链驱动主导产业条件。另外，由于海水利用（淡化）产业已成为全球新兴朝阳产业，其涉及海洋产业中许多部门和产业链的许多环节，而江苏沿海规划中重化工产业布局，对水资源的需求巨大，这都需对该产业在战略上高度重视。尽管江苏海水利用的区位熵只有0.57，不具有比较优势，但必须将其作为江苏海洋产业未来的增长点加以扶持、培育，使其未来能够占据海洋产业的制高点，并成为江苏海洋产业价值链驱动的主导产业之一。

四、 江苏海洋产业价值链的延展与深化

（一）江苏海洋产业价值链的纵向延伸模式

1. 价值链前向延伸模式

价值链前向延伸指产业价值链的产出促进了其他企业进入该产业的下游环节，使得产业价值链得以延伸。海洋渔业（包括养殖）产业的价值链前向延伸模式如图1所示。

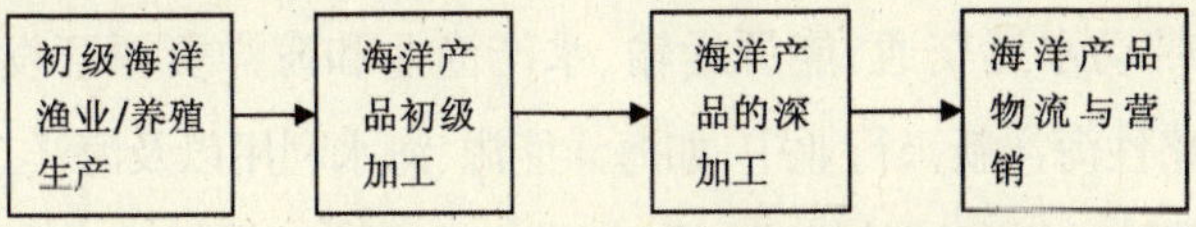

图1 海洋渔业/养殖产业的前向延伸模式

在图1中海洋渔业/养殖业是江苏海洋产业的支柱之一，通过海域开发立体化，大力发展海洋渔业捕捞和滩涂垦殖，实施多元化、产业化的经营方式，增加海洋初级产品的品种、产量和养殖规模，从而带动越来越多的海产品初级加工企业进入。海洋产品的初级加工主要包括海产品的分类、分拣、包装、冰冻保鲜、晒干等加工环节。海洋产品的深加工环节主要包括生产加工满足家庭和连锁超市所需的小包装海洋食品；通过对低值海产品进行动物蛋白提取而制造的高档调味品、食品配料等；利用海洋生物技术生产的海洋生物保健品、海洋生物药品等高附加值产品。在海洋产品物流与营销环节，应发展第三方海产品交易中心、水产品专业市场、冷链物流、低温冷冻库等服务环节，不断向价值链的高端化延伸，通过品牌塑造与营销推广，创立海洋知名品牌汇集区。

2. 价值链后向延伸模式

产业价值链的后向延伸，指某产业价值链环节的投入促进其他企业进入该环节的上游环节，从而延长了产业链。海洋渔业/养殖业价值链也具有后向延伸功能，其直接带动船舶修造产业、海水养殖设备、渔具与仪器、养殖产品育种繁殖以及海洋科技、海洋信息服务等行业的发展。图2为海洋船舶制造业的价值链后向延伸模式。

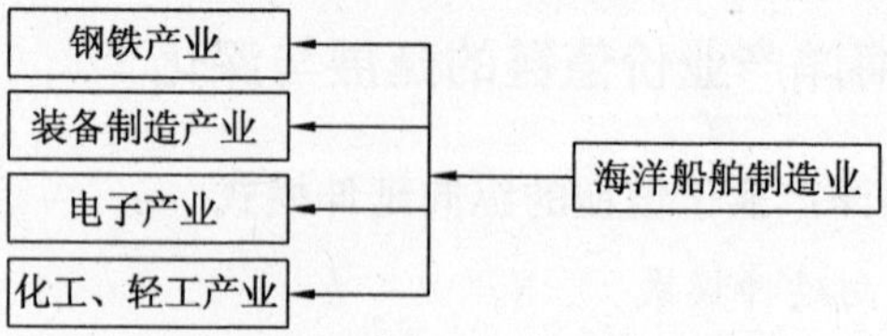

图2　海洋船舶制造业的后向延伸模式

从图2可见，江苏海洋支柱产业之一的船舶制造业，将后向延伸带动钢铁产业、装备制造产业、电子产业和化工、轻工产业的发展。同时该产业的前向延伸将带动水运交通、能源运输、水产渔业和海洋资源开发。

而在战略性海洋新兴行业中，如海洋能源、海水利用以及海洋工程建筑等也存在产业价值链的纵向延伸模式。如在海水利用方面，将海水经过处理，直接用于工业循环水，提高水资源利用效率，可直接带动沿海化工产业带的发展（如图3所示）。在海洋能源方面，因为江苏有丰富的滩涂资源，适合海洋风能的发展，所以海洋风能产业的发展将后向带动机械装备制造业、电缆行业等发展，前向带动海洋化工、海洋生物医药等沿海工业发展，如图4所示。而海洋化工产业将直接拉动化工设备、化工基础原料产业发展。在海洋工程建筑方面，沿海港口的建设与发展是江苏沿海开发的核心与基础，其将前向带动航运业、海洋渔业、海洋资源开发，后向拉动建筑材料业、物流、仓储行业等发展（如5所示）。

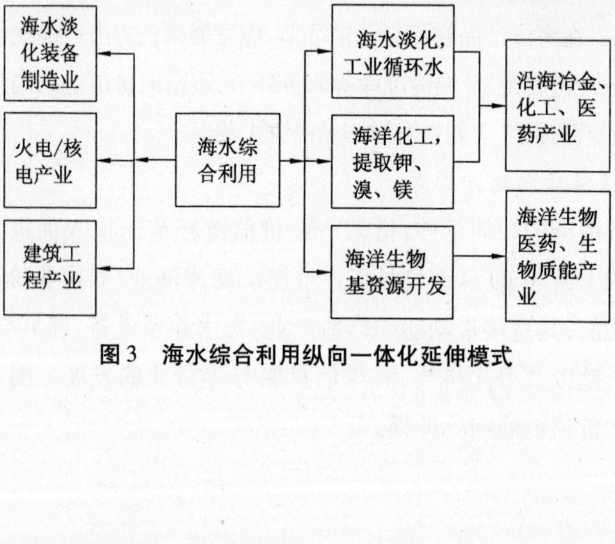

图3　海水综合利用纵向一体化延伸模式

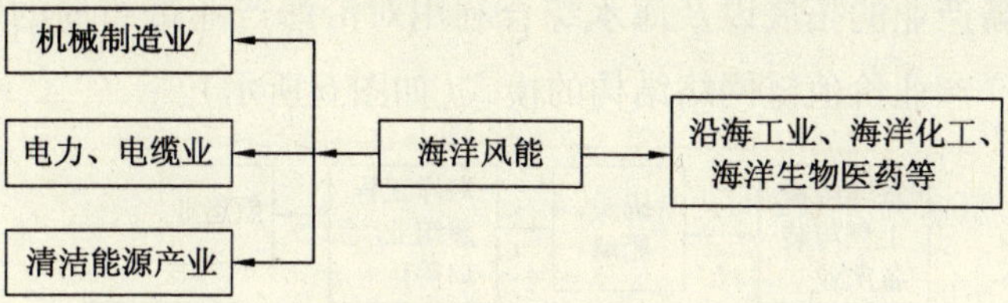

图 4　海洋风能利用纵向一体化延伸模式

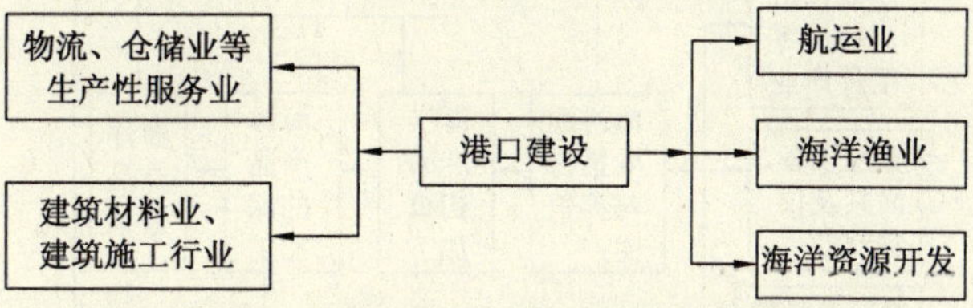

图 5　港口业纵向一体化延伸模式

（二）江苏海洋产业价值链的横向拓宽模式

海洋产业价值链的每一个环节都是由大量同类企业构成的，按照产业价值链的聚集效应，它们围绕某一核心企业贴牌生产或按自有品牌独立生产无差异性产品。以海洋休闲即食产品海苔为例，江苏沿海有同类产品生产厂家 10 多家，产品相同而品牌各异。在江苏海洋产业价值链中这一类横向拓宽模式主要集中在价值链下游的消费性海洋产品初/深加工产品类。

另一类价值链的横向拓宽模式是指产业价值链的某一环节的同类企业由于激烈竞争，通过创新，生产差异性产品，满足市场多样化需求。在江苏海洋产业价值链中这一类横向拓宽模式在价值链的上下游都可以形成，如江苏沿海养殖设备生产企业，根据海水养殖产品的不同特点，设计生产不同类型、不同用途的设备和网箱等；生产海洋生物医药产品企业，生产不同品牌、不同功效的产品等。

（三）江苏海洋产业的网络结构模式

随着专业化分工的细化与市场需求的多样化发展，新兴海洋产业不断出现，海洋产业价值链将呈现出纵向的不断延伸和横向的不断拓展，并表现出传统海洋产业与新兴海洋产业互相融合，各产业链之间相互依存、相互联动，以及同类产品跨行业发展的趋势，如江苏滨海旅游业的发展、海洋结构工程与装备产业的拓展以及海水综合利用对沿海产业带布局的影响等，最终形成海洋产业价值链网络结构的模式（如图 6 所示）。

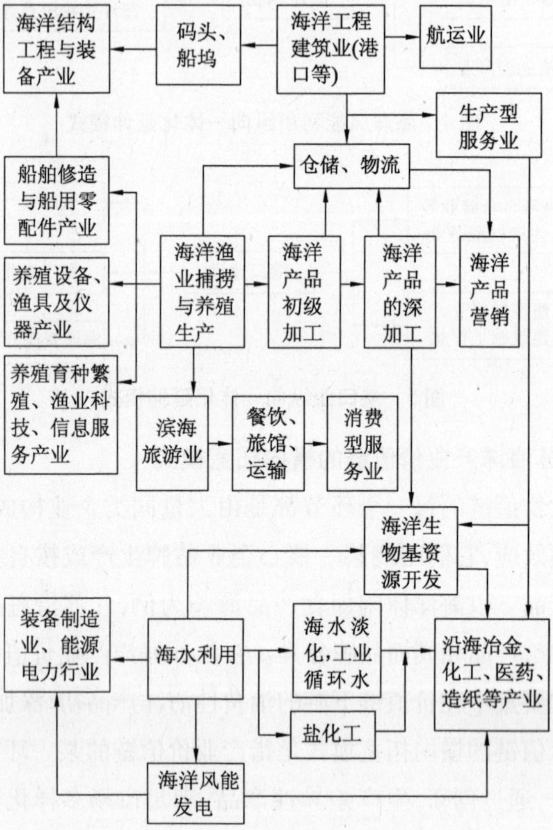

图 6　海洋产业价值链网络结构模式

五、江苏海洋产业价值链的管理

海洋产业价值链是由各环节组成的系统化有机整体，各组成部分相互关联、相互制约、相互依存，上游与下游环节之间存在着复杂的、各种形式的交流，进行着价值的传递。要提高江苏海洋产业价值链的综合效益，须从系统增值的角度来考虑海洋产业价值链的管理。

（一）充分发挥价值链驱动主导企业的辐射带动作用

由于江苏沿海独特的沿海滩涂地理构造以及靠近长江入海口的特点，江苏省海洋产业中渔业与养殖业将长期作为江苏省海洋主导产业之一。该产业的产业链相对较长，关联作用大，对沿海群众增收作用显著；且该产业辐射带动作用强，通过价值链纵向一体化延伸，前向带动海洋食品、海洋保健品生产，并向卫生及工业用途扩展，后向拉动船舶修造、海洋工程、航海仪表、渔具与养殖设备、养殖育种繁殖、海洋信息服务及海洋科技的发展。另外，可通过横向拓展，带动滨海旅游业发展，实现海洋一次产业向三次产业的结构转型。因此政府对渔业和养殖业要加大投入，在资金、政策和科技服务方面加以扶持；同时营造良好的投资与体制环境，吸引国内外资本投资于该产业价值链的各个环节，不断延伸产业价值链，以实现价值链的总体效益最优。

海洋交通运输业与港口经济是江苏海洋价值链驱动主导产业的另一极，根据江苏海洋产业发展环境的特点，江苏沿海三市港口群是江苏海洋产业价值链拓展与深化的基础与核心，以港口为核心的物流园区、临港工业区将增强产业聚集度和产业价值链的增值效应。以港口为依托的重化工业和装备制造产业，包括冶金、机械、造船、石化等，其产业价值链长，关联、辐射带动作用强，产业总体规模大。港口建设还是实现海陆一体化的强大动力，而海陆互动则体现为海洋产业价值链的延伸，具体表现为：在沿海建立海洋加工制造集聚区、深加工基地、船舶修造基地等，以实现海陆相关产业链的构建与整合，以及海陆产业的关联与互动。因此要按照《江苏沿海开发总体规划》要求，通过加强连云港港、南通洋口港和吕四港、盐城大丰港等沿海港口群建设，促进港航产业发展，并拉动临港产业价值链的构建，使港口成为驱动江苏海洋产业价值链的新引擎。

（二）江苏海洋产业价值链的总体布局要协调平衡

江苏海洋产业价值链的布局要协调和综合平衡，使海岸、海域与海洋资源在行业间优化配置、协调发展，实现整体效益最优，形成海洋资源开发的集约型、效益型与全方位综合开发。在江苏沿海三市的比较优势方面，盐城的滩涂资源、连云港的港口资源、南通的沿江资源形成了三者的“错位”优势,决定了沿海三市海洋产业价值链体系应梯次布局、错位发展、协同互补。政府层面要创新体制与机制,加强区域层面的统一布局与建设,包括重大基础设施建设、产业与生产力布局以及滩涂资源开发;建立创新的投融资体制和政策体系,综合协调、平衡江苏海洋产业价值链体系,在江苏沿海地区形成科学合理的海洋产业价值链整体网络结构模式。

(三)加强海洋产业价值链的上中下游联系与协作

海洋产业价值链的增值性是建立在构成价值链的各环节密切协作的基础上的。海洋产业价值链的各个组成部分具有联动性、约束性和协同性。如江苏沿海丰富的风能资源将使海洋风力发电成为江苏战略新兴性产业,该产业将成为价值链驱动产业带动上游装备制造业和电力、电缆业的发展,同时也受到装备制造能力等方面的制约,因此海洋风力发电装机容量不可能无限放大;海洋风力发电将给沿海重化工产业提供能源,而能源约束将决定下游重化工产业价值链的延伸长度与拓展规模。而电力资源与价值链所有环节的相关性,则体现价值链各组成部分协同的重要性。

海洋产业价值链网络上各节点的组织成员,不但要加强内部管理实现自身的增值,更要加强与价值链中其他组织成员的协作,实现整个价值链的增值。因此,有必要整合海洋产业链的所有环节,以形成动态、虚拟网络。通过网络优化,降低整个网络中各环节的运作成本,并使网络的每个环节实现最合理的增值。同时,要保障产业价值链中的信息链畅通,以实现产业价值链管理中获取信息的及时性、准确性,从而最大限度减少价值链各成员的库存与资金占用。通过平衡供需,保持信息畅通,才能使价值链上、中、下游协调一致。

(四)积极培育战略性海洋新兴产业,提升江苏海洋产业价值链的核心竞争力

尽管海洋新兴产业在江苏海洋产值中所占的比例较少,但海洋新兴产业的发展将使江苏海洋产业的开发更具有可持续性,更符合低碳、绿色、可再生的产业发展理念。同时海洋新兴产业的发展也将带动传统海洋产业的升级，如江苏启东海洋工程产业的发展，使原来船舶修造企业转型升级。通过加强海洋科技，可促进传统产业链的拓展和新兴海洋产业链的形成；而培育战略性海洋新兴产业，占据未来海洋产业的制高点，完善海洋产业价值链，可使各环节关联性加强，使价值链更具有柔性，增强对外部环境变化的适应性，如生产性服务业中的海洋信息服务、临港物流等。另外，海洋新兴产业的发展将使产业价值链各环节之间的纽带关联效应增强，从而促进产业价值链的延展深化。随着海洋新兴产业的发展壮大，将形成海洋基础产业、新兴产业、主导产业相互协调、相互促进的产业序列，促进产业升级与结构优化，并总体提升江苏海洋产业价值链的核心竞争力。

南通大学　胡俊峰

（本文为2010年江苏沿海沿江发展研究院重点招标课题《江苏海洋产业价值链的延展及深化研究》研究成果）

第四编

桥港时代的『启东江海思维』

南通市综合交通体系投融资创新研究

南通市的快速发展为交通基础设施的建设带来了巨大的资金压力。本文根据项目区分理论，结合交通基础设施不同的经济属性以及不同的现金流入，针对性介绍了南通“十二五”规划中，不同类别的交通基础设施所适用的不同投融资模式。通过充分引入社会资本进入交通基础设施建设，有效解决南通市交通设施建设的资金短缺问题。

南通位于“长三角”中的沪、苏、通小“金三角”的位置，使其蕴含着巨大的发展潜力。苏通大桥、崇启大桥、崇海大桥、沪通铁路等交通基础设施的建成以及规划意味着南通即将全面进入上海“1 小时经济圈”，成为真正意义上的“北上海”。但这也给南通综合交通体系的建设带来了巨大的压力。在“十二五”规划中，南通提出，构建“三纵两横一核四中心”综合运输体系，完善“两纵两横”铁路干线网，优化“三横三纵三联”高速公路网，建设“三纵四横”内河航道干线网，建设上海国际航空枢纽辅助机场等一系列的发展目标。面对这一系列大型项目的建设，显然传统的融资方式已无法满足其巨大的资金需求，在这种背景下，创新投融资体制已迫在眉睫。

一、 目前南通交通基础设施建设存在的问题

1. 政府财政支持力度有限

作为一个社会主义市场经济国家，在基础设施建设领域，政府不可避免地需要担当主导的地位。然而面对城市化的快速发展以及基础设施建设的巨额投资，政府已经很难做到一力承担。南通市 2009 年的财政支出为

436.22亿元，其中还包括教育、医疗等多方面的支出，因此投入交通基础设施建设中的财政支出就更加无法满足基础设施发展的需要了。

2. 利用社会资金程度有限

在投融资平台方面，南通有南通国有资产投资控股有限公司（简称南通国投）进行重大项目和城市基础设施建设投融资等业务。2009年，南通国投发行债券募得23亿元资金用于基础设施建设，然而这笔资金在南通高速发展所需要的资金面前只是杯水车薪，而其中还有部分要用于污水处理、公园建设等项目建设。目前，在交通基础设施建设方面，资金的主要来源渠道还是政府直接投资和银行贷款以及自筹。在南通城市化的快速发展中，社会资金没有发挥其本可以起到的作用。

3. 政府多重角色冲突，效率低下

虽然南通国投负责重大项目和城市基础设施建设投融资，但是作为一个国有独资公司，其缺乏对基础设施建设的全方位参与和管理。缺少项目选择、融资决策以及资金调配等方面的权利，使其丧失了投融资主体的地位，实际上只承担了出纳角色。这种情况下政府同时承担了投资者、管理决策者和监督者等多重角色，严重的角色冲突使得基础设施在建设时不能做到物尽其用、人尽其力，造成许多资源的浪费。

二、项目区分理论

按照项目区分理论，基础设施项目可以划分为公益性项目、准经营性项目和经营性项目三类。具体区分见表1。

表1　基础设置项目具体区分

项目类别	市场化程度	经营系数	基础设施举例
非经营性项目	<1.8	a=0	开放性道路、桥梁
准经营性项目	>1.8	0<a<1	煤气厂、地铁、机场
经营性项目	>1.8	a≥1	收费高速公路、桥梁

在项目区分理论中，非经营性的项目在运营过程中不存在现金流的流

入，所以这部分的基础设施项目的建设大部分需要依靠财政资金的支持。相比较而言，经营性项目由于有市场收费机制，满足市场化经营的条件，因此可以通过市场化的融资方式来实现其建设。准经营项目介于经营项目和非经营项目之间，由于这类基础设施带有一定的公益性，因此这部分基础设施的运营定价受到一定的政策限制。虽然相对于非经营项目，准经营项目有收费的机制，但很难弥补建设和运营的成本，更不要说形成赢利。要实现准经营性基础设施的市场化运营，就必须要靠政府的适当财政补贴或政策优惠来实现。

三、 目前的投融资方式创新模式

在投融资主体方面，南通国投分担了一部分南通的基础设施建设工作。而在投融资方式方面，南通仍然是以政府直接投资、银行贷款以及自筹为主，社会资本参与程度依然很低。在目前的经济大环境下，政府缺少足够的资金来让交通基础设施得到必要的建设，从银行获得资金的难度也进一步加大，成本也提高了许多，因此，需要创新南通的融资方式，利用新型的投融资方式来促进南通市综合交通基础设施的建设。下面介绍的是部分在中国已经开始得到应用并有了一定经验的部分投融资模式。

1. BOT 模式

BOT(Build Operate Transfer)项目融资，由建设、经营、转让三方面组成。其运作模式是政府通过招投标的形式选择最适合的项目公司(国内私人资本或者外资)，通过特许权协议授权中标的项目公司负责项目的融资、设计、建造以及在建成后一段较长时期内的经营和维护。在特许期满后项目公司再将项目免费转让给政府。在特许期内，项目公司通过对使用者收费等来收回项目建设和经营的成本，并获得合理回报。因此对于 BOT 项目融资模式的运用，是以经营性项目为主要对象。

一般情况下，参与 BOT 项目融资的都是一些具有建设能力的公司。相比于由政府决策的基础设施建设来说，BOT 模式使得项目建设的各个方面更加专业化，减少了因政府精力过于分散而造成的效率低下。

2. TOT模式

TOT(Transfer Operate Transfer)项目融资,由转让、经营、转让三个部分组成。政府将已经建成项目的一定期限的经营权转让给项目公司,以所转让项目在该特许期内的现金流量为标的,一次性从受让方那里融得一笔资金。在运营期满后,再收回该项目。在特许期间,项目公司通过该项目的运营来回收转移前偿付的资金以及获取适当的收益。因此,这种TOT模式适用于已建成的存量经营性基础设施,如收费性公路等。

3. 资产证券化

资产证券化(Asset-Backed Securitization,简称ABS)是指把缺乏流动性但具有可预见的、稳定的未来现金流的资产汇集起来,通过结构性重组、信用增级等手段将其转变为可以在金融市场上出售和易流通的证券,以此来融通资金的过程。在基础设施建设领域,对存量经营性基础设施进行资产证券化,可以实现存量经营性资产的盘活,一次性融入一笔较大金额的资金,从而能够推动新的项目的建设。因此,这种ABS模式与TOT模式类似,只适用于已建成的经营性基础设施。

4. PPP模式

PPP(Public-Private Partnership),即公私合营,指政府机构与私营企业签订长期合同协议,授权私营企业代替政府机构建设和管理公共基础设施,并通过基础设施的运营向社会公众提供服务。PPP项目融资在准经营性项目中可以得到很好的运用。

PPP本质上是政府和社会资本为基础设施的建设和管理而达成的长期合同关系,它强调的是优势的互补、风险的分担和利益的共享。相比于前面BOT、TOT以及后面PFI模式的融资责任、风险和控制权较多的转移,PPP模式由政府和社会资本共同承担融资责任、风险,两者享有相同的控制权。

5. PFI融资

PFI(Private Finance Initiative)是指政府通过授权由社会资本所组成的特别目的公司SPC(Special Purpose Company)来负责基础设施的设计、投资、建设和运营等工作。SPC通过基础设施的运营来为社会提供服务,政府部门则根据基础设施的使用情况或产生的社会效益向其支付费用。PFI 模式运营的基础设施,其使用者不需要对其使用进行付费。因此该模式可以用于收益性一般或者没有收益的非经营性基础设施。

PFI 模式以提供良好的公共服务为目的,充分利用政府和私营企业各自的优势,在职责明确的基础上谋求项目的高效率、使用资金的价值最大化。它的优势不仅限于此,政府可以以后期分期支付的方式实现基础设施的建设,同时也不会像 BOT 模式一样对使用者收费。

四、 南通市综合交通体系投融资创新的针对性建议

对于南通规划建设的综合交通体系来说,高速公路的市场化程度较高,较为符合经营性交通基础设施的特性。铁路、机场的建设,虽然在项目建成后有一定的费用收入,但是其现金流入并不能弥补其建设和经营的成本,因此它更多地具有准经营性交通基础设施的属性。城市道路、桥梁这类开放式的交通基础设施,由于没有现金的流入,因此将其归属于非经营性交通基础设施这一类比较合适。下面将针对这些不同的交通基础设施类别,分别介绍与其相匹配的融资模式。

1. 以 BOT 模式促进经营性交通基础设施发展

经营性交通基础设施在其运营过程中,拥有收费权或者沿线商业等的经营权,具有很好的现金流入,能够满足社会资本在投资于基础设施建设时对于资本回收以及获得回报的要求。因此,经营性交通基础设施满足 BOT 项目融资的运用条件。南通可以运用 BOT 模式很好地促进高速公路等经营性交通基础设施的建设。

BOT 模式的引入对南通有以下几方面的好处:第一,将项目的建设经营权转移给项目公司,让南通政府专注于城市的规划、项目公司的招投标以及对项目公司建设经营的监督等工作,使其工作更加专业化。第二,政府只要在项目规划、招标、监督等方面进行较小的投入,而不需要关心项目的设计、筹资、建设及运营等方面的问题,从而实现以小资金撬动大建设。第三,充分吸引社会资本乃至于外资进入南通收费性公路和桥梁建设项目,减轻政

府的债务负担，实现风险的转移。第四，通过招投标形式来选择运营的项目公司，引入了竞争机制，提高了南通政府作为发起方的谈判地位。

在已经开工建设的通洋高速公路的建设上，BOT模式就能发挥很好的作用。通洋高速起自通州兴东镇，接通启高速，向东北方向依次经过通州的西亭、骑岸、十总，以及如东的曹埠、掘港、大豫和长沙镇，终于洋口港，总投资34.5亿元。在高速公路通过的如东等地区并没有高速公路，这些地区民众的出行将为通洋高速带来很好的车流量。同时，洋口港作为江苏未来出口货物的集散地，能为通洋高速带来极大的货运流量。因此，通洋高速未来将会有很好的现金流入。引入BOT模式，南通可以与项目公司签订协议，授权项目公司负责通洋高速34.5亿元的投资以及后期的建设、运营和维护。作为回报，项目公司享有高速公路一定年限内的过往车辆收费权，同时还享有公路沿线商业如服务区、加油站、广告等的经营权，以此来收回其前期34.5亿元的投资并获得盈利。这样既实现了高速公路的建成，带动地区发展，还可以节约34.5亿元的前期投资，投入到其他基础设施如非经营性公路的建设上。

对于BOT模式的运用，国内已经开始起步，在国际上则有更多的案例值得南通借鉴。在马来西亚南北高速公路的建设上，马来西亚政府通过采用BOT项目融资，不仅让高速公路按原计划建成并投入使用，还节约了21亿美元的巨额投资。而投资者马来西亚联合工程公司作为公路30年的经营者可以获得大约2亿美元的净利润，同时作为工程建设总承包商可以获得大约1.5亿美元的税前净利润。马来西亚南北高速公路在国际上被认为是BOT模式的一个成功的范例。

2. 运用TOT模式实现经营性交通基础设施的滚动建设

TOT模式不涉及基础设施的建设，只是针对基础设施经营权的转让、经营、再转让。因此，它针对存量的经营性基础设施盘活存量经营性基础设施融入资金，进而进行其他基础设施的建设。通过对一系列经营性基础设施的“建设—TOT模式募得资金—建设”的运用后，可以实现经营性基础设施的滚动建设。

TOT模式的引入对南通具有以下几点好处:第一,有效盘活存量交通基础设施,通过其经营权的转让为南通拟建项目筹集资金。第二,引入社会资本进入存量交通基础设施的经营、管理、维护,提高了南通存量交通基础设施的经营管理维护效率,为南通提供更好的服务。第三,不涉及"建设"的程序,大大减少了项目公司承担的风险,增加了对于社会资本的吸引力,从而使融资成本和项目产品价格都相对较低。第四,相比于BOT模式缺乏完善的法律法规,现有外资法和外资管理法就能解决TOT模式的大部分问题,因此,这种模式具有很强的可操作性。

"十二五"期间南通规划要建成宁启高速、锡通高速、海启高速"三横",沿海高速、通洋高速"两纵"和九华—平潮、机场高速"两联"的高速公路网。在这些项目建成后,可以利用TOT模式实现投入资金的快速回笼,进而投入到下一个规划的设施项目中去。例如,在通洋高速建成之后,南通可以将其收费权以及沿线商业的经营权转让给社会资本组成的项目公司,以此来收回部分投资,然后可以利用这部分资金,推动下一个项目的建设,如已经列入"三横"规划的海启高速公路建设。在海启高速公路建成之后,仍然可以利用TOT模式,回笼资金进而进行下一步的高速公路建设。这样,通过对"建设—TOT模式募得资金—建设"这种方式的循环运用,就可以实现南通高速公路的滚动建设,完善南通的公路网,提高交通运输能力,从而带动南通的经济发展。

运用TOT模式实现滚动建设在中国已有较为成功的经验。湖北省通过转移武(汉)黄(石)高速公路的经营权,筹集资金5.8亿元,投入了142千米的黄(石)黄(岩)高速公路的建设。这条高速公路建成后,通过转让经营权,又筹资13.5亿元投入到沪蓉高速公路湖北西段的建设。转让公路经营权使湖北高速公路建设得到了滚动发展。

运用ABS模式也可以达到与TOT模式类似的效果。以存量资产的现金流入为标的,一次性融入一笔金额较大的资金,从而推动新项目的建设,在新项目建成之后,可以继续运用ABS,从而能够实现和TOT类似的滚动建设和发展。

3. 利用PPP融资促进准经营性机场改扩建

准经营性项目在其运营过程中受到一定的政策限制,收费定价不能太高,这类项目中的现金流入并不能弥补前期建设的成本和让投资方获得赢利,因此需要政府对其进行补偿。PPP模式能够让政府在引入社会资本进入准经营性交通基础设施建设的同时,实现对其的补偿。这样就能实现准经营性交通基础设施的可经营化,从而增加了这类项目对于社会资本的吸引性。PPP模式中的补偿有两种模式:前期补偿和后期补偿。前期补偿是将准经营性基础设施分为经营性和非经营性两部分。政府先建设非经营性部分的基础设施,然后由社会资本组建的项目公司承建剩下的经营性部分基础设施,在投入运营后政府建设的非经营性基础设施以象征性的价格租赁给项目公司进行运营。后补偿模式是政府先投资一部分与社会资本共同组建项目公司,负责新建交通项目的投资、建设以及运营。在项目投入运营后,政府只享有超过一定限额的经营损益。

PPP模式运用到准经营性交通基础设施建设中,将会给南通带来以下改变:第一,引入社会资本进入准经营性交通基础设施的建设,降低了南通政府的财政负担。第二,社会资本的进入可以带来先进的管理经验,大幅度提高南通准经营性交通基础设施的建设、经营效率,降低建设成本和运营费用。第三,政府和社会资本共同控制项目公司,双方共同承担融资责任和风险,使双方的风险和收益都控制在合理范围内,提高了项目的可行性。第四,政府在PPP模式中处于控股地位,充分保证了政府的控制力,确保了政府在基础设施建设中应有的主导地位,使准经营性交通基础设施的资费控制在一定范围内。

南通"十二五"规划提出加快改造建设4D级南通兴东机场,拓展干线,强化支线,努力扩大货运航空,积极发展通用航空,完成兴东机场飞行区改扩建工程,力争实现一类口岸正式开放。《民用机场管理条例》中明确规定,民用机场是公共基础设施,因此机场具有准公共物品的属性。PPP模式运用到兴东机场改扩建工程中将是一个吸引社会资本进入的很好的方法。以后补偿模式为例,政府与社会资本共同组建项目公司,由项目公司来负责兴东机场候机楼改造、停机坪扩建以及飞行区改扩建等工程，同时负责项目完工后飞机起降费、停场费以及广告等方面的运营。在利润分配上，政府只享有或承担超过一定限额的盈亏，以此来保证双方的风险和收益都控制在合理范围内。也可以用前补偿模式来实现PPP模式的成功运作，即政府承担候机楼、停机坪和飞行区三大块改造工程中一部分的前期投资建设，然后由社会资本组成的项目公司负责余下部分的改造工程。改造完成后，由项目公司负责三大块的运营，政府以前期部分改造工程的投入作为对社会资本的补偿。

在前期补偿的例子中，北京地铁四号线的建设是南通机场改扩建的一个很好的借鉴。北京地铁四号线的建设分为两部分，其中占70%的洞体、车站等土建工程的投资和建设由政府负责，占30%左右的车辆、信号等设备资产的投资、运营和维护则由项目公司(北京京港地铁有限公司)来承担。建成后由北京京港地铁有限公司负责运营维护，30年运营期满后无偿移交给北京市政府。采取PPP模式，只需对所承担的土建部分投资还本付息，大大减轻了市政府的财政压力。

4. 以PFI模式促进南通非经营性道路桥梁建设

城市开放性的道路桥梁属于非经营性的交通基础设施，在这类交通基础设施的运营过程中，基本没有现金的流入，而且还有维护方面的支出，因此无法利用以上几种模式去实现其建设。然而这些开放性公路的建设也需要一大笔资金的投入，PFI模式的运用将能很好地解决这个难题。

PFI模式运用对于南通非经营性道路桥梁的建设有很好的促进作用。首先，以项目建成后的分期支付服务费的方式，避免了政府直接投资建设情况下一次性支出大笔资金的难题，使得南通政府在不需要过多负债、不需要承担项目建设风险的情况下实现这些道路桥梁的建设。其次，政府支付服务费，让社会资本在非经营性交通基础设施的建设、运营上有了赢利的可能，使得社会资本进入非经营性交通基础设施建设领域具有了可行性。第三，政府采购服务的模式，让政府从完全没有现金流入的非经营性基础设施建设中脱离出来，分散了以往政府独自建设所承担的风险，同时这种采购模式也能够督促项目公司提供更好的服务。

在非经营性公路的建设上，南通"十二五"规划提出，建成临海高等级公路、平海公路扩建改造等重点工程，形成以一级公路为主的"七横九纵"普通干线公路骨干网。例如，在临海高等级公路的建设上，南通市的总投资约为65亿元，在4年内完成，这对南通来说是一个不小的压力。引入PFI模式，可有效解决南通短期内巨额投资的资金压力。通过招标的形式，选择合适的SPC，授权其进行临海高等级公路的建设和建成后一定年限内的维护。SPC建设和维护临海高等级公路是为民众提供服务的一种形式，政府则根据协议以及后期维护等服务的提供情况，支付给SPC相应的服务费。通过收取服务费，SPC可以收回前期的65亿元投资并获得一定的盈利。这种模式的运用，既可以实现临海高等级公路按原计划在2013年建成通车，也避免了南通必须在4年内完成的65亿元巨额投资支出。

在PFI方式的运用中，上海外环隧道的建设是一个值得借鉴的例子。上海市政府通过招标授权上海爱建信托投资有限责任公司负责上海外环隧道的建设、资金筹措、运营维护和债务偿还，并在25年后无偿移交给上海市政府，在此期间该项目没有直接的经营性收入，其收入完全来自于上海市政府的财政补贴。通过这种模式，上海市政府避免了项目资本金的支出，更重要的是不必承担项目建设期的各种风险。

当然，这种模式也是有弊端的，运营后服务费的支付将给政府带来较高的财政负担。其较高的私有化程度，使得政府丧失了控制权，也在一定程度上增加了政府的风险。

5. 为自主发债做好准备

2011年10月，财政部发布了《2011年地方政府自行发债试点办法》，上海市、浙江省、广东省、深圳市成为地方政府自行发债试点。虽然自行发债并没有脱离财政部代发的本质属性，但这无疑也是一个破冰之举。这意味着可能在不久的将来，更多的地方政府将成为发债的主体，而不是现在的借助投融资平台来发行债券。自主发行债券将可能成为地方政府为基础设施建设融资的一个重要途径。

可以预见的是，地方政府自行发债在试点成功后，将逐步推行到全国。这将为南通基础设施建设投融资带来新的渠道，有效地吸引社会闲散资金进入南通基础设施建设领域。在给南通带来机遇的同时，地方政府自行发债也伴随着一系列的问题需要解决，如负债、财务透明化，政府财务报告的编制，资产负债表的编制，专门人才的需求等，这都需要南通政府做好准备并加以解决。

五、结　语

南通的快速发展对综合交通体系的规划建设提出了很高的要求，这些规划建设都需要资金的支持。面对巨额的资金需求，南通需要在投融资方面进行创新，运用新的投融资方式来为南通的交通基础设施建设筹集资金。本文根据不同交通设施的经济属性不同以及其现金流入的差异，介绍了其分别适用的投融资模式。需要注意的是，不同的交通基础设施，其经营性、准经营性以及非经营性的区分并不是一成不变的，通过收费定价的调整，可以实现不同类别之间的转换。例如，高速公路一旦取消了收费权，便丧失了原有的经营性，成为了公益性的基础设施。因此，南通市需要根据不同项目、不同地区、不同人群的情况，针对性地运用这些投融资模式，这样就可以实现社会资本的充分调动，充分发挥资金的使用效率来为南通的交通基础设施建设服务，圆满完成“十二五”规划的发展目标。

南京大学　瞿　慧　龚　珣

（本文为2010年江苏沿海沿江发展研究院招标课题《南通沿海开发中的投融资体制机制创新研究》研究成果）

崇启大桥的经济社会效应及其对应策略研究

崇启大桥贯通后，启东将告别偏于江苏东南一隅的交通神经末梢位置，融入上海“1小时经济圈”。启东将凭借日益凸显的区位优势展露出经济社会蓬勃发展的新前景。目前，启东需要进一步抓住宝贵发展机遇，强化战略规划，增强制度供给力度，精心打造“两区三园一带”的沿江沿海新兴产业工业园，助推经济社会又好又快发展。

大桥经济方兴未艾，崇启大桥飞渡天堑。崇启大桥顺利贯通必将取得理论预设无法丈量的经济社会发展绩效，启东将告别偏于江苏东南一隅的交通神经末梢位置，融入上海“1小时经济圈”。崇启大桥建设突破便捷区域交通的一般意义，将开启“长三角”中心城市大上海与启东县域经济联动发展的大通道，形成一个经济巨无霸与微小经济体相互贯通的大通道。从战略高度上看，2009年6月，国务院通过《江苏沿海地区发展规划》，江苏沿海开发正式上升为国家战略，启东将成长为江苏沿海乃至我国东部地区新的增长极。从战略梯度上看，作为全国三大经济圈建设之一的“长三角”都市经济圈建设的目标定位在未来10年建成我国区域经济发展的重要增长极和亚太地区经济发达地区之一，这是推动启东经济社会发展的先决条件与重大机遇。从战略关联度上看，启东均位居《国家高速公路网规划》的“7918网”和江苏省“四纵四横四联”高速公路网建设点线上，崇启大桥将成为沪陕国家高速公路的重要部分，是我国东部沿海地区和中西部地区通往上海的又一重要便捷通道。从战略效能度上看，启东紧密围绕打造“桥港时代新启东”主题，已规划开发出“两区三园一带”的沿江沿海新兴产业工业园，崇启大桥将成为启东资源效能整合与进一步对外开发与发展的重要枢纽。综观全国与区域沿海沿江经济发展态势，以“崇启大桥”为轴心，加强对大桥引领启东经济社会发展的效应与对应策略的研究是把启东整体经济发展推向高潮的强力音符。

一、 崇启大桥蕴含的直接经济社会效应

崇启大桥是我国高速公路网中上海至西安高速公路（即沪陕高速，G40）的一部分。起自位于上海崇明岛上的崇明县陈家镇，接上海长江大桥，终于江苏启东市汇龙镇，与已建成的宁启高速公路相接。大桥全长 52 千米，双向 6 车道，2008 年底正式开工建设，2011 年全线贯通。2012 年通车后，沪启陆上距离缩短近 100 千米，形成启东—上海“1 小时交通圈”。启东将凭借日益凸显的区位优势展露出经济社会蓬勃发展的新前景。

1. 大桥建设中的直接经济社会效益

宏观来看，以杭州湾跨海大桥为例，该桥全长 36 千米，总投资约 161 亿元，主要投资来自浙江省地方政府和浙江民营企业，包括雅戈尔、方太厨具、海通集团等民营企业都参与了对大桥的投资，来自民间的资本占了总资本的一半，建设工期为 4 年。据交通流量调查和推测，2009 年通过大桥的日车流量达到 5.2 万辆，预计 2015 年可达 8 万辆，2027 年达 9.6 万辆。经测算，大桥财务内部收益率将达 8.03% ~10.1%，用约 15 年的时间可回收全部的投资成本，投资回报率为 15.10%（不含建设期）、12.58%（含建设期）。

结合崇启大桥建设来看，该桥总投资约 76 亿元，其中长江大桥造价 28.74亿元。从地域看，上海段总造价 41.5 亿元，投资主体为上海长江隧桥建设发展有限公司；江苏段总造价约 34.5 亿元，投资主体为江苏省高速公路经营管理中心。建设工期为 3 年。截至 2010 年 10 月 5 日，江苏段已累计完成投资 21.56 亿元，约占 62%。如此大规模的项目投资，可以大大带动地方企业积极参与，拉动地方消费与投资，如果按照杭州湾跨海大桥带来的收益率计算，预计收回全部的投资成本大约需 13 年。

微观而言，据统计，杭州湾跨海大桥总计使用混凝土 245 万立方、各类

钢材82万吨、钢管桩5513根、钻孔桩3550根、承台1272个、墩身1428个，用钢量相当于7个“鸟巢”，用混凝土量相当于10个国家大剧院，可以抵抗12级以上台风。而苏通大桥全线共需钢材约25万吨、混凝土140万立方、填方320万立方，占用土地一万多亩，拆迁建筑物26万平方米。工程总投资约64.5亿元（实际投资86亿），建设工期为六年。就投资而言，崇启大桥桥身比苏通大桥还要高一点，工程量同样非常巨大，如此大的工程量和耗材，对地方社会经济发展的带动和相关产业的拉动、地方劳动力的转移、技术创新的投入以及外来投资需求来说，其产生的效益都是不可估量的。

2. 大桥通车后的直接经济效益

崇启大桥通车后带来的最直接的经济社会效益就是能够实现交通成本与时间成本的双赢。

就杭州湾跨海大桥来看，其通车后，从宁波到上海南站，如果上沪杭高速，行车约316千米。如果走跨海大桥的话，行车里程只有225千米，较前缩短了近100千米，时间上也节省近1小时。大巴票价从100元降为90元。如果用出租车走跨海大桥还可少付出租车费和过路费200元。截至2010年5月1日，累计通过车辆达1900万辆，平均每天2.3万辆，按一车过桥费最低80元计算，已收入15亿之多。作为司机，原来从宁波到嘉兴需要绕杭州跑，全程约150千米，每千米8毛油费，需要120元左右，过路费65元，总185元，耗时2.5小时。跨海大桥通车后，只有80千米，油费64元，过路费80元，总144元，耗时不到1个半小时，节约41元，节省1个多小时。这为宁波经济社会发展作出了较大贡献。另据宁波市交通局统计，目前宁波已有58条客运班线改走大桥线，每天经过大桥的客运班车有220辆左右。

再如苏通大桥，统计显示，就在试通车的5月份，苏通大桥的日均过桥交通量已达1.3万辆。6月份，这个数字迅速攀升到2.16万辆，此后逐月稳步增长。目前大桥的车流量稳定在每天3万辆左右。每到节假日，车流量会有爆发式的增长。截至2010年8月底，苏通大桥累计通行车辆2680万辆。按一车过桥费最低30元/车计算，仅此收入超过8亿。

相应的统计显示，受苏通大桥开通、车辆分流的影响，江阴大桥2009年一季度的日均车流量比去年同期下降9.53%，为3.99万辆，而与苏通大桥相接的苏嘉杭高速公路则受到积极影响，一季度日均车流量为2.7万辆，同比大增27.55%。在这增减之间，体现了车辆过江路线的优化，最终节约的是社会出行成本。

如果按上述成本与收益比例计算，以日均车流量3万辆计算，凭借崇启大桥直通上海（崇明、浦东）的独特区位优势，大桥通车后带来的直接经济效益将十分明显。

二、 崇启大桥蕴含的间接经济社会效益

启东地理位置得天独厚，地处万里长江入海口东侧，长江三角洲洲头，三面水域，一枕平原，通江达海，集黄金水道、黄金海岸、黄金大通道于一身，成为通江达海的重要门户，南与我国最大的经济中心上海隔江相望，距浦东直线距离仅50多千米。启东还拥有宝贵的144千米江海岸线，素有“江风海韵、东北上海”之称。崇启大桥的建设将使这一区位优势得以凸显，启东将凭借“桥头堡”优势，率先建设“长三角”北翼承接上海和国际产业转移的基地。

1. 有利于加快产业结构调整

大桥建设对区域产业结构调整的带动作用非常明显。杭州湾跨海大桥开通后，处于大桥南端的慈溪市建成了一个新的专业化产业区和新城区——杭州湾新区。杭州湾新区规划面积达145平方千米，累计引进内外资项目258个，总投资约426亿元。而在大桥北岸，则崛起一座227平方千米的嘉兴滨海新城。

宁波同样是大桥的受益市，特别是旅游业发展最为明显。杭州湾大桥通车后，宁波很快成为上海大都市的“后花园”，北岸的人可以很方便到南岸游玩。特别是苏通大桥通车后，南通市及南通以北的江苏人可以更方便去宁波旅游，“三日游”变成了“二日游”，“假日经济”现象显现。以2008年“五一”节为例，全国游客数量同比下降了近三成，而宁波市却同比增长了

45%，3 天共接待游客 160 多万人次，创历史最高纪录。受益于润扬大桥、江阴大桥的泰州市同样以“两桥”为契机，扎实推进“引进来”战略，大力开展服务业招商，构建“一带四区”旅游发展新格局，吸引了越来越多的上海及苏南地区游客。

崇启大桥建成通车后，启东到上海只需 30 分钟车程。上海“后花园”的地位无与伦比，启东可以充分利用这一区位优势和便利交通条件，同样推行“引进来”战略，吸引上海的优势资源、著名企业到启东投资，发展新兴产业；可以充分开发自身的港口旅游资源，吸引上海以及苏中、苏北的更多游客到此旅游，做大做强旅游产业；同时，启东还可以抓住机遇加强纺织服装、机械电子、医药化工、海洋渔业、建筑业等优势产业的调整力度，逐步推行“走出去”战略，充分利用上海大都市的国际舞台开拓国内、国际两个市场。

2. 有利于凸显桥港经济社会效应

杭州湾跨海大桥的开通对宁波港开发与发展的影响最为显著。从 2009 年宁波的统计情况看，宁波港域的货物吞吐量为 3.84 亿吨，同比增长 6.07%，位居沿海港口第 2 位，仅次于上海港。而仅仅 2010 年上半年，宁波港口货物吞吐量就达 2 亿吨，同比增长 7.5%；集装箱吞吐量完成 708 万标准箱，同比增长 13.7%，均创历史同期新高。大桥的通车直接促进了宁波港口腹地的拓展。

同样，崇启大桥的开工建设将大幅度地拓展启东市的物流集疏运腹地，特别有利于加快推进吕四港口开发，使桥港经济效应凸显起来。启东是全国著名的“海洋经济之乡”，“吕四渔场”又是全国四大渔场之一，每年的海产品捕捞量是江苏省的 1/3。大桥建成后，吕四港将形成高速公路、铁路和江海联动等集疏运网络，其深水优势得以发挥，辐射能力迅速提升。目前，启东市委、市政府更是坚定不移地推进吕四港口开发建设，全力加快挖入式港池及配套泊位工程建设，实施航道疏浚工程，确保尽早建成通航；围绕“两区三沿一带”的布局规划，增强园区的承载功能、孵育功能和服务功能。自江苏沿海开发上升为国家战略以来，在启东全市落户的重大项目中，超 10 亿元项目有 30 个，总投资 1380 亿元，其中超 100 亿元项目有 9 个，总投资

1060亿元;世界500强企业有5家,国内500强企业有9家,上市企业有20多家。启东市委书记孙建华表示,要力争在5年内,全市注册外资实际到账累计超过25亿美元,引进南通市外民资累计超过600亿元。按此目标,由崇启大桥带来的桥港经济社会效应是显而易见的。

3. 有利于彰显相邻区域发展的联动效应

以江阴大桥为例,其南岸的无锡江阴明显比北岸泰州靖江城市能级高。江阴县域经济总量和实力处于全国前列,对周边经济辐射带动作用明显,靖江的快速发展充分证明了这一点。2010年,靖江全市实现地区生产总值(GDP)436.03亿元,按可比价计算增长15.1%;全市完成全社会固定资产投资265.69亿元,同比增长36.5%;全年实现地方一般预算收入(含江阴园区)36.89亿元,比上年增长36%;主要经济指标增幅在苏中居首位。

崇启大桥的建成,将启东与上海直接对接,成为联通大上海的北大门。上海强劲的经济辐射源将对启东市经济社会发展产生持久带动效应。一方面,可以充分利用上海吸引国际资本。启东具有良好的经济基础和优越的港口条件,大桥建成后完全可以借助上海这个平台吸引众多的跨国企业前来投资,为启东建设新兴产业基地和区域性港口物流中心奠定坚实的基础。另一方面,有利于吸引周边地区及国内其他地区大企业到启东来投资。大桥建成以后,启东作为“长江三角洲北翼经济中心”的城市地位将得到加强,吕四深水港的优势进一步延伸,必然会吸引周边地区及国内其他地区企业到启东投资。良好的投资环境和投资氛围会加速资本在启东的聚集,从而使得启东的经济发展产生极化效应,并与周边地区经济形成联动发展效应。

三、 大桥效应的对应策略研究

崇启大桥建设带给启东的直接和间接经济社会效益值得期待,但也必须看到,这种特殊的地缘结构也会给启东的未来,特别是“十二五”期间的发展带来诸多负面作用。主要包括:一是无法规避由“强极化效应”导致的优势资源流向上海等发达地区,形成资源流失效应;二是启东并非处于“长三角”经济链条的两端,而是处于大通道网络的中间环节,大桥的建成既有截留优势资源的优势，也有形成“过路资源”的劣势，从而失去大桥效应；三是启东占据的只是区位优势，而位于南通的苏通大桥和崇启大桥也并非只由南通共享，位于周边和能够受益于大桥的苏中、苏北等兄弟城市同样会抓住融入“长三角”、接轨大上海的良好机遇，展露后发优势，进而分享由大桥建设带来的成果。由此看来，如果启东没有足够的竞争实力，如果相应的战略规划与制度供给不足，那么，崇启大桥通车后就会无可避免地形成经济流失和损失。在此意义上，制定有效策略、保持清醒认识亦非常重要，不容懈怠。

1. 保持先导效应与极化效应

一要坚持科学发展，保持先导效应。要抢抓“长三角”一体化加快推进、江苏沿海开发深入实施的重大历史机遇，紧紧围绕启东“江海联动，桥港互动，融入上海，走向世界”的发展战略，更加注重提高经济增长质量和效益，更加注重推动发展方式转变和经济结构调整，更加注重推动改革开放和自主创新，更加注重改善民生和保持社会和谐稳定。二要明确发展目标，保持极化效应。紧紧围绕建设“桥港时代新启东”的战略目标，加速实现近期目标，要通过加快发展临港工业提升启东的经济实力和城市功能，力争通过 3 年努力，使启东经济总量达到或接近苏南县市现有平均水平；稳步实现中期目标，要力争通过 5 年左右努力，基本确定启东作为“长三角”核心区功能北向拓展的枢纽地位，把启东建成上海国际航运中心组合港北翼枢纽港、上海都市圈北翼现代制造业基地和现代服务业高地补充配套功能区；精心谋划远期目标，要力争通过 10 年的努力，使启东全面融入上海的城市功能体系和产业循环体系，把启东建成上海北翼江海交汇处的现代化国际港口城市和最佳人居创业发展城市。

2. 促进桥港联动与产业升级

要把加快发展临港工业作为产业结构调整的突破口，实现产业转型升级。吕四海洋经济开发区的发展要实现“三步走”：第一步建成工业港，第二步建成物流港，第三步完善临港工业体系。要充分利用港口本身的资源和区位优势，吸引对航运依赖性较强的重化工业集聚，逐步形成一个富有竞争力的临港产业体系。要以大石化为主导，以石油储备物流和大型炼化为龙头,重点发展石化新材料、装备制造业、区域性煤炭储备和物流配送、新能源、海上旅游、房地产、海洋渔业和区域性服务业等,形成以重化工业为核心、六基地为主体,多元化立体发展的产业体系。在滨海工业园区发展上,要继续坚持把机械及工程设备制造业建成为支柱产业;保持船舶配套产业较快的发展,为园区打造船舶配套基地奠定坚实基础;保持医药企业的良好发展势头,为打造园区生物技术和新医药生产基地奠定坚实步伐;看好汽车保养维护产业作为汽车配套的新兴产业前景;努力将滨海工业园区建成为滨江临海的高新产业新区、宜业宜居的绿色生态城区、极富黄海风韵的欧式风情小镇,为全面建成上海北郊现代化工业新城打下具有决定性意义的基础。

3. 防止析出效应与回流现象

苏通大桥建成通车后,苏中、苏北许多城乡都从中获益,南通以北的盐城和连云港,一脚跨进了和上海、苏南地区"无缝对接"的时代,各种要素的流动更加畅通迅捷,经济社会发展更加互动交融。仅盐城所辖的大丰市,就与上海签约共建了6个园区,签订投资项目35个,总投资38亿元,做足了接轨上海的大文章。连云港也在积极融入"长三角",致力于将自己打造成上海产业转移承载地、资本扩张新高地、大宗产品供应地和旅游休闲首选地。启东应以此为警示,要充分把握好崇启大桥带来的难得的发展机遇,切实防止析出效应与回流现象。具体而言,一是防止自身优势企业和产业向上海乃至苏中、苏北析出;二是防止上海、苏南地区的优势企业经过启东向其他城市析出,出现"过桥经济"现象。在回流问题上,要积极制定有力举措,防止上海、苏南地区的一些大污染、高耗能企业溢出,回流到启东,给经济社会发展、生态环境建设带来负面影响;要有所为、有所不为,根据产业发展和规划需求,保持启东区域发展的独特优势,产业培育要依据规划进行多因素损益平衡测算,切忌不加选择、全盘引进。

4. 完善政策体系与配套措施

启东要把握经济发展的新形势,还必须做好"内功",优化发展"软环境",不断完善政策体系与配套措施。一要全面实施"存量减排"和"增量优排”同步推进策略，以科技创新淘汰落后技术、落后产能，以政策手段鼓励节能降耗、清洁生产，推动经济发展加快向低碳模式转变。二要按照城乡协调发展、共同繁荣的要求，着力推进基础设施现代化建设。加强启东至上海轨道交通规划研究，完善公路路网体系，加快水、电、气、污水与垃圾处理、公共停车场等配套设施建设，推动宽带通信网、数字电视网、下一代互联网、无线网络“四网融合”。三要加强社会管理创新，着力推进公共服务均等化，构建终身教育体系，不断完善就业服务体系，全面深化医疗卫生体制改革，加快完善养老服务体系，推进社会保障一体化。尽快实现城乡医疗保障、养老保障、最低生活保障一体化，进一步改善居民住房条件。四要强化源头治理，全面完善重大政策举措、重大工程项目等的社会稳定风险评估，全力构建立体化防控体系，深化社会矛盾纠纷排查化解工作，深入实施法治“金钥匙”工程。进一步健全管理机制，包括诉求表达机制、矛盾化解机制、利益协调机制、应急管理机制等。进一步夯实基层基础，实施网格化管理，突出抓好流动人口、特殊人群、互联网管理和群防群治等工作，努力形成推动社会和谐发展、保障社会安定有序的合力。

崇启大桥贯通必将翻开启东经济社会发展全新的一页。启东加速推进沿海沿江经济开发，唯有在科学发展观的正确指引下，抢抓宝贵机遇，积极谋划、准确定位，扎实推进新兴产业建设、传统产业转型升级，充分发挥桥港经济优势，全面推动启东又好又快发展，才能在江苏“两个率先”征程中拔得头筹、赢得先机。

南通大学　汤荣光

（本文为2010年江苏沿海沿江发展研究院招标课题《“崇启大桥”的经济社会效应及其对应策略研究》研究成果）

加快经济转型升级　提升启东城市竞争力

产业结构，特别是工业产业结构的调整和升级是实现经济转型的关键，在城市发展过程中，对于传统产业和新兴产业的选择，没有绝对优劣的区别，关键是找到一条适合自身的可持续发展道路。对启东而言，要加快传统产业的科技化提升，加快新兴产业的高端化扩张，实现经济的健康转型。通过理论研究和实地调研，本文建立了包括6大类34个指标的启东城市竞争力的评价指标体系，并指出评价指标权重的确定非常重要。启东市经济转型过程中，在彰显城市的特色、提升城市竞争力方面取得了很大的成就，但亦存在不少问题。针对这些问题，本文给出了具体又切实可行的对策。

“十一五”以来，江苏省启东市坚持以科学发展观为指导，紧紧围绕建设“桥港时代新启东”的战略目标和“领跑沿海，融入上海，包容四海”的战略定位，进一步突出“加快转型升级，推进创新发展”工作主线，真抓实干，奋力拼搏，扎实推进各项工作，全市经济社会持续保持又好又快的发展态势，城市的综合竞争力也得到明显提升。

美国经济学家罗斯托在其著作《经济增长的阶段》中描述了一个国家的工业化进程，将工业化进程分为传统社会、起飞准备、起飞、走向成熟和大众消费时代等五个阶段。根据罗斯托的理论，启东应处于起飞并且准备走向成熟的阶段，其特点有：人均国民收入快速、持续增长；农业技术进一步提高，农村经济走向商品化，劳动力向工业领域的流动加速；资本在部门间的转移加快，大量向工业领域集中；近代工业和交通运输业带动了其他产业的快速发展，成为推动经济增长的主导力量，在此过程中，后起的钢铁、机械、化学等“重化学工业”成为带动经济增长的主导部门。同时，罗斯托的理论也谈到了这一阶段的经济社会可能存在的一些问题，比如在工业化过程中缺乏内生的创新动力、利益分配格局复杂化等，这些都是要在发展过程中亟须解决的。本文以经济转型为切入点，主要就启东市经济转型过程中的发展现状、存在问题以及政策机制等方面的问题进行研究，探讨如何进一步加快经济转型，提升启东城市竞争力。

一、 启东经济转型升级的现状与问题分析

处于“长三角”一体化和江苏沿海开发两大国家战略核心区的启东，要抓住发展机遇，突出“创新、率先、和谐”发展主题，积极加快经济转型升级。

2010年前三季度，启东市实现地区生产总值385.9亿元，人均GDP按常住人口计算超过40000元，1—10月份实现财政总收入77.09亿元，同比增长47.4%。其中一般预算收入32.06亿元，同比增长51.8%。伴随着启东经济社会的快速发展，经济转型升级，工业化、城市化的不断推进，必然带来文化、政治、生活方式等方面的转型。本文从取得的成就和存在的问题两个方面对启东市经济转型进行现状分析。

（一）启东经济转型过程中取得的成就

（1）经济结构调整加快，新兴产业蓬勃发展。“十一五”期末启东市完成工业总产值1517.4亿元，产业结构进一步优化，三次产业增加值占比调整为12.7∶53∶34.3，第二、三产业占比提高了4.4个百分点。产业集聚发展态势日益明显，全市已形成电子信息、海工船舶、精密机械、电力能源、电动工具、医药化工、纺织服装、临港产业等支柱产业。工业经济在转型升级和创新发展方面迈出关键步伐。电力能源、电子信息、海工船舶等新兴优势产业板块发展迅猛，产值占全市规模工业的比重不断提升。高新技术产业成长迅速，产值在规模工业产值中的占比达到41.2%。农业生产结构不断优化，启东市高效作物种植面积迅速扩张，四青作物面积已发展到52万亩，设施农业面积达20万亩。养殖规模化程度不断提高，主要畜禽规模化养殖

达90%以上。渔业经济发展步伐加快，“十一五”期末全市实现渔业总产量34万吨，实现渔业总产值48亿元。现代服务业加速发展，“十一五”期末实现全社会消费品零售总额169.64亿元，年均递增18.57%，台湾风情街、明天广场等一批服务业重点项目相继建成，圆陀角旅游度假区、吕四风情区等景点建设全面启动。

(2) 重视基础设施建设，沿海开发全面提速。沿海开发在港口建设和设施配套方面实现了历史突破。吕四深水海港正式通航，港区临时开放口岸正式获批，渔港经济区、临港产业区吹沙造地工程全面完成；崇启大桥全线贯通，港口集疏运体系加快构建，两个5万吨级综合海运码头全面建成启用。目前正着手开展吕四港区专用铁路规划设计、启东至上海轨道交通规划研究，并扎实推进宁启铁路启东段、海启高速、临海高等级公路等重点工程建设。

中化新材料产业园、华峰新材料产业园、新疆广汇启东新能源基地的进驻发展为临港产业发展带来了项目和资金，中远海工启东基地、韩华新能源成功引领产业转型升级，目前，已有5家世界500强企业、9家国内500强企业以及20多家上市企业在启东市有项目投入，园区共建的机制创新工作顺利推进，与上海城投合作的江海产业经济园、与上海外高桥合作的外高桥(启东)产业园、与珠江集团合作的创新型经济园等共建园区已全面建设或启动。

(3) 城乡面貌日新月异，城市竞争力提升。新城区城市设计与核心区、城市滨江片区、启隆乡片区的控制性详规编制工作已经完成，城市规划展览馆正在加紧布展设计。新文峰大厦、新汽车站、图书馆等全面开工，行政综合服务中心、公共卫生服务大楼等加快建设，吕北公路北段、世纪大道东延即将竣工，人民东路东延、丁仓港路等工程加快实施。创卫创模、国家级生态镇创建工作强势推进，全年完成市区绿化面积50万平方米，城市绿化覆盖率提高0.2个百分点，农村“四位一体”综合环境整治取得显著成效，420千米农村公路建设全面完成，第一阶段19.4万人口的农村饮水安全工程基本竣工。随着启东经济社会的快速发展，启东城市竞争力不断提升，连年入围全国县域经济基本竞争力百强县（市），排名由2006年的65位提升到2010年的43位，连续3年排名中国最具投资潜力中小城市百强第2位，4次进入省财政收入上台阶先进县（市）行列，并荣获中国中小城市科学发展百强县（市）、中国最具海外影响力城市、国家科技进步示范县（市）、全国科普示范县（市）、省文明城市、省社会治安安全县（市、区）等称号。

（4）坚持可持续发展，生态环境建设成效明显。坚持开发建设与保护生态并重，大力发展循环经济、低碳经济和绿色经济，推动经济发展加快向低碳模式转变，实现经济效益与社会效益、生态效益的和谐统一。倡导节能环保、爱护生态、崇尚自然、绿色消费的生活方式。环境质量综合指数为85.3，生活垃圾无害化处理率达100%，环境空气质量达标率为92.3%，城市绿化覆盖率达40%，农村森林覆盖率达13.5%。国家级生态镇创建工作实现突破，南阳、北新、东海、近海、王鲍等5个镇通过省级考核。资源利用更加节约，地区生产总值综合能耗比“十五”期末下降了16.2%，完成了COD、二氧化硫排放等节能减排任务。

（5）坚持以人为本，民生事业不断进步。“十一五”期末，城镇养老、医疗、失业、工伤、生育五大保险覆盖率均达到95%以上。城镇登记失业率为2.8%，控制在3%预期目标内。新型农村合作医疗参合率达99.6%，17.6万名城乡60周岁以上无保障居民享受了基础养老金待遇，企业退休职工养老金连年提高。人民生活水平不断改善，城市居民最低生活保障标准达到每人每月350元，农村居民最低生活保障标准达到每人每月210元；农村五保年人均供养标准达到4200元，集中供养率达70%；城镇居民人均可支配收入达20618元，比2005年增加了8915元，年均递增12%；农民人均纯收入10460元，比2005年增加4391元，年均递增12%；城镇居民人均住房面积达38.57平方米，农村人均钢筋、砖木结构住房面积达53.4平方米；恩格尔系数为36.9%；居民平均期望寿命达到77.59岁。

（二）启东市经济转型过程中存在的问题

（1）传统产业产品低端，新兴产业发展的政策环境有待完善。如精密机械是启东市的传统行业，许多产品如润滑设备、测功器、油泵等均在国内外具有较高的市场占有率。但由于大部分产品处于产业链的低端环节，市场总额较小，抗风险能力弱。同时，虽然启东市出台了一系列促进新兴产业发展的优惠政策，但在执行过程中仍存在一些问题，比如科技政策的宣传落实不到位，相关的财政税收优惠政策的执行仍然局限于现有的高新技术企业等，影响了其他新兴产业的区外发展。以启东颇具规模的新能源产业为例，在当前技术条件下，新能源还不完全具备与常规能源进行竞争的能力，新能源产业的健康发展不仅需要各部门的大力扶持，同时还需要配套的财政、金融政策支持及完善的法律法规保障。

（2）产业集群发育不够完善，产业升级步伐进程缓慢。以精密机械制造业为例：该行业主要与市外的企业建立了稳定的业务关系，而与启东市企业之间则缺少密切的联系与合作，基本上属于自然形成的“原发型”产业集群，空间布局相对分散，集聚程度不高，部分精密机械制造企业产品结构雷同，围绕核心产品的上下游产品开发深度不够；处在同一产业链上的产品之间缺少中间产品，产业链缺环现象尚存；有的只有一两个中间产品，缺乏上下游产品和相关配套协作产业的支持，没有形成较为完整的产业链条。同时，很多企业存在着“五多五少五缺乏”的现象，即：零部件产品多，成套设备整机产品少，缺乏产品系统总成和项目总承包能力；纯机械产品多，机电仪一体化产品少，缺乏系统数控设备配套能力；劳动密集型、初级加工型产品多，精密制造型产品少，缺乏智能、自动控制生产流程的能力；普通低端技术产品多，高端技术产品少，缺乏核心技术竞争能力；价值链低端产品多，高附加值产品少，缺乏自我积累、自我发展的能力。

（3）融资体系尚未健全，高素质人才较为缺乏。新兴产业的发展过程中，无论是产品开发，还是购置或更新设备，相对于传统行业而言，投入大，回收期长，风险高。启东目前的新兴产业企业很多为民营小型企业，资金不够雄厚，企业信誉度也不够高，难以争取到银行信贷的支持，使得企业无法筹集到技术创新的所需资金，只能通过民间融资来增加科技投入，导致企业的发展受到一定的限制。启东市大多数企业科研人员，高层次的领军型创新创业人才匮乏，影响了科技创新的进程。近年来启东市政府制定出台了一系列引进和培育人才的政策措施，营造了良好的宏观政策环境，但部分企业的微观人才环境仍然不理想，企业科技含量低、科技人员待遇差、人才流失率高的现象相当普遍。企业家队伍的整体素质虽然较以往有了很大提高，但不少企业满足现状，在管理创新、人才创新、团队协作等方面还有不少差距。

（4）管理方式不够科学，创新能力严重不足。企业信息化普及率低，电子商务应用企业很少，管理软件应用几乎没有，多数企业管理方式仍较落后，难以真正建立起小批量、多品种、高品质、快交货的市场快速反应机制。大多数企业主存在小富即安的思想观念，面对不断变化的市场形势，进行自主创新、实现技术储备的能力和危机感不强，对科技创新的认识度不够。以纺织行业为例，在全市500多家规模以上工业企业中，建有专门研发机构的企业仅为10%左右，能够承担实施科技计划项目的企业仅为5%左右，高新技术企业仅为4%左右。

（5）部分企业转型过程中缺乏政府和民间社团的引导，转型过程具有盲目性。政府审时度势，积极实行经济发展方式的转变，这对未来启东经济和社会的发展将产生积极的作用。部分中小企业由于对政策持续性的信心不足，对于如何升级转型存在疑问。同时，由于一些中小企业对目前政府政策的持续性有疑虑，对企业中长期发展战略缺乏规划，普遍存在着短视行为，当企业拥有闲置资金时，不会考虑到企业的发展和员工的收入和福利，缺乏对实业发展的信心。目前企业缺少的仍然是对政府政策的解读和细化，宏观环境在一定程度上对企业的发展造成了影响，但同时也面临着良好的发展机遇。

二、启东经济转型过程中新兴产业与传统产业关系分析

启东市在发展过程中产业结构不断优化，集聚发展态势日益明显。2010年，全市电力能源、电子信息、海工船舶、医药化工、精密机械、电动工具和纺织服装等产业累计完成产值772.95亿元，占全市规模总量的90%；

累计完成应税销售 323 亿元，占全市规模总量的 90%。其中电力能源、电子信息、海工船舶等新兴优势产业发展迅猛，累计完成产值 263 亿元，医药化工、精密机械、电动工具和纺织服装等四大传统支柱产业累计完成产值 510 亿元。产业结构，特别是工业产业结构的调整和升级是实现经济转型的关键，逐步淘汰高污染、高耗能的传统产业，着力发展低污染、可持续的新兴产业，是未来启东经济发展的必由之路。

从城市经济转型的经验来看，主要有现代服务业引导模式、先进制造业推动模式、特色产业集聚发展模式、传统产业深度开发模式等。以美国休斯敦和芝加哥为例：美国休斯敦是油城走向持续繁荣的代表之一，20 世纪 60 年代以后石油开采业开始下降时，休斯敦反而延伸和拓展了产业链，加速石油科研和开发，油气资源产业群逐步形成并趋于完善，相应带动了为其服务的机械、水泥、电力、钢铁、造纸、粮食、交通运输和通讯业的发展，同时建立了国家宇航中心，带动了为其服务的 1300 多个高新技术企业，从而使休斯敦成为全美人口增长最快的城市，城市性质也发生了根本性的变化（刘玉宝，2005）。芝加哥一直将制造业放在重要位置，1837 年设市以来，芝加哥一直处于制造业中心地位。但是在 20 世纪 60 年代，芝加哥也没能逃脱席卷整个中西部的经济危机。面临新一轮的产业结构调整，芝加哥确定并贯彻实施了“以制造业为依托、服务业为主导的多元化经济”发展目标，顺利实现了由制造业基地向全球化城市的转型。以上两个例子给我们这样的启发：城市在发展过程中如何协调传统产业和新兴产业的关系，实现经济社会的健康发展，是政府在发展过程中需要考虑的重要问题。

本文选取了 2006 年至 2010 年启东和南通市医药化工、精密机械、纺织工业、电动工具等传统产业和电子信息、船舶与重大装备、电力能源等新兴产业的发展情况数据，具体见表 1 和表 2。

表1　启东市传统产业和新兴产业发展情况　（单位:万元）

部门		2006	2007	2008	2009	2010
启东市规模工业合计		3052000	4256800	5502100	6610300	8850000
传统产业	医药化工	307449	435514	581925	809524	909620
	精密机械	514817	789838	1100447	1408345	1932680
	纺织工业	700878	950613	965167	798348	797894
	电动工具	480400	612256	741464	1192106	1459271
新兴产业	电子信息	202501	301329	407411	558270	676846
	船舶与重大装备	78807	143572	341824	508780	536546
	电力能源	127902	247344	506425	632275	1416597

表2　南通市传统产业和新兴产业发展情况　（单位:万元）

部门		2006	2007	2008	2009	2010
南通市规模工业合计		29593471	40309186	51624248	60423535	74815265
传统产业	医药化工	3659113	5217076	7068775	8339943	10823328
	精密机械	4676958	7099264	9965256	8724370	12300664
	纺织工业	9546039	12197789	13782721	14938631	17498633
	电动工具	463698	612256	747492	1207568	1493235
新兴产业	电子信息	2016115	2643739	3779863	4202855	4766785
	船舶与重大装备	845491	1684186	3118604	3038410	3643678
	电力能源	689570	827368	1131003	1331850	2178113

表1和表2分别统计了启东市和南通市传统产业和新兴产业、规模工业的发展情况。在具体研究的过程中，我们将启东市7个产业的发展情况，分别与南通市对应的7个产业发展情况进行对比。根据灰色关联理论，关联度越高，说明联系越紧密，影响程度越高。$\gamma>0.7$，为高度相关；$0.4<\gamma\leq 0.7$，为中度相关；$\gamma\leq 0.4$，为低度相关。经过计算，得到结果如表3所示。

表 3 启东市传统产业和新兴产业的灰色关联分析

比较对象		南通市行业发展(γ_1)	启东市工业总体运行(γ_2)
传统产业	医药化工	0.8198	0.7156
	精密机械	0.6367	0.4627
	纺织工业	0.5830	0.4707
	电动工具	0.7194	0.5844
新兴产业	电子信息	0.4850	0.5258
	船舶与重大装备	0.3696	0.2882
	电力能源	0.2685	0.2808

据表 3 分析，将本文主要研究的两个指标 γ_1 和 γ_2 进行比较可以发现，启东市医药化工业、精密机械业、纺织工业、电动工具业、船舶与重大装备业，其灰色关联度 $\gamma_1 > \gamma_2$，这说明这些行业在发展过程中，更大程度受到区域产业的影响比较大，较少程度由当地经济发展拉动；而电子信息业和电力能源业则相反，其灰色关联度 $\gamma_1 < \gamma_2$，这说明这些行业在发展过程中更大程度是由当地经济发展拉动。以电子信息业为例，其发展得益于启东经济的快速腾飞。随着苏通大桥、崇启大桥的通车和吕四大港的开发，启东全面进入了桥港经济新时代。崇启大桥建成通车使启东真正融入上海“1 小时经济圈”，区位优势更加突出，交通物流更加便捷，专业人才更易吸引，信息技术更易集聚。这些充足的资源要素必将推动启东电子信息产业跨越式发展。

同时，具体研究 7 个目标产业可以发现，启东市医药化工业、电动工具业与南通市对应行业的灰色关联度较高，分别达到 0.8198 和 0.7194，为高度相关。以电动工具为例，南通市拥有各类电动工具及零部件生产企业约 200 家，个体工商户 400 余家，电动工具行业从业人员约 5 万人，形成了以股份制企业、个体私营企业为主体的企业集群，其中年销售收入 2000 万元以上的有 90 家，1 亿元以上的有 20 余家，行业年产值 80 多亿元，约占全国电动工具总产值的 15%。南通市电动工具生产门类亦较为齐全，以小型工具为主，产品包括电钻、电磨、电锤、电刨、电锯、砂光机、修边机、角向磨光机、切割机等，整机产品 200 多种，配件约 2000 种。可见，南通市电动工具业的发展极大带动了启东该产业的发展，其灰色关联度呈现出高度相关的态势。船舶与重大装备业和南通市对应行业的灰色关联度为0.3696，电力能源业与启东工业总体运行的灰色关联为0.2808，呈现出低度相关的趋势。以船舶与重大装备业为例，受金融危机影响，2008年9月份以来，新船订单量大幅萎缩，随着在手订单的逐步完工，船舶企业手持订单量逐步下降。同时，随着新船需求的萎缩和造船能力的快速提升，市场竞争更加激烈，“接单难、交船难、融资难”已成为普遍现象。可见，这些产业更易受到外部环境的影响，所以其灰色关联度较低。而启东市精密机械、纺织工业与南通市对应行业的灰色关联度分别为0.6367和0.5830，电子信息业与启东市工业总体运行的灰色关联度为0.5258，均呈现出中度相关的态势。

我们可以看到，休斯敦和芝加哥分别通过深度开发传统产业和大力发展现代服务业，带动了城市的持续发展。这也说明，在城市发展过程中，对于传统产业和新兴产业的选择，没有绝对优劣的区别，关键是找到一条适合自身的可持续发展道路。当前，启东市处于一个传统产业和新兴产业共同发展的阶段，要加快传统产业的科技化提升，加快新兴产业的高端化扩张，在发展过程中，再根据自身发展情况和国内外环境进行产业的取舍和结构的调整，实现经济的健康转型。总之，只要能够促进国民经济的又好又快发展，就是一条可行的发展模式。关键是在今后的转型过程中，处理好可能带来的一系列问题。以传统产业中的纺织业为例，这是一个高污染的行业，如何解决生产过程中的废水排放是今后发展的重中之重。而对于电子信息和电力能源等新兴产业来说，普遍存在产业链不长、产品前延后伸研究开发不够、产学研结合不够紧密、研发经费投入不多等问题。

三、启东市城市竞争力评价指标体系研究

一个城市的综合实力，包括硬实力和软实力两大部分。城市硬实力主要由经济总量规模、设施建设水平等指标来体现。城市软实力主要建立在非物质要素之上，由文化发展、政府服务、居民素养、科技教育等指标来体现。只有全面创新发展理念、转变发展方式、加快提升城市软实力、增强核

心竞争力，才能在新一轮城市建设发展中掌握先机、加速跨越。本文通过理论研究和实地调研，建立了启东城市竞争力的评价指标体系。

（一）建立启东城市竞争力评价指标体系的原则

评价指标体系的建立是客观反映一个地方经济社会发展状况的前提与基础，这项工作的成功与否也是引导其健康发展的关键。所以，本文认为，评价指标体系的建立应当遵循以下几条原则：科学性原则、综合性原则、可操作性原则、协调性原则、层次性原则。

（二）启东城市竞争力评价指标体系的构建

在选择城市竞争力的评价指标时，本文结合理论研究、战略分析及背景情况调查，同时借鉴国内外已有的研究成果，首先从原始数据中筛选出评价信息，然后通过专家咨询、公众参与初步确立评价指标，并在评价工作进展中根据实际情况补充、调整，最后完善成正式的指标体系。筛选过程见图1。在上述工作的基础上，我们构建了启东市城市竞争力综合评价指标体系。该指标体系由总指标、一级指标和二级指标三个层次构成，具体见表4。

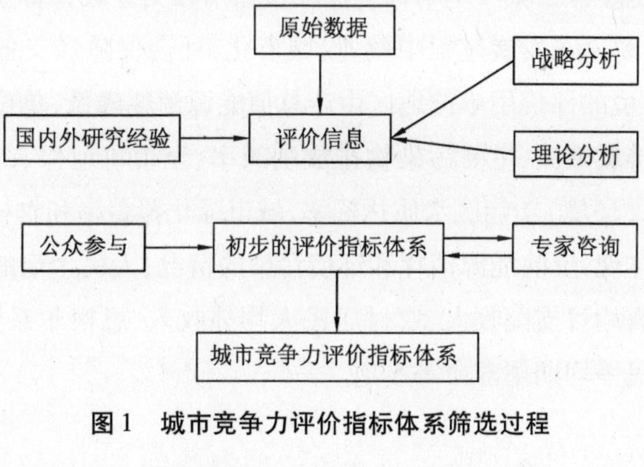

图1　城市竞争力评价指标体系筛选过程

本文认为，对于一个城市的综合评价，不仅仅局限于经济发展，还应该包括社会发展、环境治理、人民生活等方面的内容，而后者也往往会在实际发展过程中被研究者忽略。所以在建立启东城市竞争力评价指标体系时，本文选择经济增长、经济结构、科技创新、社会发展、资源环境和人民生活共6个二级指标，希望能够全面反映启东当前发展的实际状况。其中，经济增长用地区生产总值、人均地区生产总值、财政总收入、财政一般预算收入、全社会固定资产投资和外商投资总额来衡量，这些指标的选择可以在一定程度上反映启东市发展过程中经济总规模、固定资产投资情况和经济开放度等方面的发展情况；经济结构主要选取服务业增加值占地区生产总值比重、规模工业产值占全部工业产值比重、高新技术产业产值占规模以上工业产值比重、服务业从业人员占全社会从业人员比重和中高效农田面积占全部耕地面积比重等指标来衡量，这些三级指标的选择可以大体上反映第一、二、三产业之间的发展变化情况，其中对于服务业的评价我们选取了服务业增加值占地区生产总值比重和服务业从业人员占全社会从业人员比重两个指标，这也说明在当前的发展趋势下，对于任何一级政府而言，都应高度重视第三产业的发展；科技创新主要用 R&D 经费支出占地区生产总值的比重、科技支出占当年本级财政一般预算支出的比例、科技进步贡献率、每万人拥有专业技术人员数和专利申请量达到等 5 个指标来衡量，反映科技贡献对于启东经济社会发展的影响；社会发展主要用城市化水平、城镇登记失业率、新增就业人数、城乡基本社会保险参保率和义务教育普及率等 5 个指标来评价，反映启东发展过程中就业、城市化、社会保障和义务教育的发展情况；资源环境的评价用单位地区生产总值能源消耗降低、单位地区生产总值二氧化碳排放减少、主要污染物排放削减率、全市耕地保有量、环境质量综合指数、水（环境）功能区水质达标率、城市绿化覆盖率和农村森林覆盖率等 8 个指标体现，反映能源消耗和环境污染的情况；人民生活的评价指标包括城镇居民人均可支配收入、农村居民人均纯收入、恩格尔系数、人口自然增长率和居民平均期望寿命等 5 项。

表 4 启东城市竞争力评价指标

	指 标	
1	经济增长(6 项)	地区生产总值(亿元)
2		人均地区生产总值(元)
3		财政总收入(亿元)
4		财政一般预算收入(亿元)
5		全社会固定资产投资(亿元)
6		外商投资总额(亿美元)
7	经济结构(5 项)	服务业增加值占地区生产总值比重(%)
8		规模工业产值占全部工业产值比重(%)
9		高新技术产业产值占规模以上工业产值比重(%)
10		服务业从业人员占全社会从业人员比重(%)
11		中高效农田面积占全部耕地面积比重(%)
12	科技创新(5 项)	R&D 经费支出占地区生产总值的比重(%)
13		科技支出占当年本级财政一般预算支出的比例(%)
14		科技进步贡献率(%)
15		每万人拥有专业技术人员数(个)
16		专利申请量达到(件)
17	社会发展(5 项)	城市化水平(%)
18		城镇登记失业率(%)
19		新增就业人数(万人)
20		城乡基本社会保险参保率(%)
21		义务教育普及率(%)
22	资源环境(8 项)	单位地区生产总值能源消耗降低(%)
23		单位地区生产总值二氧化碳排放减少(%)
24		主要污染物排放削减率(%)
25		全市耕地保有量(万亩)
26		环境质量综合指数
27		水(环境)功能区水质达标率(%)
28		城市绿化覆盖率(%)
29		农村森林覆盖率(%)
30	人民生活(5 项)	城镇居民人均可支配收入(元)
31		农村居民人均纯收入(元)
32		恩格尔系数(%)
33		人口自然增长率(‰)
34		居民平均期望寿命(岁)

对于提高启东城市竞争力,本文有如下两点思考:① 城市竞争力应包括硬实力和软实力两个方面的内容,缺一不可。但从目前来看,全国普遍存在这样的一种现象,即重视硬实力的增长,而忽视软实力的提升。从启东市的发展来看,亦存在这样的问题。2010年全市实现人均地区生产总值38458元,比上年增长19.3%;预算内财政收入75亿元,比上年增长65.4%;城镇居民人均可支配收入20618元、农民人均纯收入10587元,分别比上年增长12.2%、14%。人均地区生产总值和财政收入属于经济增长类指标,属于城市发展的硬实力。人均可支配收入属于人民生活类指标,属于城市发展的软实力。很明显,软实力的增长要低于硬实力。② 在以上的分析中,本文建立了6大类34个指标的评价体系。实际上,可以赋予6大类指标不同的权重,根据34个指标的变化,得到每年的量化评价,以便更直观地反映启东城市竞争力的变化情况。本文认为,权重的确定非常重要,这是应该重点考虑的问题。现在,很多学者都提到"轻GDP"的问题,而GDP是评价城市硬实力的重要指标,本文认为在这个问题上不应"一刀切"。

四、 加快经济转型升级,提升城市竞争力的路径选择

启东市在经济转型过程中取得了很大的成就,但亦存在不少问题。如何在保持经济持续增长的同时,解决融资困难、人才匮乏、环境污染等问题;如何进行产业结构的合理调整,协调新兴产业和传统产业之间的关系;如何在经济转型的同时,处理好城市发展过程中软硬实力之间的关系,提升城市竞争力,这些都是在未来发展过程中需要解决的问题。对此,本文认为可以从以下几个方面着手解决。

(1) 加快产业转型,推进集约发展。坚持把产业优化升级作为主攻方向,强化分类指导,加大工业化与信息化融合推进力度,着力构建现代产业体系。加快传统产业的科技化提升,运用信息技术和先进适用技术,提高传统工业技术装备的信息化、科学化、现代化水平;加快新兴产业的高端化扩张,加快培育和发展已初具规模的新能源、新材料、节能环保、生物医药和海工装备制造等产业。同时,坚持把集约发展作为经济转型升级的重要途径,

打造特色发展平台，充分发挥沿海沿江优势，着力打造“两沿两区一中心”；强化基础设施建设，加快吕四港开发建设，扎实做好宁启铁路启东段开工前的各项前期准备工作，做好吕四港区专用铁路规划设计、启东至上海轨道交通规划研究工作，加快临海高等级公路等重大交通工程建设。

(2) 切实转变政府职能，谋求和谐可持续发展。转变政府职能，要在更高起点上转变和提升政府公共管理理念。从 20 世纪 80 年代西方各国政府改革经验看，虽然他们的改革路径不尽相同，但其理念和目标就是通过追求“3E”目标（经济，Economy；效率，Efficiency；效果，Effectiveness），实现“政府再造”。可借鉴世界各国政府改革经验，实现政府职能定位向服务型、有限型和法治型转变。妥善处理“两只手”的互动关系，进一步明确掌舵者而不是划桨人的基本定位。从转变政府职能要求来看，启东迫切需要建立和健全新的制度环境和保障机制。一是形成发挥市场配置资源基础性作用的调控机制，完善市场经济体制，努力形成新型的政企、政社、政事关系，基本建立起服务型政府的制度框架。二是形成与经济发展水平相适应、促进社会事业协调发展的管理机制。把改善民生放在更加突出的位置上，推动社会事业领域的改革和建设，在文化、教育、卫生、体育等领域形成运转协调的公共管理体制。三是形成引导企业创新、推进产业结构转型的导向机制。四是形成资源节约型、生态友好型的协调机制。更加严格地保护生态环境和推进节能减排。建立起促进经济与环境、人与自然和谐相处的发展格局。

(3) 以自主创新为核心，大力发展高新技术产业。加快发展高新技术产业是落实科学发展观，促进启东产业结构优化升级和经济增长方式转变的必然选择。强化创新合作对接，充分放大沪崇启通道竣工通车的优势，加强与上海等地高等院校和科研院所的交流合作，开展多种形式的重大技术联合攻关。强化创新主体培育，突出企业创新主体地位，积极开展科技政策宣传培训活动，强化现有科技政策的贯彻落实，制定完善扶持企业自主创新的政策措施。

(4) 加快发展服务业，特别是生产性服务业的培育。服务业的发展在现代经济中起着至关重要的作用，它能够加强生产与消费的联系，指导和扩大消费，加速社会的再生产过程，在国民经济各个部门之间起联结和协调作用。1966年美国经济学家 H. Greenfield 在研究服务业及其分类时，最早提出了生产性服务业(Producer Services)的概念。本文认为生产性服务业提供的是市场化的中间服务(非最终消费服务)，即作为其他产品或服务生产的中间投入的服务，具有专业化程度高、知识密集的特点。根据《国民经济和社会发展第十一个五年规划纲要》，生产性服务业分为交通运输业、现代物流业、金融服务业、信息服务业等，这些产业的发展，对于现代工业特别是制造业的发展会有巨大的促进作用。所以，必须健全法律法规的支持和保障，保证服务人员的业务水平、服务运作的规范化进程以及契约签订的严谨程度。大力加强行业协会建设是促进生产性服务业的关键，这不仅能在一定程度上培养企业在缺乏决策支持或出现问题时寻找专业服务机构的意识，还能通过信息的沟通与互动，进一步构建分层次协作相结合的市场结构，培育成熟的专业服务市场体系。人力资源开发是生产性服务业健康发展的保证，应建立多层次的人才培训体系和科学的人力资源开发利用体系，以保证为生产性服务业发展提供大量的专业人才。

(5) 发展循环产业体系，建设绿色城市。大力发展循环经济，构建覆盖三次产业整体的循环经济体系，即新型生态工业、绿色生态农业、环境友好型第三产业。建立中水回收利用、能源节约替代和固体废弃物循环利用系统，建设循环经济型生态城镇体系、绿色生态保障体系和资源节约及循环利用体系，实现启东市从传统经济向循环经济的战略转型。完善促进循环经济发展的体制和机制，加快资源性产品价格的市场化改革，建立反映资源稀缺程度和供求关系的价格形成机制，重点加快水价、电价、热价调整，加快供热体制、煤热价格联动、天然气价格形成机制改革。加强宣传教育，将循环经济的发展理念纳入基础教育和职工培训的内容，使节约资源、保护环境变成全体公民的自觉行为，形成发展循环经济的社会氛围。

(6) 扩大消费需求，打造“江风海韵北上海”的城市特色。近几年，启东市投资、消费、出口对经济增长贡献率的占比是6.8∶2.5∶0.7，面对新的宏观形势，在保持投资、出口稳定增长的同时，要加强供给管理，优化消费环境，推动消费需求快速增长，使消费成为经济增长的强大动力。一是增加居民收入，提高消费能力，加快实施居民收入5年倍增计划，更加重视农民增收；着力扩大中等收入者比重，加快形成中等收入者占多数的橄榄型分配格局；加大对低收入群体转移支付的力度和范围，增加对耐用消费品的消费与换代，不断提升消费水平。二是丰富消费品种，满足消费需求，加快发展现代服务业，推动生产服务业集聚化、生活服务业便利化、基础服务业网络化，重点发展文化产业，加快推进长江博物馆、文化艺术中心等一批重大文化项目建设，扶持壮大华泰陶瓷、姚记扑克等重点企业，全面实施江海文化“五个一”工程，积极发展文化创意、影视制作、动漫创作等新兴文化业态。大力发展现代旅游业，加快推进圆陀角旅游度假区、吕四海洋风情区和启隆生态休闲度假区等景区建设，完善旅游功能配套，打造富有江风海韵特色的旅游城市形象。三是营造优良环境，提升消费信心。继续加强对教育、医疗、卫生等公共服务的投入，加快建立城乡一体的保障制度，消除城乡居民扩大消费的后顾之忧。进一步加大市场执法和监管力度，维护市场秩序，维护消费者权益。

南通大学 薛 虹 陆剑锋

（本文为2010年江苏沿海沿江发展研究院招标课题《启东经济转型升级与提升城市竞争力》研究成果）

加快推进启东市现代服务业跨越式发展研究

现代服务业作为衡量一个地区生产社会化程度和社会经济发展水平的重要标志，对经济社会持续快速发展具有十分重要的作用。近年来，启东在工业经济持续快速发展的同时，服务业也取得了较快发展。然而，与先进城市相比，启东服务业存在发展规模和层次较低、内部结构不够合理、现代服务业的占比低等问题，现代服务业的相对滞后已经成为制约启东提高区域国际竞争力和实现经济社会可持续发展的一个障碍。本文分析了启东服务业的发展现状、存在的问题及现代服务业面临的发展机遇，进而提出加快启东现代服务业跨越式发展的对策建议。

近年来，启东抢抓"长三角"一体化进程加速推进和江苏沿海开发上升为国家战略的历史机遇，以沪崇启大通道的贯通为契机，紧紧围绕"加快转型升级，推进创新发展"的工作主线，积极促进产业转型升级，加快经济发展方式转变，工业经济得到了持续快速发展，服务业也取得了可喜的成就，服务业内部结构日趋多样化和新兴化，经济效益不断提高，对国民经济的影响力逐渐增强。但我们也应看到，启东服务业发展还存在一系列的问题，现代服务业的占比低，现代服务业体系尚未建立。因此，深入分析启东服务业的发展现状、存在的问题及发展机遇，进而提出加快启东现代服务业发展的思路及对策，对提升启东服务业整体发展水平、加快构建现代服务业务体系、全面建设基本现代化具有十分重要的意义。

一、 启东服务业的发展现状及存在的问题

（一）启东服务业的发展现状

“十一五”以来，启东服务业经济始终保持良好的发展势头，总量持续攀升，在全市国民经济和社会发展中的作用不断增强。

一是总量增长较快。2010年实现服务业增加值145.57亿元，同比增长13.7%，占整个GDP的比重达33.9%；完成规模以上服务业投资额47.15亿元，占全市规模以上投资的18.1%。“十一五”期间，启东服务业增加值年均增长15.12%。2010年服务业实现税收11.22亿元，比上年增长38.5%，占全市财政总收入的14.9%。商贸流通业日益繁荣，全年实现社会消费品零售总额168.37亿元，比上年增长18.3%。（见表1）

表1　启东市服务业发展主要指标（2006—2010年）

年　份	服务业增加值（亿元）	比上年增长（%）	服务业增加值 占生产总值比重（%）
2006	78.35	15.5	33.0
2007	94.41	16.3	33.5
2008	109.85	15.4	33.8
2009	121.73	14.3	33.9
2010	145.57	14.1	33.9

二是结构逐步优化。“十一五”以来交通运输、商贸、旅游等传统服务业产业提升加快，信息服务、社区服务、房地产等新兴服务业发展迅速，新型流通业态不断涌现（见表2）。

三是特色初步显现。启东旅游业发展迅速，旅游收入近年来保持较高增幅。启东市是江苏省文明城市、全国生态示范区，圆陀角风景区被评为江苏省自驾游基地创建单位，江海文化的品牌逐渐打响。以汇龙镇、吕四镇为核心的两大商贸功能区得到快速发展。以吕四港物流园区、崇启大桥物流园区为核心的现代物流业不断发展壮大。

四是业态种类齐全，发展较快。近年来，北上海国际城、环球大厦等一

批服务业重点项目相继建成，现代物流业开始进入加速发展轨道，吕四港物流中心围垦项目进展顺利。旅游业发展步伐加快，圆陀角旅游度假区全面启动。新兴服务业发展较快，研发、投资、会展、中介、经纪、金融服务、服务外包、物业等业态也在稳步发展。

表2　2006—2010年启东服务业内部行业结构比重变化(%)

产业 \ 年份	2006	2007	2008	2009	2010
交通运输仓储及邮政业	7.24	6.78	6.75	6.37	6.65
批发和零售业	29.64	28.71	34.92	35.53	35.74
住宿和餐饮业	4.59	5.12	6.18	6.40	5.95
金融服务业	6.62	6.28	10.12	9.75	8.64
房地产业	15.41	13.98	11.69	11.29	11.63
其他服务业	36.50	39.14	30.35	30.66	31.39

(二)启东服务业发展存在的主要问题

(1)对现代服务业重要性的认识不够。从世界产业发展的趋势来看，城市经济发展选择向服务业经济转型是个必然趋势，而启东区位优势决定了未来经济发展的主要形式是服务业经济。启东要有大的发展，就一定是服务业的大提升。全市上下需要进一步加强对服务业重要性的认识，尤其是要认识到现代服务业的重要性。

(2)服务业总体水平有待提高。服务业增加值占启东国民收入比重偏低；服务业总体技术含量不高；服务业市场开放不够，竞争不够充分；服务业投资在所有制结构上的转换仍然缓慢；服务业发展不平衡，城乡和地区差别大，公益性服务资源分布不均衡。

(3)科技与现代服务业融合程度不高。科技与现代服务业的融合程度有待加强，科技对产业发展的促进作用仍不明显。此外，目前现代服务业促进工作中仍缺乏对产业发展规律的深入研究与把握以及对具有市场价值的共性和关键技术的研究。同时现代服务业后续工程化、产业化、系统集成开发因促进工作仍处于无章可循的状态，进而推动力度不大。

(4) 传统服务业的科技促进与升级需求不高。启东现代服务业发展面临的最大问题就是生产性服务业发展不足。生产性服务业主要包括现代物流、金融服务、信息服务、商务服务等几个领域。目前的生产性服务业还没能真正深入传统的生产制造之中，它对资源配置效率的提高作用还没能体现出来。现有的传统服务业急需各种形式的科技投入，尤其是适合行业特点和现有信息化基础的解决方案。此外，基于传统服务业特征，网络示范工程对于澄清和激发用户需求，使创新更能满足市场需求具有非常重要的意义。

二、 启东现代服务业发展面临的机遇

当前，启东服务业发展存在的最大问题是现代服务业在服务业中的占比低，现代服务业体系尚未建立。因此，大力发展信息承载度高、附加值大、资源消耗低、环境污染少、国际化水平高的现代服务业，加快构建现代服务业体系，对启东经济社会发展具有十分重要的意义。现在，启东现代服务业发展正面临极好的机遇：

一是两大国家发展战略叠加实施的机遇。长江三角洲地区区域规划获国家批准实施，江苏沿海开发正式上升为国家战略，两大国家发展战略双重叠加将为启东新一轮跨越发展提供更多的区位优势、政策扶持和发展要素支撑，为启东集聚国内外各种生产要素和吸引各类产业，特别是大型产业和项目创造了十分宝贵的条件。

二是启东全面进入“桥港时代”的机遇。沪崇启大通道迎来全面贯通，吕四大港开发已经全面启动，区位交通条件的根本性改善、港口资源优势的全新确立将推动启东全面进入“桥港互动”的跨越发展时代。

三是启东江海资源优势得到进一步放大的机遇。沿江沿海是启东最大的潜力所在，沿江沿海资源丰富，江海岸线、港口、滩涂、特色景点等正在开发，随着一系列重大项目的整体推进，沿江沿海将崛起两条最具竞争力、最具发展潜力、最具集聚能力的新兴产业带。

四是启东综合实力和软环境建设全面提升的机遇。启东已全面建成小康社会，正在向更高水平小康社会和基本现代化目标迈进，全市产业基础更加坚实，综合实力更加雄厚，发展环境更加优良，广大人民群众和各级干部聚力科学发展、加快发展的意识更加强烈。

三、 启东加快现代服务业跨越式发展的对策建议

针对启东现代服务业发展的现状和存在的问题，结合启东的区位条件、经济基础、人文环境及外部环境和条件，本文认为，“十二五”时期是启东全面建设基本现代化的攻坚时期，也是启东服务业和现代服务业发展的关键时期。启东应围绕“大桥经济”和“大港经济”，以战略性的长远眼光，科学定位现代服务业的发展方向。要突出现代服务业与制造业相互促进、协调发展的理念，在现有的发展基础上，进一步完善规划、理清思路、强化导向、优化服务，着力提升产业服务能级，促进启东现代服务业实现跨越式发展。

1. 立足更高起点，积极推进现代服务业总体发展规划

高点定位，科学规划。要坚持高点定位、规划先行的发展思路。眼界决定境界，格局决定结局。现代服务业的规划与发展需要深远的思维和战略眼光。应着眼于“十二五”期间启东的经济社会总体目标，将现代服务业规划与第三产业的发展规划、全市产业规划结合起来，科学统筹，合理布局，提高产业间的融合度，既要有合理的空间布局，又要有完备的政策配套设施，合理引导现代物流、港口物流、服务外包、总部经济等产业的集中发展，形成产业集聚效应。

现代服务业规划是一个地区优化产业布局、提升产业结构的实际体现，编制好现代服务业规划有利于调整服务业的功能定位、内外资发展比例、各业态发展结构，同时，也是外资设立、并购服务型企业的前置条件。要尽快把启东现代服务业“十二五”发展规划编制工作列入政府议事日程，科学规划，为今后发展生产性服务业、第三产业提供指导方向和发展目标。建议根据启东现代服务业发展现状以及本地和周边地区的产业基础，搞好总体规划和宏观控制，尽量避免在发展布局中出现定位一致、业态趋同、结构相似

的现象。要着力培育扶持一批起点高、功能全、声誉好、影响大、辐射强的现代服务业企业集团,形成品牌示范效应。重点推进新城区 CBD 规划建设,大力发展商务中心、城市商业中心、金融服务、会展经济和大型城市综合体;以吕四大港开发为契机,大力发展港口物流、第三方物流、各类建材专业市场;结合崇启大桥物流园区建设,大力扶持培育具有较强竞争力的流通企业,努力提升现代服务业发展水平。

2. 强化政策引导,着力构建现代服务业发展的扶持机制

一是设立引导资金。设立现代服务业发展引导资金,明确细化需要重点扶持的产业领域、条件和标准,并将重点现代服务业项目纳入由相关财政资金构成的服务业资金扶持体系。通过设立现代服务业发展引导资金并用于扶持现代服务业重大项目、高端项目、城市综合体项目建设,鼓励服务业利用外资和先进服务业态发展,引进和创立现代服务业品牌建设,奖励现代服务业规模企业、纳税大户和有突出贡献的企业家,引导和推进全市现代服务业的快速发展。

二是制定扶持政策。要实现启东现代服务业的跨越式发展,政府应发挥主导性作用,明确构建针对现代服务业发展的政策扶持机制,注重产业政策与税收、土地等政策的配套协调,并与国家、省、南通市相关政策相衔接与配套。要充分整合政策资源,及时出台促进生产性服务业发展的新办法和优惠政策。针对现代服务业发展的重点领域,在土地、财政、税收、人才等方面采取实质性措施,并扩大扶持范围,为现代服务业的发展创造良好的政策环境。

三是创新体制、机制。突出现代服务业与第一、二产业协调发展的理念,着力提升产业服务能级,形成产业间良性发展的互动机制。要进一步创新体制、机制,促使现代服务业与利用外资相结合,实现服务业项目嫁接外资;要进一步创新体制、机制,实现服务业经济与完善城市功能相互促进,以现代服务业的发展带动城市功能的完善和升级,进一步优化城市商业环境。

四是明确扶持重点。充分利用扶持政策和引导资金,重点培育建设金融服务、总部经济、会展、服务外包等高端服务业集聚区,大力推进城区商业

中心、特色商业街建设，着力规划建设一批集购物、餐饮、文化、休闲、娱乐于一体的城市综合体和能够提升城市形象的集成化商业设施。支持引导世界500强及全球商业连锁巨头来启投资现代服务业，对现代服务业重点项目和服务业利用外资重点项目实行"绿色通道"措施，坚持项目挂钩制和项目推进制，主动为项目提供服务。

3. 加强组织领导，强势推进现代服务业的招商引资工作

要加强对现代服务业的重视程度，强化组织领导，加强现代服务业领导班子、队伍建设，建议成立市现代服务业发展领导小组，由市主要领导挂帅，分管领导牵头，统筹确定启东服务业的战略规划、发展思路和发展举措，协调解决现代服务业发展中的重点、难点问题。要抢抓沪崇启大通道贯通的有利时机，围绕上海"1小时经济圈"的人才流、资金流优势，以招商引资为强力抓手，以现代服务业专题招商为主攻方向，促进启东现代服务业发展新跨越。

一是抓重点企业。大力引进国内外现代服务业龙头企业来启东落户。各镇乡、园区、驻外招商分局要瞄准国内外现代服务业龙头企业，持续开展招商引资攻势，积极争取国内外知名服务业企业来启东投资。要加强对现代服务业的分类研究，拟定符合启东实际的服务业招商战略，重点围绕部分发达国家和我国的香港、台湾地区以及北京、上海等服务业先进城市开展有针对性的招商活动。

二是抓产业集聚。要引导各园区、各服务业载体根据自身功能定位与产业优势，打造各具特色的现代服务业集群。充分利用沪启同城效应，争取位于上海的跨国公司地区总部来启东设立研发中心、数据中心、金融服务中心、物流中心。围绕崇启大桥通车和吕四港建设，引进与培育大型现代物流企业，打造港口物流基地。加快新城区CBD、服务外包基地、总部经济基地建设进度，尽快形成现代服务业集聚效应。

三是抓队伍建设。加强各园区、各服务业载体的队伍建设，强化组织领导，鼓励招商人员学习现代服务业的新知识、新政策。要建立一支现代服务业专业招商队伍，着力培养一批专业型招商骨干，不断优化招商人员知识结构，努力提高招商人员业务水平，积极开拓高端服务业市场。

4. 依托资源优势,大力打造各具特色的现代服务业集群

一是依托桥港优势,加快发展现代物流业。主要包括:① 建设具有桥港特色的现代物流基地。以崇启大桥通车、吕四大港开发为契机,围绕上海国际航运中心,重点规划建设吕四港物流中心、崇启大桥桥头堡物流园区、启东经济开发区公共保税仓库,有针对性地招引一批具有国际、国内先进水平的现代物流项目,致力于打造"长三角"北翼最大的现代物流产业基地。② 构筑现代物流信息平台。要以自动化、智能化信息平台为依托,充分利用现有运作网络和信息资源,将传统物流与商流、信息流充分整合,大力发展电子商务,不断降低经营成本,提高物流企业效率。③ 扶持龙头企业,促进行业发展。要加大现有物流资源整合力度,扶持培育龙头企业,加强行业指导,建立统一开放、竞争有序的现代物流市场机制。

二是依托江海优势,做大做强休闲旅游业。依托江海文化旅游资源,以三水交汇、日出寅阳、千年渔港古镇、生态滩涂湿地等特色资源为基底,打造一批集观光旅游、休闲度假、商务会议、娱乐购物等功能于一体的复合型旅游体验区。坚持"规划引导,区域联动,主打品牌",重点打造圆陀角主题旅游港、吕四渔业休闲港、北上海江海度假新城"两港一城",建设集江苏沿海旅游集散地、北上海生态度假基地、江风海韵体验基地"三大基地"于一体的,具有国际化水准和江海人文特质的"长三角"江海休闲度假旅游目的地。主要包括:① 进一步突出重点,加大圆陀角旅游度假区、吕四风情区深度开发,重点推进以恒大威尼斯水城为核心的旅游地产板块、以黄金海滩为核心的滨海休闲板块、以渔港风情为核心的渔港旅游板块等项目建设,突出江风海韵、沙地文化、生态湿地和渔港古镇特色,力争创建一批国家4A级旅游景区。② 进一步推进资源整合,通过联合、兼并、收购等形式组建专业旅游公司,尽快做大做强休闲旅游业。通过引进行业龙头企业参与旅游资源开发和建设,带动全市旅游业整体发展水平快速提升。

三是依托区位优势,整合提升传统商贸业。充分发挥上海"1小时经济圈"的区位优势,整合提升商业业态,调整优化网点布局,加快形成业态多样、布局合理、运营高效、管理规范的现代化商贸流通服务体系。主要包括:

①完善商贸网络布局，提升城市整体商贸服务水平。城市中心区要继续巩固以人民路、江海路、公园路为重点的商贸功能区建设，形成专业特色街与大型商场互补发展的格局。②培育壮大专业市场，大力发展与区域板块经济相配套的专业市场。引导扶持天汾电动工具城、吕四水产品批发等专业市场的规范发展，抓好对传统市场的改造提升。③大力发展连锁经营，积极引进大型超市、电器商场、连锁餐饮等商业连锁企业，积极推广电子商务，支持商业企业应用现代商业信息化系统发展网上交易。

5. 注重招才引智，积极构筑完善的服务业人才保障机制

随着沪崇启大通道的贯通，启东经济社会发展层次将全面跃升，启东现代服务业的发展能级也将呈几何级数增长。为适应现代服务业的快速扩张需要，必须构建现代服务业人才引进、培养、激励、发展的保障机制，优化配置人力资源，提供专业人才培训和激励平台，使人才引得进、留得住、用得好，为启东产业转型升级和现代服务业的跨越发展提供智力支撑，着力打造上海北翼最具活力的现代服务业高地。

要以实施“东疆英才计划”“312计划”为契机，建立现代服务业专业人才引进和激励机制。一是加大服务业高端人才引进力度，努力引进科技、旅游、物流、服务外包、文化创意、金融中介等各类高端人才。二是要大力引进精通现代服务业的专业人才，特别是有全球500强、行业龙头企业工作经历的高端综合管理人才与专业技术人才。三是积极引进国内外专业培训机构，对启东现代服务业从业人员开展培训，逐步推行职业资格证书制度，提高本地从业人员的专业素质。四是加快人才培养。有计划地在大专院校和中等职业学校增设服务业紧缺专业，实行“订单式培养”，为启东现代服务业提供源源不断的人才。

要营造良好的平台和创业环境，支持服务业高层次创新创业人才来启东创业。要不断畅通人才引进绿色通道，对服务业高级人才实行“柔性流动”机制，妥善解决专业人才的户籍、住房、社会保障、子女入学等问题。要创新体制、机制，建立知识、技术、管理等生产要素参与分配的多元化收入分配机制，吸引人才，留住人才。要集聚更多资源，创造宜居生活环境。加快

商业配套、休闲娱乐设施和人才公寓建设，努力营造现代、舒适的生活环境，增强专业人才的归属感。

6. 优化商务环境，进一步提升启东文明形象和城市软实力

围绕桥港经济，启东应充分发挥上海"1 小时经济圈"的资金流、人才流、科技流优势，主动顺应国际资本和产业向"长三角"转移的大趋势，深入实施沿海开发战略，积极优化商务环境，提升城市形象，着力打造承接国际服务业转移的新平台，构筑具有江海产业特色的现代服务业基地。一是加快载体建设，以打造上海北翼最具活力的现代服务业高地为契机，重点推进商务办公、金融服务、服务外包、会展经济、现代物流、旅游休闲、百货零售等领域的配套设施建设，为现代服务业发展提供强有力的载体支撑。二是牢固树立"环境就是生产力，环境就是竞争力"的理念，把城市软环境作为经济社会发展的硬条件来抓，以软环境改善带动城市实力提升，努力培育和增强区域综合竞争力。三是要在全社会营造"亲商、敬商、安商、富商"的环境氛围，维护良好的市场秩序和诚信经营环境，为境内外客商和创新创业人才提供优质的商务服务，着力构建功能完善、环境优美的商务之城。四是加强舆论引导，提倡城市文明与环保低碳，注重提高市民素质，展现启东人讲文明、重礼仪、团结友善、热情好客的良好风尚，不断提升城市形象，增强城市软实力。

启东市商务局　石光辉　高　鹏

（本文为 2010 年江苏沿海沿江发展研究院招标课题《加快推进启东市现代服务业跨越式发展研究》的研究成果）

启东民营企业自主创新影响因素及战略选择实证研究

近年来,启东民营经济在地方经济中扮演着越来越重要的角色,但是随着市场竞争的日趋激烈,通过产业升级与转型提升竞争力已经成为众多民营企业的唯一选择。只有通过对自主创新影响因素的识别,有针对性地增加创新投入,加强创新管理,完善创新机制,使企业具备持续创新能力,才能实现民营企业的转型升级。因此,本文采用定量分析与定性分析相结合的方法,对启东企业自主创新因素进行量化分析和评价,以期作为对实现自主创新的路径分析框架进行调整的有效依据。

一、启东民营企业自主创新的因素影响与路径分析

(一)启东民营企业自主创新因素影响分析

通过对启东民营企业进行抽样调查得出,对启东民营企业自主创新活动产生重大影响的因素具有一般性规律,分析如表1所示。

表1 启东民营企业自主创新影响因素表

	来自市场的创新驱动(M)	研究机构(E)	研发投入(R)	自主创新的产品比重(Y)
道达	3	7	4	0.6
东泰	5	4	3	0.3
海四达	5	6	3	0.6

续表

	来自市场的创新驱动(M)	研究机构(E)	研发投入(R)	自主创新的产品比重(Y)
韩华	4	7	4	0.6
好收成	5	4	3	0.4
江海	4.5	6	3	0.5
巨龙	3	7	3	0.6
申东	2.5	6	3	0.3
神通	6	5	7	0.7
威锋	3	7	3	0.6
现帆	3	7	3	0.5
依柯	2	7	5	0.5
风神	1.5	7	3	0.4

表1中解释变量 M 指来自市场的创新驱动,包括产业链上下游企业的创新能力、来自客户的创新压力。该因素会对企业的自主创新能力产生影响,其分值由企业内部自评。解释变量 E 指自主创新活动方面中得到的研究机构的支持,包括高校和其他公共研究机构。解释变量 R 指研发投入,数值范围为1~10,包括企业自有资金在研发上的投入,政府和金融机构对于企业在创新活动方面的资金支持。解释变量 Y 为企业的自主创新能力,这里我们使用企业自主创新产品占企业整体销售的比重,这个指标从一定程度上可以反映企业自主创新的能力。根据民营企业的样本调查,利用 SPSS 软件进行多元线性回归 $Y = c + aM + bE + cR$。样本回归模型的有效性检验如下:表2给出了回归方程拟合总结,复确定系数0.864,说明在总平方和中,回归平方和比例很大,模型与数据十分接近,模型拟合效果非常好。

表2 回归方程 R 值检验表

模型	R 值	R^2 值	调整的 R^2 值	验证的标准差
1	.929[a]	.864	.818	.53554

表3给出了模型回归方程的方差分解及 F 检验结果,回归方程的统计

量$F=18.993$，意义检验结果$P=0.000<0.05$（$\alpha=0.05$为显著性水平，P值小于或等于α，说明多元回归方程的线性关系显著），因而总体上看，用该多元线性回归模型推测总体预测值是有效的。

表3　模型回归方程的方差分解及F值检验表

模型	平方和	自由度	均值方	F值	P值
拟合	16.342	3	5.447	18.993	.000[a]
残差	2.581	9	.287		
总和	18.923	12			

表4　回归方程拟合结果

模型	非标化系数		标化系数	t值	P值
	系数	标准差	标准回归系数		
（常量）	−7.380	1.750		−4.216	.002
M	.929	.181	1.006	5.133	.001
E	1.280	.206	1.165	6.206	.000
R	.328	.139	.311	2.354	.043

根据表4可得回归方程$Y=-7.38+0.929M+1.28E+0.328R$。从回归方程中可以看出，三个自变量对因变量都有正相关的作用，其作用效果$E>M>R$，即相较于企业研发资金的投入，产学研和市场驱动对于启东民营企业创新能力的提升要更加明显，这也为我们选择有效的创新战略和路径提供了有力的数据支持。

（二）启东民营企业自主创新路径演变的实证分析

1. 启东民营企业创新路径的阶段演变

为分析民营企业自主创新的路径演变，通过对多家启东民营企业的成立时间和不同创新范式的创新时间进行具体分析，说明民营企业在发展过程中自主创新的不断演进。实证结果表明，它们都走过了一条从模仿到自主的创新转变之路（见图1）。这说明民营企业正在追求自主创新，以保证其竞争活力。

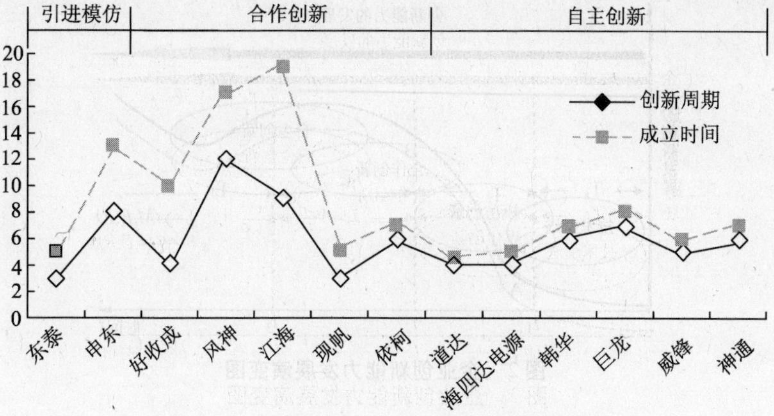

图1 启东民营企业自主创新阶段演变图

从图1中可以发现,民营企业的创新周期呈现从短到长再缩短的动态变化过程。企业在模拟创新阶段,创新周期较短,采用模仿战略和引进技术能够尽可能地降低风险、创造效益。当企业在合作创新阶段,企业完成初期的资本原始积累后,逐步走出单一模仿创新,开始购买适用技术,寻找技术合作单位等方式进行创新,在此阶段创新周期变长。随着市场经济的加剧,具备一定实力的企业开始走上自主创新之路,伴随其自主创新能力的提升,企业的创新周期也将逐步缩短。

2. 类生命周期的民营企业创新路径归纳

基于前面的调研,本文构建民营企业自主创新模型:$Y=\gamma(M,E,R)$。M代表来自市场的创新驱动,E代表企业合作创新驱动,例如产学研合作力度,R代表企业投入到自主研发的资源。此三个变量我们又可以将其理解为时间t的函数,$M=m(t)$,$E=e(t)$,$R=r(t)$。民营企业自主创新模型最终可以表示为时间t的函数:$Y=y[m(t),e(t),r(t)]$。民营企业的创新经历技术引进、模仿、合作创新和自主创新等阶段,其特点类似于企业生命周期,见图2。

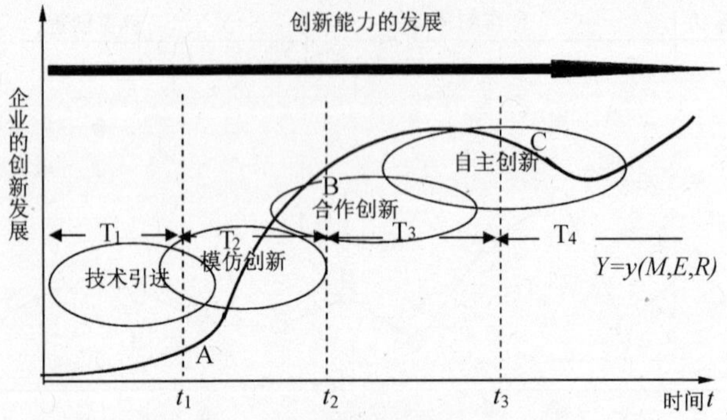

图 2　企业创新能力发展演变图

据此,对企业创新发展函数 Y 求关于时间 t 的一阶、二阶导数,可划分出民营企业的创新周期的各个阶段。如图 2 所示,A、B、C 为各阶段的划分点。其中,A、B、C 点对应的 F 函数一阶导数分别是:$\left.\frac{\partial Y}{\partial t}\right|_{t=t1}=1$,$\left.\frac{\partial Y}{\partial t}\right|_{t=t2}=1$,$\left.\frac{\partial Y}{\partial t}\right|_{t=t3}=-1$。当 $0<\frac{\partial Y}{\partial t}<1$ 且 $\partial\left(\frac{\partial Y}{\partial t}\right)/\partial t>0$ 时,即 T1 时期,民营企业处于创业期,这时企业创新路线以引进成套技术为主。当 $\frac{\partial Y}{\partial t}>1$ 时,即 T2 时期,民营企业处于成长期,此时生命周期曲线可能是凸的,也可能是凹的。此阶段创新以模仿和初步的合作研发为主。当 $-1<\frac{\partial Y}{\partial t}<1$ 且 $\partial\left(\frac{\partial Y}{\partial t}\right)/\partial t<0$ 时,即 T3 时期,民营企业处于成熟期,此时创新周期曲线是凸的。由于企业具备较强的竞争实力,同时又面临激烈的市场竞争,企业主动积极地进行自主创新。当 $\frac{\partial Y}{\partial t}<-1$ 时,即 T4 时期,民营企业处于衰退期,这个时候的民营企业需要变革创新才能避免快速衰亡的命运。

结合民营企业创新的典型样本与类生命周期的民营企业创新发展,我们对民营企业实现自主创新路径进行了总结和归纳。

(1) 循序型民营企业自主创新路径。

由于民营企业创新具备类生命周期的一般规律,民营企业的创新经历引进、模仿、合作和自主创新等阶段。自主创新又是企业创新的最高阶段,自主创新能力的具备不可能一蹴而就。引进→消化→吸收→再创新成为多数民营企业实现自主创新的路径选择。循序型民营企业自主创新路径指的是民营企业按照企业创新发展的类生命周期曲线,在企业发展的不同阶段采取不同的创新策略。在企业的创立和成长期,利用引进和模仿快速抢占市场,获得生产空间。与此同时,企业利用对产品技术的模仿和掌握,积累技术能力和创新经验。在企业的成长中后期和成熟期,企业应强化主动创新意识,积极应对内外部环境的变化,在前期技术储备和创新经验积累的基础上,通过合作开发和自主研发,实现产品的升级换代或者产品转型,从而实现自主创新。

循序型的民营企业自主创新路径要防止产生路径依赖。民营企业的自主创新徘徊不前,很大一部分企业正是由于对模仿和技术的引进这种低层次的创新产生依赖,使得企业的技术活动陷入低水平重复引进的恶性循环。在企业创立期,企业主要是通过引进产品、本地化改进而提高生产率。在技术更新换代的过程中,路径的依赖、对自主创新重要性认识不足、民营企业安于现状的心理造成他们的选择是继续引进先进技术再进行本土化改进,这种路径依赖导致民营企业沦为制造工厂,无法实现由引进向自主创新的飞跃。

(2)跨越型民营企业自主创新路径。

跨越型自主创新路径指在一定的条件下,企业通过内部研发、外部获取或内外联合等方式,突破或者跨越企业创新的类生命周期阶段路径,自辟路径,实现技术路径的替代和更新。跨越型民营企业自主创新路径并不是否定路径依赖和存在,而是更多地从创新演化的路径来审视创新的发展,从而使企业意识到,通过企业家的创新行为和企业的自主创新战略实施,便有可能突破路径依赖的锁定,实现自主创新。

优秀的民营企业不会困于企业创新周期的固定模式,使自己处于低效率或无效率上,它们会积极主动地寻求创新路径的突破口,以实现自主创新,达到增强竞争力、获取竞争优势、领先市场的目的。循序型的创新发展路径并不是企业的必然选择,在企业内外部条件具备、企业创新意识和能力突破临界值时,企业可以摆脱锁定状态,从路径依赖走向路径突破,实现自主创新。

(3) 后发式民营企业自主创新路径。

后发式企业是指那些进入相对成熟稳定的市场,与已经存在的实力强大的在位企业相比实力较弱,占有资源也较少的企业。由于在位企业占据着行业竞争的有利地位,且后发式企业赖以生存发展的资源贫乏,这决定了企业不能按部就班地进行技术创新。后发式民营企业自主创新路径要求企业根据市场需求和自身的新技术能力,形成并运用新的科学研究基本思想和原理,完全凭借自身所拥有的各种资源特别是现有的科学技术和生产知识存量,通过完全独立的研究开发活动,攻破技术难关,获得重大的科学发现、技术发明、原理性主导技术等原始性成果,并依靠自身力量实现创新成果商业化进程,最终实现对创新成果独占性目标的自主创新活动。

从图1中我们可以看出,样本中民营企业的成立时间越短,企业自主创新周期也就越短。而在这些企业中的自主创新就具备了后发式民营企业自主创新的路径特点。

二、启东民营企业自主创新的战略选择与对策

(一) 民营企业自主创新的战略模式

根据民营企业的创新实践,按照自主创新的驱动力来源可以将民营企业自主创新的战略模式分为技术驱动型自主创新、市场驱动型自主创新和M-T混合驱动型自主创新战略模式。

1. 技术驱动型自主创新模式(Technology driven innovation,简称T模式)

技术驱动型自主创新模式即企业在确定发展战略方向的前提下,围绕核心产品进行技术能力创新,通过对技术进行自主研发或者进行吸收改进,基于此类创新来实现技术的跳跃式赶超,甚至后来者居上,参与制定新的行业技术标准。技术驱动创新实际上是一种非连续的技术进步方式,旨在迅速提高技术水平,缩短与技术领先者的差距,赶上或超过技术领先者,并获取持续自主创新能力。技术驱动型自主创新是由高端、核心的技术创新启

动，逐渐转移到外围设计低端创新的过程。从产业技术链的角度来看，即是采用基于主导设计变迁（突破核心技术标准）的技术超越，转向核心技术的外围设计，这是正向构建的完整的产业技术链，从而确立在行业领域中的领先地位。

2．市场驱动型自主创新模式（Market driven innovation，简称 M 模式）

民营企业的发展壮大在于能够准确地把握市场的需求，在合适的时间、合适的地点以合适的价格和方式对消费者提供产品和服务。市场驱动型自主创新的关键就在于把握这些因素。企业以其产品和服务迅速进入市场并占有市场，这是敏锐洞察消费者需求、以适销产品迅速捕捉市场机会的结果，且企业围绕产品为消费者所提供的服务从本质上说也是企业的自主创新战略模式，此时产品是否具有高科技含量并不是企业参与竞争的关键。实施市场驱动型创新模式要求民营企业在综合分析客户需求趋势和产业发展环境等状况后，基于产品核心元件或主导设计的知识突破，推出新型替代性产品和服务快速挖掘潜力市场，以新颖性和差异化产品打入市场，之后依据客户需求的多样化来不断推动产品结构和服务的优化升级，提高企业最终商品的附加价值，快速成为该领域的重要影响者甚至领导者之一。

市场驱动创新模式是以产业规律和市场发展方向为基础，研发可以占领未来市场的产品的一种模式，这对企业提出了较高的能力要求。首先，企业需要具有较强的研发能力。其次，要求企业具备市场营销创新的能力，企业需要具有成熟的市场营销团队来引导市场需求、开发潜在市场；领导者具有长远目光，坚持发展自主品牌的自主创新道路；企业需要不断探索市场潜在需求并开发适销产品，把握甚至引领产业发展方向。

3．M-T 双驱动自主创新模式

由于民营企业面临复杂的市场环境，激烈的市场竞争导致民营企业的生命周期较短。无论是技术驱动还是市场驱动的创新模式，在民营企业的自主创新过程中都难以驱动企业全生命周期的创新发展。

进行技术驱动型的自主创新往往面临较大的风险，企业容易忽视市场的有效需求，企业的自主创新和产学研合作开发的产品与技术是否能够适销对路往往面临极大的不确定性。民营企业所拥有的资源相对有限，其承受风险的能力不足，一旦出现新产品和技术与市场无法实现有效对接，民营企业的经营和发展就会陷入困境。正是由于风险的不确定性和对于风险的承受力不足，使得民营企业在采用技术驱动型自主创新模式时往往受到限制。进行技术驱动型自主创新将面临的困境还可能有技术导向下研发成果商品化、市场化的瓶颈。如何将研发成果规模化、量产化、市场化都是企业面临的重大考验。

同样，对于民营企业，单一地采用市场驱动型的自主创新模式也面临诸多限制和不足。由于市场驱动的创新模式要求企业快速捕捉消费者需求，尽可能压缩研发周期以实现新产品的快速市场导入，企业为了抢占市场，其研发往往会陷入"隧道效用"，即研发的产品和技术仅仅注重满足于当前市场需求，产品的科技含量不足，难于实现技术壁垒。同时，产品的低技术含量无法形成对消费者的黏性。消费者的需求不断地发生变化和转移，而民营企业的产品在没有获得一定利润的情况下，又开始新一轮的创新，企业穷于应对，往往陷入恶性循环。为了克服技术驱动或者市场驱动创新模式所存在的不足，本文认为结合市场与技术的双驱动自主创新模式更适合民营企业自主创新发展的现状，即M-T双驱动自主创新模式。

所谓M-T双驱动自主创新模式指的是企业在创新发展过程中，结合市场导向，通过企业家的创新意识和才能，前瞻性预判企业核心产品的技术发展方向，强化技术革新，将技术综合运用于新产品的研制开发，实现双导向自主创新。M-T双驱动自主创新模式要求技术驱动和产品市场导向应该相互配合，以技术和市场两方面的平衡能力谋求企业的稳定创新发展。

M-T双驱动模式是一种更为理性的、具有生命力的自主创新导向机制，M-T双驱动自主创新模式通过关注外部环境变化而作出适应性学习并开展创新活动。企业在经营活动中既要树立市场的观念，也要重视掌握核心技术。用市场机制来指导企业的各项工作，在充分研究市场的现实需求和潜在需求的基础上，结合企业自身的情况，有针对性地开展技术科研项目，从而为企业自主创新的市场化提供保证，使得创新能够有效满足市场需求。

M-T 双驱动型的自主创新模式与单核驱动型的自主创新模式的区别在于,企业的技术研究项目和产品开发项目的立项是否同时考虑了技术生命周期和产品生命周期,其决策过程是否是技术和市场相互影响的过程。民营企业在发展初期,由于条件的限制,对于创新通常采用的是单核驱动,即技术或市场驱动。但是企业在发展的稳定阶段,如成长期后期和成熟期,其所处的内外部环境已经发生变化,尤其是组织规模变大,使得自主创新战略的技术研发项目的立项显得更加慎重,为实现可持续发展,企业要兼顾技术壁垒的形成与产品的商业化,要求构建从消费者到企业研发之间的信息反馈,M-T 双驱动型自主创新战略符合该阶段企业自主创新的发展要求。

(二)启东民营企业自主创新的战略选择

1. 基于路径实现的民营企业自主创新战略选择

通过对于民营企业自主创新路径的归纳与民营企业自主创新的驱动模式,可以构建出适合于民营企业自主创新的战略选择——技术驱动的循序、跨越或者后发型自主创新战略,市场驱动的循序、跨越或者后发型自主创新战略和M-T双驱动的循环、跨越或者后发型自主创新战略。它们都是基于实现路径导向而划分的宏观战略模式,每种战略模式对企业自主创新能力的发挥和提升具有不同的范式和机理。而自主创新实现模式则是在确定创新导向和战略模式后,综合企业内外部环境,企业有效突破创新瓶颈和制约条件(如企业创新资源的不足),从而实现自主创新的战略模式,如图 3 所示。

2. 基于行业竞争度与企业竞争力的自主创新战略选择

民营企业必须根据自己的内外部条件有效选择自主创新的战略模式。相关研究中认为产品市场竞争程度对企业的研发会产生影响,本文用民营企业的比重作为行业集中度的重要指标,民营企业比重与企业专利之间呈现倒 U 型结构。民营企业的比重越低,行业的进入门槛越高,行业集中度就越高,此时民营企业的创新能力较低,所在民营企业的比重提高,特别是在某一地区出现产业集聚时,民营企业的创新能力就会快速提升。随着行业集中度降低,创新能力又会有所削弱。因此民营企业可以根据自己的行业位置(即竞争力)和行业集中度选择有针对性的自主创新战略。

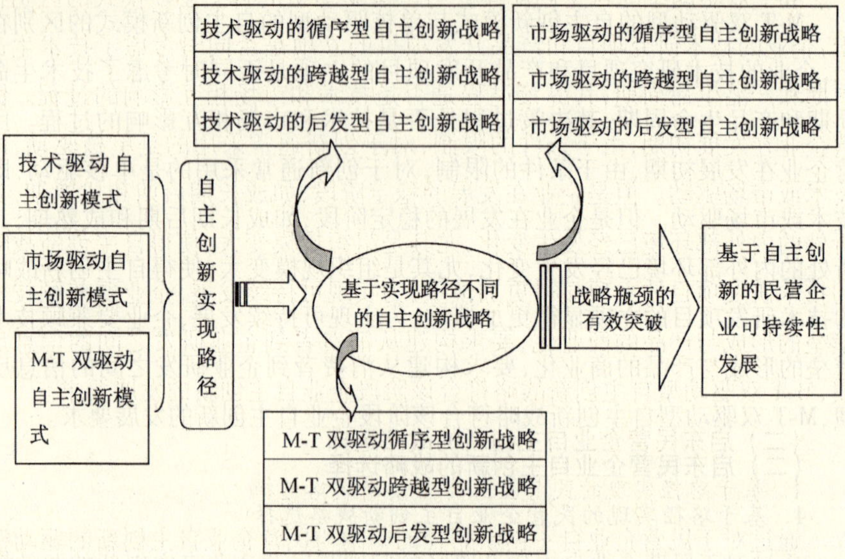

图 3　民营企业自主创新战略选择框架

如图 4 所示，当民营企业竞争能力（包括研发实力）较高的时候，根据行业的集中度高低，民营企业面临下列三种情况选择。第一，行业中民营企业的比重较低，表明行业进入门槛较高，行业集中度较高，比如化工、海洋运输行业。这时企业可以选择技术驱动的跨越型或后发型自主创新战略，利用自身的竞争优势和技术优势实现产品的代际跨越，通过实现自主创新，打破

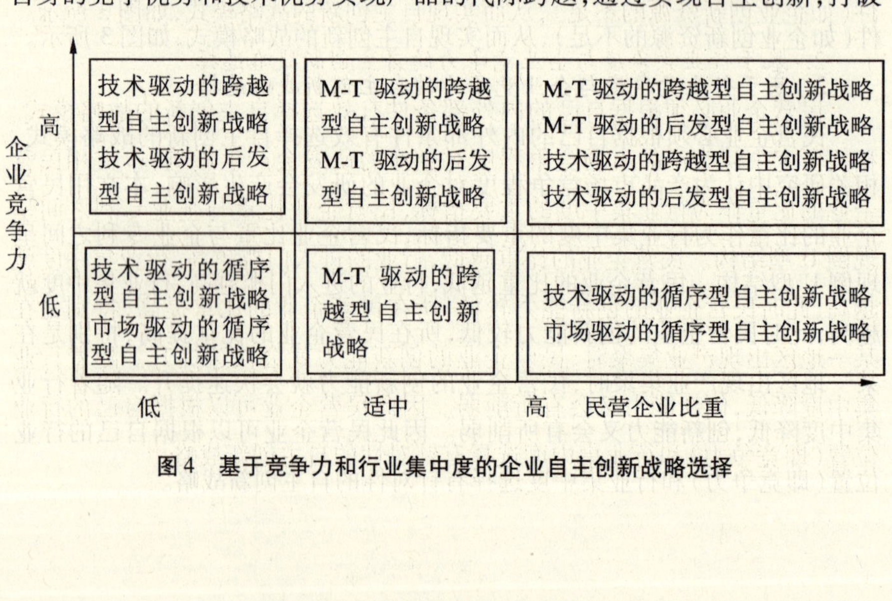

图 4　基于竞争力和行业集中度的企业自主创新战略选择

行业垄断的格局。第二,行业中民营企业的比重适中,行业环境有利于企业创新能力的提升,同时市场竞争也日趋激烈。这时企业可以选择 M-T 驱动的跨越型或后发型自主创新战略,通过技术和市场的双驱动,预判企业核心产品的技术发展方向,强化技术革新,实现自主创新。第三,行业中民营企业的比重较高,行业集中度较低,如启东重点发展的风能、太阳能等新能源产业,海洋产业和电池行业等。这时企业可以采用技术驱动的跨越型或者后发型的自主创新战略或者 M-T 驱动的跨越型或后发型自主创新战略,才能实现对领先企业的赶超。

同样,当民营企业竞争能力(包括研发实力)较低的时候,根据行业的集中度高低,结合战略框架选择企业的自主创新战略也要因地制宜。由于企业的竞争能力较弱,因此在面临行业集中度高、民营企业比重低的情况,企业应该采用的是循序型的自主创新战略,通过引进模仿合作来提升自身能力。当企业面临行业集中度适中,企业外部创新环境叫好时,应该积极了解市场变化,把握市场机会,通过 M-T 双驱动战略实现自主创新能力的提高。当民营企业比重高,行业集中度低时,这时市场给予企业一定的生存和发展空间,企业应该积极把握,循序型的市场或者技术驱动可以提高企业的自主创新能力。

三、 对于启东市民营企业自主创新的具体建议

1. *成立股份制的研究中心或行业研究所*

通过调研我们了解到启东的几个行业已经呈现行业聚集效应,行业中的领先企业在国内乃至国外都具备较强的竞争力,这种竞争力并非来源于行业中一两家龙头企业,而是由众多中小规模的民营企业聚集形成的。行业中多数民营企业具备较强的自主创新意识,但是限于自身实力和企业发展阶段,多数民营企业无法投入大量的资本进行技术升级改造和创新。课题组认为可以通过“积沙成塔”的合作创新方式,探索一条适合启东民营企业自主创新的新路径。鉴于启东的产业发展具体情况,对于合作创新可以有两种形式:股份制研究中心或者研究合作。

(1) 股份制研究中心。有别于以往的合作创新模式,股份制研究和技术创新中心属于法人形式,由地方政府或者行业协会牵头,行业中的民营企业共同出资成立,具有“共同出资,共担风险,共享成果”的股份制公司特点。股份制研究公司可以通过产权合资的形式将他们的研发技术和资源结合在一起,取长补短,发挥集体优势。股份制研究中心主要按照其主要股东(这里为出资的民营企业)的研究计划,承担研发职能。产权合资有利于分散风险,分摊固定资本,获得规模经济,得到进入新市场的机会,取得竞争地位,分享研究成果。

具备法人形式的研究中心由行业中的多家民营企业共同出资设立,研究中心的专利、技术创新成果由出资的企业共享。这样解决了单个企业由于实力不足、资金短期造成自主创新受限的问题。与政府主导搭建的具有公共产品性质的研究技术服务中心不同,创新中心或者研究中心是股份制的法人,公司化运营,出资企业的责权利明确。技术创新中心还可以为启东市及周边地区企业提供新产品开发、设计试验、产品检测、认证、培训、会展、信息技术咨询等多项服务。对于启东市当前主导产业中的一些高新产业,如光伏产业和生物制药,股份制的研究中心和技术创新中心可为其突破资源约束、快速实现技术自主创新助力。

(2) 研究合作。研究合作是企业为了开展合作研究活动,双边或者多边采用协议的或者联盟的方式,充分利用各自研究资源的一种非产权合作形式。研究合作可以使合作方优势互补,创造协同效应,同时在研究活动中分担风险,实现规模效应。企业开展合作研究还可以消除企业间的不必要重复竞争,对付共同的竞争对手,实现本地区企业的共同发展。研究合作的方式适合启东市的一些传统产业,如电动工具、船舶装备制造等。

2. 企业主导型产学研合作,促进新产品成果转化

近几年来,启东市深度加强产学研合作,从生物医药、精细化工到机电一体化、电子信息和新能源,许多产品都烙上了产学研合作的印记。但是根据调研,启东市新产品成果转化率较低,科研院所主导的产品开发与市场需求不匹配、不同步是主要原因。为解决这个问题,启东市民营企业应开展企业主导型

的产学研合作。企业主导型产学研合作创新方式即根据企业的发展需要而组建的产学研合作模式。企业主导型产学研合作强调企业合作中的主导地位，研发工作的开展以企业对市场的调研和预测为基础，以提高新产品新技术的市场转化率。企业主导型的产学研合作可以采用短期合约制的形式，如企业直接委托高校、科研机构进行技术开发，或者企业提供资助，并适度参与大学的教学科研管理。这种以合约为基础的企业主导型产学研合作方式具有“短、平、快”的特点。企业主导型产学研合作的另一种形式是企业与高校、科研机构共同建立合作研究中心、实验中心、研究开发公司和高新技术企业等。这种联盟合作方式属股权参与型，相互之间是一种长期合作的关系，有利于高校、科研机构的技术知识转移到企业。这应当成为产学研合作的发展方向。

3. 完善民营企业创新金融支持体系的建设

对于启东民营企业，自有资金不足和融资难始终是困扰其自主创新发展的主要瓶颈。企业进行自主创新不仅要求企业自身科研能力的提高，还需要外部环境的支持，尤其是金融体系的支持。当前启东市政府对于创新创业投融资体系建设出台了一系列相关政策，包括培育风险投资市场，加大政府风投引导基金投入力度，鼓励国(境)内外民间资本设立风险投资机构，设立市级创业投资引导基金和种子资金，新办一家由政府主导、民营资本参股的政府性信用担保机构，新组建两家由民营资本创办的融资性信用担保机构。启东市财政每年安排不少于300万元的风险补偿专项资金，引导协作银行以低息贷款方式向企业发放项目贷款，扶持和壮大一批具有创新能力和自主知识产权的科技型中小企业。除此之外，结合国内外的先进经验，对于完善创新金融支持体系，还可以从下列几个方面入手：一是政府出资或部分出资成立为民营企业申请贷款提供保险和担保的机构，利用政府的高信用度为民营创新项目融资提供担保；二是对于发展潜力巨大、有较强创新能力的民营企业，政府可以直接认购其股份和公司债券，为其创新发展提供直接的资金支持，政府的这种参与在很大程度上提高了民营企业的经营效率和竞争能力，并成为民营企业稳定的资金供应渠道。另外，由于启东的民间资金比较活跃，政府还应该积极鼓励民间小额性贷公司的建立，通过政策引导民间资金合理、有序地为民营企业的自主创新活动提供支持。

4. 加强企业文化建设,稳定创新人才队伍

调研发现,启东民营企业普遍存在人才高流失率,特别是创新团队核心队伍不稳定的情况,这直接影响了企业的自主创新能力的发展。民营企业应该认识到创新型人才是自主创新企业的核心资产,创新型人才需求往往处于马斯洛需求层次理论中的社会交往、尊重需求和自我价值的实现这一层面上。当然,企业对于核心人才应该提供富有吸引力的薪酬体系,比如采用员工持股和期权使创新型人才对于企业发展产生良好预期,通过双因素理论中的保健因素的满足来消除员工的不安全感;还要稳定员工队伍,更重要的是要加强企业文化的建设。通过营造良好的企业内部环境、构建企业价值观系统乃至提升企业领袖的影响力等多个方面的建设使企业员工对企业产生高度的认同,使员工形成相同的价值观和行为方式,对企业产生凝聚力。通过企业文化还可以建设和谐的人际关系,打造团队精神,使企业创新团队产生良好的协助关系,为企业的创新发展而共同努力。

南通大学　陈　斌

(本文为2010年江苏沿海沿江发展研究院招标课题《启东市民营企业自主创新战略与路径研究》研究成果)

启东市农民收入与消费现状分析调研报告

本文从农民存量资产角度分析农民收入,提出了启东市加大农产品供给、教育本地化、加快公共医疗体系建设、发展农村金融体系等建议。总之,存量资产支出的减少及其保值增值与农民收入增加是一体两面的关系。笔者希望通过以下的思考,为启东市农民收入增加提供一些有益的思路。

在中共南通市委十届七次全会上,南通市确立了2018年基本实现现代化的大战略目标。到2018年左右,实现以县为单位的基本实现现代化,建设一个经济更加强盛、科教更加发达、社会更加文明、文化更加繁荣、生态更加优良、人民更加幸福的现代化新南通。其中农村居民纯收入是一项重要的指标,全市到2018年农村居民人均纯收入要超过1.5万元。启东市农村户籍378673户,人口总数873485人,占全市总人口的72.5%。可以看出启东农民的收入直接影响到启东基本实现现代化的目标。“十一五”期末启东农民人均纯收入为10460元,仅从数据来看启东实现南通基本实现现代化的目标为期不远。“十一五”期间政府的注意力主要集中在如何增强农民的收入,不断拓宽增强农民收入的渠道,尤其是启东近几年的强劲发展为增强农民收入奠定了良好的基础。但是,如何提高农民收入的科技含量,使农村社会更加文明、文化更加繁荣、生态更加优良、人民更加幸福是一项艰巨的任务。我们不仅要在如何提高农民的收入水平上下工夫,更要注重引导农民的消费水平。合理的消费水平体现的是人民的生活质量和生活水平,也是繁荣经济、文化、生态和文明的重要因素。

一、 启东农村劳动力人口概况

（一）启东市农村劳动力情况

据《2010年南通市农村人力资源状况调查报告》，启东市农村人口总数为873485人，劳动力人数为461091人（指男16～60岁、女16～50岁中剔除在校学生、现役军人、完全丧失劳动力的残疾人、已享受养老待遇的人员），占农村人口比为52.78%，其中女性劳动力为182062人，在人口学上这属于稳定型人口。劳动力人口相对富裕，这对增加农民收入是有利因素。随着人口的变化，到2018年，届时启东人口类型将从稳定型转向衰退型，逐步进入老龄社会。如何应对劳动力的减少、保持农民收入增加、调整收入结构、创造收入科技含量是各级政府今后的主要任务。

（二）从业结构和人员类别

启东农村劳动力实现就业的三大产业分布情况：从事第一产业160874人，占34.89%；从事第二产业171803人，占37.26%；从事第三产业128414人，占27.85%。第一产业农村劳动力中，从事种植业占92.05%，从事渔业占3.70%，从事牧业占2.91%。就第一产业而言，从事种植业的人数占比为92.29%，从事林业的人数占比为0.21%，从事牧业的人数占比为1.46%，从事渔业的人数占比为6.04%。可以看出，启东市第一产业从业劳动力偏重在种植业，其他行业仍需大力开发。另外从图2可以看出，启东市人员类别主要集中在务工经商、居家养老和务农上。

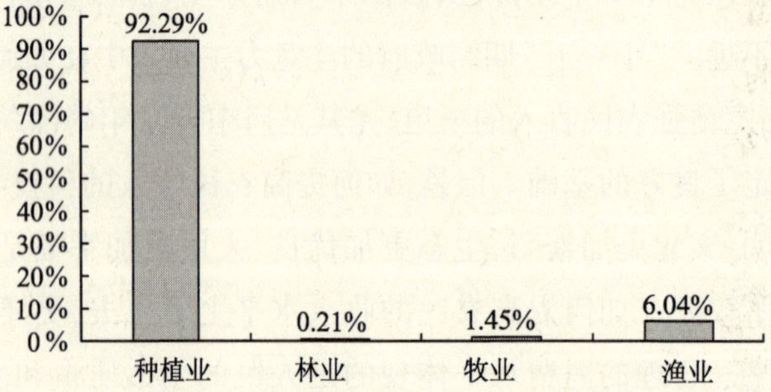

图1　启东市第一产业从业人数占比

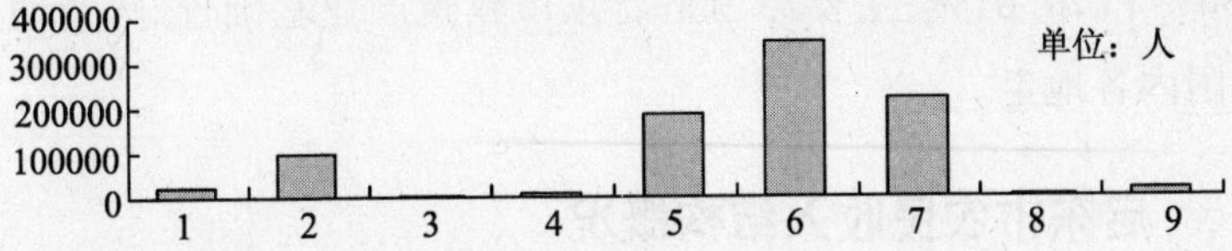

注:1. 学龄前儿童；2. 在校学生；3. 现役军人；4. 丧失劳动力的残疾人；
5. 务农；6. 务工经商；7. 居家养老；8. 失业；9. 其他

图 2　启东市人员类别统计

(三) 劳动力文化状况

根据 2010 年农村 100 户抽样调查资料，从农业劳动力文化素质情况来看，2006 年到 2010 年的 5 年中，未上学、上小学的劳动力下降幅度为 5.06%，初中文化程度的劳动力 5 年里下降幅度为 7.37%，高中文化素质的劳动力增长 5.06%。现阶段，启东农村劳动力文化状况，初中学历仍占最大比重。

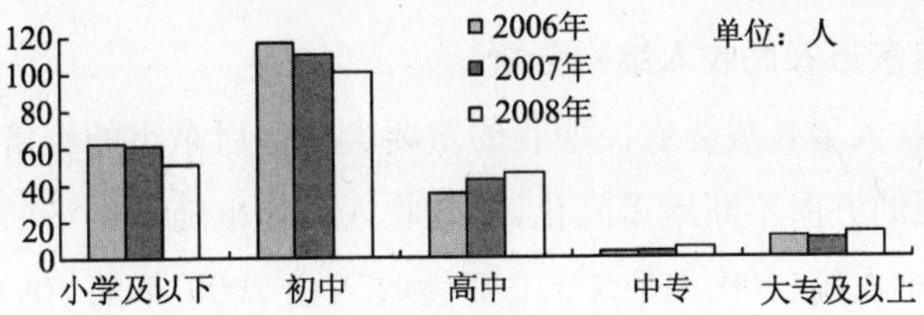

图 3　启东农村劳动力文化状况

(四) 社会保障状况

"十一五"期末，启东市城镇登记失业率为 2.8%，控制在 3% 预期目标内。城镇养老、医疗、失业、工伤、生育五大保险覆盖率均达到 95% 以上。人民生活水平不断改善。城镇居民人均可支配收入为 20618 元，比 2005 年增加了 8915 元，年均递增 12%；农民人均纯收入为 10460 元，比 2005 年增加 4391 元，年均递增 11.5%；恩格尔系数为 37.5%；居民平均期望寿命达到 77.59 岁。①

(五) 主要从业地区和职业技能

启东农村劳动力主要从业地区主要集中在乡内和国内省外，比重分别

① 参见启东市农业和农村经济"十二五"发展规划。

为54.36%和29.01%，主要原因是启东市建筑产业基础较好，劳动力跟着工程在国内各地走。

二、启东市农民收入结构概况

（一）启东市农民收入构成——以抽样调查的100户居民为例

2010年启东市统计局对100户居民进行抽样调查的结果显示，启东市农民人均纯收入为主要由工资性纯收入、家庭经营纯收入、财产性和转移性纯收入构成。2010年启东市农民人均纯收入为10587.42元，其中，工资性纯收入人均6521.1元，占纯收入的比重为61.59%；家庭经营纯收入人均3316.67元，占纯收入的比重为31.33%；财产性纯收入人均194.9元，占纯收入的比重为1.84%；转移性纯收入554.75元，占纯收入的比重为5.24%。

（二）启东市农民收入结构分析

工资性收入增长成为农民增收的重要渠道。启东市的经济发展战略逐步实施，发展的方向不断地多元化，农民收入结构也随着经济的发展在不断变化。启东市农民（100户平均）工资性收入由2006年的4094.42元增加到2010年的6521.1元，占纯收入的比重达61.59%，对农民增收的贡献率达112.6%，成为农民增收的重要渠道。

农民家庭经营纯收入占比下降。从“十一五”中期以来，家庭经营纯收入由2006年的2232.56元增长到2010年的3316.67元，占全年纯收入的31.33%，同比2006年占全年收入的比例有所下降。家庭经营收入中，非农业经营的纯收入快速增长，由2006年的875.53元增至2010年的1424.54元，其中，第三产业较2006年增长34%。

财产性和转移性纯收入大幅提高。财产性和转移性纯收入包括利息收入、股息收入、租金收入、出售财物及转让无形资产等财产性纯收入和在外人口寄回和带回收入、农村外部亲友赠送收入、救济金、保险赔偿、退休金、土地征用补偿等转移性纯收入。2010年启东市农村居民人均财产性纯收入（100户平均）为194.90元，转移性纯收入为554.75元，总和为749.65

元,比2006年增加346.63元,占纯收入的比重为7.08%。一方面由于农民的投资意识不断增强,投资收益不断增长,以及城乡建设用地规模的扩大及农村土地使用权流转的进一步规范,农民从土地征用得到的补偿收入也有所增加;另一方面,由于工薪阶层收入不断提高,离退休金、养老金收入也不断增加,提高了农民人均财产性及转移性纯收入水平。

三、 启东市农民生活消费状况

(一) 消费结构

根据100户农村居民抽样调查结果,启东市农民生活消费支出中食品消费支出所占比重仍然较大,其次是文化教育、娱乐消费支出,如表1所示。

表1 启东市农民(100户平均)生活消费情况

指标名称	2010年(元)	2009年(元)	比上年增长(元)	增幅(%)
生活消费支出	7791.94	6894.99	896.95	13.0
1. 食品消费支出	2951.85	2614.24	337.61	12.9
2. 衣着消费支出	523.01	428.37	94.64	22.0
3. 居住消费支出	1010.39	772.54	237.85	30.8
4. 家庭设备、用品消费支出	462.58	395.62	66.96	16.9
5. 交通和通信消费支出	986.67	869.29	117.38	13.5
6. 文化教育、娱乐消费支出	1440.11	1286.41	153.70	11.9
7. 医疗保健消费支出	253.3	406.98	-153.68	-37.8
8. 其他商品和服务消费支出	164.03	121.54	42.49	35.0

随着收入的提高,农民用更多的钱来改善自己的生活环境,提升生活质量。投向居住、文教娱乐、衣着、交通通信等发展型、享受型消费的支出有所增加,分别为1010.39元、1440.11元、523.01元、986.67元,同比分别增长30.8%、11.9%、22.0%、13.5%。

(二) 启东市农民存量资产支出概况

根据启东市统计部门的100户抽样调查样本分析,启东市农民存量资产支出主要集中在食品支出、衣着支出、教育支出、医疗支出等(见表2)。食品支出在整个支出中占据最大比重,同时衣着支出增长速度最快,这一方面说明农民生活的档次在提高,另一个方面也说明了农民的生活成本在上升。2006—2010 年启东市农民教育支出呈现快速增长的势头,医疗支出有所下降,这表明启东市社会保障水平有所提高,但教育成本依然很高。

表2　启东市农民(100 户平均)存量资产支出情况　　(单位:元)

时间 指标名称	2006 年	2007 年	2008 年	2009 年	2010 年
食品支出	1737.886	1806.636	2245.628	2614.243	2951.8506
衣着支出	250.0613	266.2256	318.6745	428.3715	523.01179
教育支出	532.9044	631.1385	1051.015	1286.407	1440.1071
医疗支出	295.16	303.01	359.59	406.98	253.30

启东作为教育发达地区,重视教育有着悠久的历史,为此教育支出也成了启东市农村家庭最主要的支出。通过调查发现,2007 年启东市农民教育支出增长了 15.56%,2008 年增长了 39.56%,2009 年增长了 18.30%,2010 年增长了 10.67%。为此,启东市农民承担了高额的教育成本。

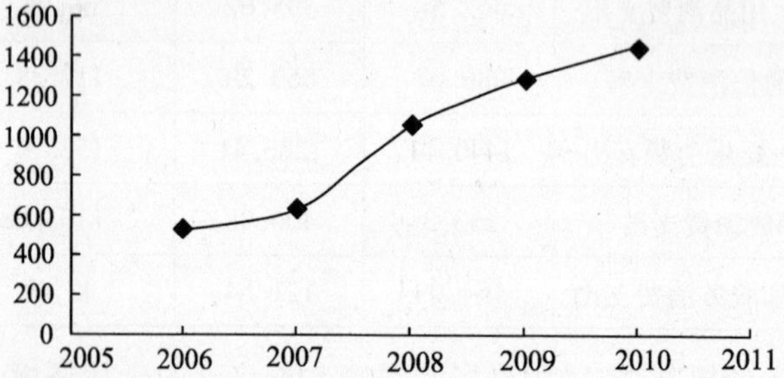

图4　启东市 2006—2010 年农民(100 户平均)教育支出图

随着农民基本医疗合作体系的建立,农民医疗负担有所降低,启东市 2006—2010 年医疗支出呈现了先增长后下跌的趋势。2007 年增长了 2.59%,2008 年增长了 15.74%,2010 年增长了 -60.67%。虽然启东市农民医疗支出有所下降,但是这并未从根本上减轻农民医疗负担。目前启东实行的是广覆盖、低水平的医疗保障体制。针对大病、重病,老百姓依旧看不起的情况,启东市在重大疾病预防和控制方面要进一步加大扶持和救助力度。

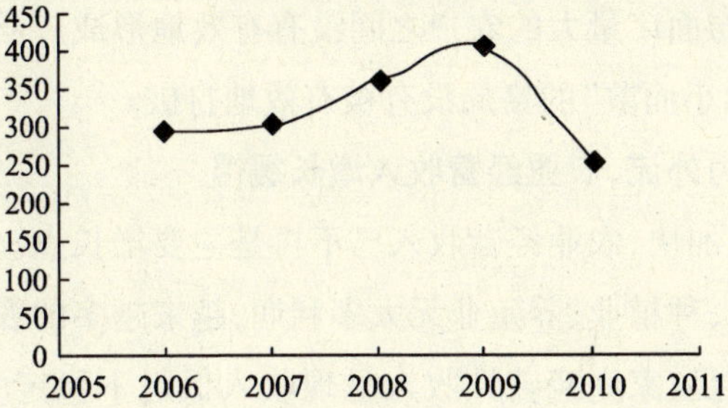

图 5　启东市 2006—2010 年农民(100 户平均)医疗支出

(三)启东市农民存量资产支出分析

近年来我国粮食、肉类产品、水产品、蔬菜和鲜果价格再度共同上涨,导致食品价格涨幅不断提高。由于 1988—1989 年为中国的人口高峰及学生的生活费用快速上升等因素,启东市农民教育支出仍然保持较高增长水平。

目前医保政策实现属地化管理,未能真正地统筹,很多外出务工人员在外生病,很难享受到自己在农村的医保。就启东市而言,在外务工的建筑大军有 10 万人,这些人基本上都是农村人口,他们的医疗问题不能很好解决,严重制约了启东市农村医疗保障的水平。

四、制约启东市农民增收的原因

虽然近两年农民收入增长速度略高于城市居民收入,城乡居民间的收入差距有了一定的缩小,但农民仍然在增收上存在一定的困难和局限。主要体现在以下几个方面。

(一)产业结构层次低,优化步伐迟缓

从启东市农业结构调整总体来看,层次不够高,特色不明显,高效农业发展水平还比较低。产业结构优化步伐迟缓,农业增长方式亟须进一步转变。尤其是受土地瓶颈的制约,严重影响了高效规模农业的发展和农民收入的提高。渔业生产受海域面积缩小、资源缺少、水环境污染的影响,捕捞产量降低，养殖收入减少。全市农产品加工还处于发展的时期，企业规模小、实力弱、管理水平低，农产品深加工、精加工产品少，带动辐射能力差。农民专业合作组织结构松散、规模小、运行质量不高，对农民没有足够的吸引力和凝聚力，与面广量大的农户之间没有有效地形成广泛地联结，从整体上看，农业生产“小而散”的格局没有被有效地打破。

（二）劳动力外流，农业经营收入增长缓慢

城市化进程加快，农业经营收入已不再是主要增长点。近年来，农资价格上涨幅度较大，种植业、养殖业无太多利润，越来越多的农民种植业、养殖业倾向于自给自足，家庭经营性收入呈现收入低且不稳定的特点。我们采取了抽样调查的形式，走访了100户农村居民：共有家庭常住人口263人，劳动力人数217人。如图6所示，从调查结果看（100户平均）：第一产业就业劳动力只有77人。而从事非农产业的就业劳动力有138人，这其中从事第二产业81人，从事第三产业57人，约占劳动力总人数的2/3；其次才是第一产业的农、林、牧、渔业的经营，所占比例仅有35.4%。

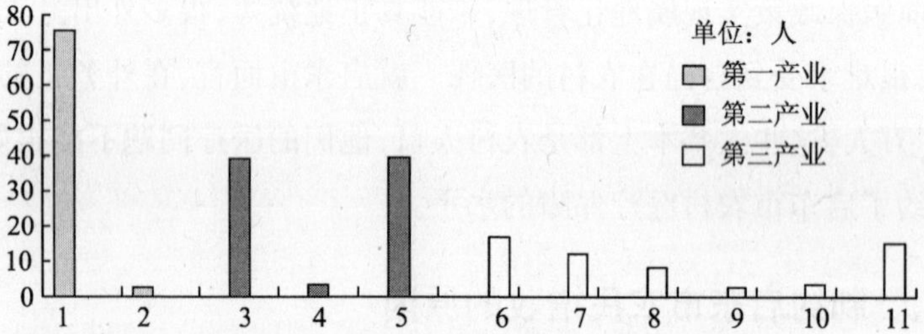

注：1. 农业；2. 渔业；3. 制造业；4. 电力煤气；5. 建筑业；6. 批发零售；7. 居民服务；8. 交通运输；9. 餐饮；10. 教育卫生；11. 其他

图6　启东市农民就业行业分布（100户平均）

根据调查数据，有63.6%的农村居民选择外出打工来增加家庭收入，选择制造业和建筑业的比重达50%以上。大量有文化、有知识的青年农民“外流”，客观上弱化了农业从业人员的素质，一定程度上影响了农业实用技术的推广，不利于先进机械等农业生产设备、设施的利用，家庭经营农业收入呈现出缓慢增长的趋势。

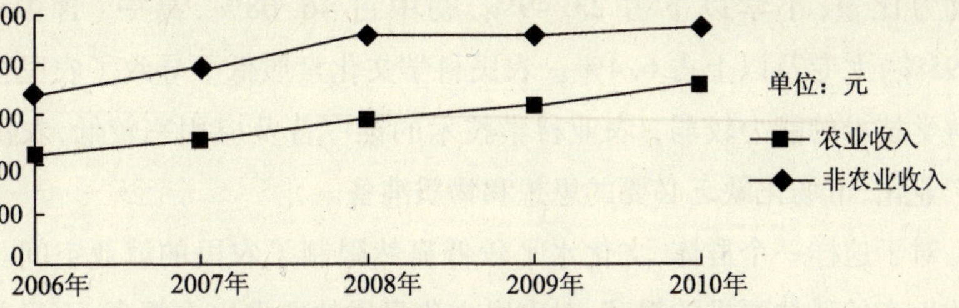

图7 启东市农民家庭(100户平均)经营性收入

实践证明，土地规模化经营、农业产业化发展能够转变农村经济增长方式，能够提高农民的收入，能够改善农村的落后状况。调查显示，启东市有超过50%以上的农民选择外出就业，非农业收入超过了农业收入。这些农民工转移后，留守在家的多数是妇女、儿童和老年人，在村组公路、水利、土地整治等农业基础设施建设方面组织劳动力比较困难，使得留下的土地资源没有得到及时流转使用，造成了土地资源的浪费。缓慢的土地流转成为土地规模经营的巨大障碍，最终导致了农业经营收入的缓慢增长。

(三) 农村剩余劳动力转移速度较慢，就业压力增加

虽然启东市农民收入主要来源为工资性收入，但近两年来受国际金融危机的影响，城市就业压力加大，农民劳动技能差，与劳动力市场由单纯体力型向专业型、技术技能型转变的客观要求不相适应，导致农村劳动力向城市转移难度加大。由于农村剩余劳动力向第二、三产业转移速度较慢，依靠从事非农业增加收入的难度加大，并且受到农民外出务工新增数量趋缓和工资上升有限等的制约，工资性收入增长的空间难有较大突破。当前，启东市农村劳动力中实现转移的，以年轻力壮的男性为主，而且相当一部分不能稳定就业，收入也很不稳定，时有被解雇和出现工伤等现象。因此，若农民劳动技能差，靠技术技能增加自身收入也就无从谈起。

(四) 文化素质低下，农民就业空间受限

农村劳动力受教育的程度不高，大多数农民没有接受过职业技术教育，缺乏一技之长，只能依靠传统的经验从事一些简单的劳动。根据2010年农村住户(100户平均)抽样调查资料显示，农村劳动力文化状况表现在所占劳动力比重，小学以下占23.49%，初中占46.08%，高中（含中专）占23.95%，大专及以上占6.4%。农民科学文化素质低下导致了农民接受先进科学技术的能力较弱，农业科学技术的推广普及应用率较低，农民对农业产业化、市场化缺乏必要的思想和物质准备。

对于这样一个群体，文化水平较低显然限制了农民的就业空间。随着农业生产的科技要求的提高，对农民文化素质的要求也在提高，而目前农业劳动力的文化素质几乎与5年前的农业普查情况相似，这对农业发展起到了滞后作用，农民增收也显得较为困难。

五、对启东市农民增收的建议

（一）多渠道减轻农民存量消费支出

（1）大力发展农业生产，增加农产品自身供给。

物价上涨主要集中在日常消费品价格上，为此建议政府多渠道降低日常消费品价格，大力发展现代农业，增加自身农产品供给能力。深入落实《启东市农业和农村经济十二五规划》，发展现代高效农业。一是不断创新思路，优化现代农业的空间布局；二是加快技术引进，推动种植模式的全面转型；三是扩大蔬菜播种面积，提高蔬菜产量；四是大力发展启东农业龙头企业。传统的小农经济经营模式已经不能适应市场经济发展要求，所以必须以企业化的管理模式提高规模效益，增加农产品的有效供给。

（2）降低税费，让利于民。

启东市政府应减免小商贩的各项税费，让利于民。政府应出资建立统一集中管理的农贸市场，减免各项房租。农贸市场的建立要靠近农村，方便农民随时购买。政府应降低农产品流通成本，对于启东市境内销售的农产品免收各项过路费用，同时补贴油价，从而降低日常食品费用。

（3）改变农民消费方式，大力推广网络消费。

目前越来越多的人在网上购物，很重要的原因是网络购物便宜，这主要得益于这些物品没有高昂的租金成本，不需要门店费用。在这一点上就大幅度降低了消费成本。由于农民居住分散，空间距离较大，农村邮购服务不到位，制约了农民网购的水平。为此，政府应积极鼓励村级组织提供网络消费、服务平台，由村级组织在区位相对集中、交通便利的居民点建立网络中心，为居民提供免费网络服务。

(4) 加大市场的有效监管，打击投机倒把行为。政府要针对囤积居奇、串通涨价、哄抬物价等不法行为进行专项整治并严惩，对举报投机倒把行为的有功人员进行有效奖励。通过将公开价格监测结果纳入立法，通过网站或媒体公开价格监测结果，引导农民消费，保证物价的基本稳定。

(二) 大力发展多元化教育，完善贫困生资助体系

(1) 发展多元化教育，实现教育本地化。

针对启东市目前教育消费刚性需求问题，运用供给弹性原理进行分析，根本出路在于增加教育消费的供给弹性，这主要取决于多元化、大众化体系的建立。为使更多的高中毕业生接受高等教育，需要加大对高等职业技术学校的投资力度。还可以让民间资本充分地进入教育市场，大力发展民办教育。另外，除了传统课堂教育，还需要大力发展在岗教育、特种教育、老龄教育、社区教育等多种形式，以满足农民群体对继续教育、终身教育的需求，彻底打破传统官办教育一统天下的局面。只有建立起一套适合启东市农民大众化需求的教育体系，才能从根本上解决教育消费供给刚性的问题。针对启东市的特点，对高等教育需求十分旺盛，尤其适龄青年的需求十分强烈。如何满足这样的刚性需求则是必须面对的问题。传统意义上是这些青年走出去，到外地上学，可是如果去外地上学，生活成本无疑会增加。目前劳动力市场中技术劳动力十分紧缺，大力发展职业教育是整个国家的宏观导向。为此笔者建议启东建设有自身特色的职业教育体系。启东作为一个县级市具有电动工具、医药化工、精密机械、现代纺织等四大支柱产业和电子信息、电力能源、海工船舶等重大装备、临港产业等四大新兴产业，需要各类技术人才。可以由政府牵头，整合高校资源，订单式培养启东企业需要的人才，将传统课堂教育引入家庭，引入工厂。这样学生就可以在当地上学，就近实习、工作。这无疑减轻了学生的生活成本，也进一步降低了农民存量支出。

(2) 完善贫困生资助体系。

启东市政府首先要加大对农村贫困生扶持力度,完善助学贷款信用保障体系,由政府出面提供担保,简化助学贷款申请手续,提高助学贷款的覆盖面。其次要大幅度增加奖学金和获奖比例,针对职业教育和高中教育,政府要拿出专项资金资助贫困生,让其顺利完成学业,并积极提供勤工俭学机会。启东市有很多劳动密集型企业,政府和学校应积极鼓励学生走进社会、走进企业打短工,让学生通过自己的双手减轻家庭负担。

(三) 加大医疗服务体系建设,减轻启东市农民看病负担

(1) 加大医疗公共服务供给。

为切实增加医疗服务供给,使农民就近就能得到治疗,减少医疗成本,政府应加大对农村医疗资金的投入。启东市在南通处于先进地区,地方财政比较殷实,有能力加大对农村医疗的投入。政府虽然是农村医疗服务体系的主体,但是政府的财力毕竟是有限的,单纯依靠政府投入无法满足农村经济和各项事业不断发展对财政投入的需要。因此,应该扩展渠道,实现医疗服务主体的多元化。转变农村医疗服务供给应积极倡导民间资本和其他非官方机构参与到农村医疗服务中,使政府机构、专业化的社会医疗机构或非盈利组织机构甚至私人部门的企业共同承担医疗服务的供给任务,形成以政府为主体、各种专业和社会组织以及农户积极参与的多渠道、多元化的农村医疗服务投入的格局。

(2) 加快人才引进力度,充分利用地方高校资源。

启东市可借助自身财力和区位优势加快农村医疗人才引进力度,减少农民对大医院的依赖。政府要进一步加强和南通大学的合作,为村级医疗机构定向培养医疗人才,同时定期邀请南通大学附属医院的专家来农村巡诊,对一些重大疾病能够及时发现,提前治疗。

(3) 设立重大疾病治疗基金。

笔者建议启东市政府积极探索建立农村重大疾病诊治基金,这部分的资金来源的主体包括政府、乡镇企业、农民。政府需要积极引导农民参与。目前由于种种原因,一些重大疾病的发病率持续增加,由于农民医疗保障水平比较低，很难抵御重大疾病对于家庭的打击，很多农村家庭都会因病返贫。为此建立这样的基金能够帮助农民更好地抵御疾病风险，不至于出现巨额医疗费将一个家庭拖入贫困边缘的现象。

（4）提供免费体检，做好疾病预防控制工作。

政府每年应拿出专项资金，定期为农民体检。农村地处偏远，农民对体检的认识不足，加之农村没有进行体检的条件，农民自己体检需要去很远的城市，多方面因素导致了农民对体检的认识度不够，所以农民一旦到医院检查，病情都已经很严重了。为此做好疾病预防工作就显得无比重要。体检的对象主要集中在中青年农民，因为这群人事业、家庭的压力和责任最为重大，他们的身体健康直接关系到一个家庭的未来。

（四）确保农民存量资产的保值增值

农民的存量资产基本包括土地、房屋、资金余额。如何充分利用好这些资产，并将它们保值增值，增加农民财产性收入，这是十七大报告中给我们提出的严峻课题。

（1）加强土地有偿流转使用效率，提高土地收益。

党的十七届三中全会明确指出，农民可以有偿转让土地的使用权，但不得改变土地的原有使用用途，以此确保国家 18 亿亩耕地面积。由于城市化的进程，农民现有的土地面积已经不是很多，按照目前南通市地价水平，农民出让土地租金每年在 1100 元～1500 元之间。这部分收入加起来一年不过几千元，但对于转租农民而言这就是口粮钱。为此必须走出一条现代农业之路，用工业化模式来武装现代农业。启东市必须大力发展农业龙头企业和新型农村合作组织，整合土地资源，发展高效农业，提高内部运营管理水平。农民以土地作为股份入股农业企业，不再单纯地拿租金吃饭，而是与农业企业风雨并进，参与到现代化农业企业的发展进程中来。

（2）发展现代农村金融体系，培养农民投资理财能力。

要大力发展农村金融服务体系，积极引导农民进行投资理财。目前启东市农民投资理财意识不是很强，加之农村金融网点以及面向农村的理财产品不是很多，财产性收入增长缓慢，所以农民手头的自有资金增长的速度始终跑不过CPI的增长速度。为此启东市政府需要积极发展民间信贷。由于目前银行存款利率不高,同时乡镇企业融资很困难,所以由政府出面担保,融合农民分散资金,企业付出相对银行高一些的利息,这样能进一步增加农民财产收入。这种融资方式与以往的区别在于,一是政府提供担保,二是个体农民放贷金额少。这些因素降低了农民信贷风险。启东市政府要积极引进各大金融机构到启东农村开设网店,银行和证券公司要积极开发面向农民的理财产品,开拓启东农村市场。目前这块市场还处于空白阶段,增值空间非常大,所以这对于金融机构和农民都是互惠双赢的事情。

南通大学　席　群

（本文为2010年江苏沿海沿江发展研究院招标课题《启东市农民收入现状及“十二五”期间增收途径研究》研究成果）

附录
南通大学江苏沿海沿江发展研究院简介

南通大学江苏沿海沿江发展研究院(以下简称“研究院”),是在《江苏沿海地区发展规划》和《长江三角洲地区区域规划》先后出台,两大国家战略在南通叠加背景下应运而生的,是南通大学和启东市人民政府共建的南通大学正处级建制的研究机构。

研究院的宗旨是:研究江苏沿海沿江地区经济发展中政府关注的重大现实问题,着力推出有分量、有深度、有价值的应用性研究成果,服务于地方党委和政府科学决策。坚持把对策意识贯穿到课题研究工作的始终,把成果的应用价值作为衡量研究工作成效的主要依据。

研究院自成立以来得到了学校领导和启东市政府领导的高度重视和支持。已建立起规范化、制度化的运作模式,汇集了相关领域的30余名专家、学者,在江苏沿海沿江开发、“长三角”一体化等方面展开了卓有成效的咨询研究工作。

研究院创办了不定期内部刊物《沿海沿江研究动态》,主要刊登本研究院最新研究成果以及关于沿海沿江发展方面的政策资讯,通过将《沿海沿江研究动态》呈送地方政府以及实际决策部门,搭建了一个专家、学者与地方政府部门之间的深度交流平台。研究院还设立“江苏沿海沿江发展研究”招标和委托课题基金,用于资助沿海沿江经济社会发展领域的相关课题研究,目前已经取得了一批具有广泛影响的研究成果。为了加强科研队伍建设、提高研究水平,研究院积极整合校内外资源,专门聘请了省内外相关领域应用型专家做兼职研究员,将分散的研究力量组织起来开展工作,不仅培养了一支熟悉江苏沿海经济社会发展实际的决策咨询研究队伍，还创新了一套较为先进的决策咨询研究工作机制。

今后，研究院将以服务地方建设为目标，不断提升研究能力和研究水平；以学科建设为龙头，培养和造就高层次创新人才；以课题研究为依托，汇聚省内外高层次的研究人才；以科研能力提升为导向，建设高水平的省级研究基地。

后　记

为了促进地方经济社会发展，充分发挥南通大学江苏沿海沿江发展研究院（下称研究院）的资政作用，我们组织、编撰了《2011年江苏沿海沿江发展研究报告集》，主要收录研究院专、兼职研究人员以及2011年招标与委托课题的部分研究成果，其中一些成果已经得到了地方政府相关部门领导同志的高度重视，并作出重要批示。

《2011年江苏沿海沿江发展研究报告集》共收录研究成果17篇，作者既有江苏高校的学者，又有政府部门的领导和研究人员。这些具有现实性、针对性、时效性和预见性的研究成果，对江苏沿海沿江地区经济社会发展中的重要现实问题进行了深入细致的分析并提出了对策建议，希望能为政府部门决策和专家、学者的进一步深化研究提供参考。在此，谨向相关作者以及关心、支持研究院课题研究的单位、部门、同行表示衷心的感谢！

南通大学江苏沿海沿江发展研究院

2012年2月20日